编委会

普通高等学校"十四五"规划旅游管理类精品教材
教育部旅游管理专业本科综合改革试点项目配套规划教材

总主编

马 勇　教育部高等学校旅游管理类专业教学指导委员会副主任
　　　　中国旅游协会教育分会副会长
　　　　中组部国家"万人计划"教学名师
　　　　湖北大学旅游发展研究院院长，教授、博士生导师

编 委（排名不分先后）

田 里　教育部高等学校旅游管理类专业教学指导委员会主任
　　　　云南大学工商管理与旅游管理学院原院长，教授、博士生导师
高 峻　教育部高等学校旅游管理类专业教学指导委员会副主任
　　　　上海师范大学环境与地理学院院长，教授、博士生导师
韩玉灵　全国旅游职业教育教学指导委员会秘书长
　　　　北京第二外国语学院旅游管理学院教授
罗兹柏　中国旅游未来研究会副会长，重庆旅游发展研究中心主任，教授
郑耀星　中国旅游协会理事，福建师范大学旅游学院教授、博士生导师
董观志　暨南大学旅游规划设计研究院副院长，教授、博士生导师
薛兵旺　武汉商学院旅游与酒店管理学院院长，教授
姜 红　上海商学院酒店管理学院院长，教授
舒伯阳　中南财经政法大学工商管理学院教授、博士生导师
朱运海　湖北文理学院资源环境与旅游学院副院长
罗伊玲　昆明学院旅游管理专业副教授
杨振之　四川大学中国休闲与旅游研究中心主任，四川大学旅游学院教授、博士生导师
黄安民　华侨大学城市建设与经济发展研究院常务副院长，教授
张胜男　首都师范大学资源环境与旅游学院教授
魏 卫　华南理工大学经济与贸易学院教授、博士生导师
毕斗斗　华南理工大学经济与贸易学院副教授
史万震　常熟理工学院商学院营销与旅游系副教授
黄光文　南昌大学旅游学院副教授
窦志萍　昆明学院旅游学院教授，《旅游研究》杂志主编
李 玺　澳门城市大学国际旅游与管理学院院长，教授、博士生导师
王春雷　上海对外经贸大学会展与旅游学院院长，教授
朱 伟　天津农学院人文学院副教授
邓爱民　中南财经政法大学旅游发展研究院院长，教授、博士生导师
程丛喜　武汉轻工大学旅游管理系主任，教授
周 霄　武汉轻工大学旅游研究中心主任，副教授
黄其新　江汉大学商学院副院长，副教授
何 彪　海南大学旅游学院副院长，副教授

普通高等学校"十四五"规划旅游管理类精品教材
教育部旅游管理专业本科综合改革试点项目配套规划教材

总主编 ◎ 马 勇

旅游市场营销理论与实务
Tourism Marketing Theory and Practice

主　编 ◎ 龙雨萍
副主编 ◎ 崔俊涛　康　玲

中国·武汉

图书在版编目(CIP)数据

旅游市场营销理论与实务/龙雨萍主编.—武汉：华中科技大学出版社，2019.7(2023.1重印)
ISBN 978-7-5680-5242-9

Ⅰ.①旅… Ⅱ.①龙… Ⅲ.①旅游市场-市场营销学-高等学校-教材 Ⅳ.①F590.82

中国版本图书馆 CIP 数据核字(2019)第 126825 号

旅游市场营销理论与实务

龙雨萍　主编

Lüyou Shichang Yingxiao Lilun yu Shiwu

策划编辑：李　欢
责任编辑：倪　梦
封面设计：原色设计
责任校对：刘　竣
责任监印：周治超

出版发行：华中科技大学出版社(中国·武汉)　　　电话：(027)81321913
　　　　　武汉市东湖新技术开发区华工科技园　　　邮编：430223
录　　排：华中科技大学出版社美编室
印　　刷：武汉市籍缘印刷厂
开　　本：787mm×1092mm　1/16
印　　张：18.5　插页：2
字　　数：450 千字
版　　次：2023 年 1 月第 1 版第 4 次印刷
定　　价：49.80 元

本书若有印装质量问题，请向出版社营销中心调换
全国免费服务热线：400-6679-118　竭诚为您服务
版权所有　侵权必究

Abstract 内容提要

本书根据本科生的培养目标和学生的特点,突出创新能力培养的运作理念,通过知识传授、拓展阅读、同步案例、课堂讨论、实训练习等环节设立立体教学模式,让学生在手脑结合的实操中切实提高创新创业能力和水平。全书分为上下两篇,上篇为旅游营销理论知识模块,下篇为旅游营销技能实操模块。理论知识储备力求深入浅出,营销技巧实操注重动手、动脑,教材内容丰富,体例新颖。本书适用于旅游管理、酒店管理专业师生及旅游行业从业人员阅读参考。

Based on the training objectives and characteristics of undergraduate students, this book emphasizes the operational philosophy of innovation ability training, and establishes a three-dimensional teaching mode through knowledge transfer, extended reading, synchronized cases, class discussion and practical training. In the practice of combining thought and action, we will effectively improve the abilities and levels of innovation and entrepreneurship. The book is divided into two parts, the first part includes the tourism marketing theoretical knowledge and the next part contains the tourism marketing skills practice. The theoretical knowledge reserve strives to be profound and simple, and the marketing techniques are practical and hands-on. The textbook is rich in content and novel in style. This book not only applies to the teachers and students majoring in tourism management, hotel management to read and reference, but also the practitioners in tourism industry.

总 序

旅游业在现代服务业大发展的机遇背景下,对全球经济贡献巨大,成为世界经济发展的亮点。国务院已明确提出,将旅游产业确立为国民经济战略性的支柱产业和人民群众满意的现代服务业。由此可见,旅游产业已发展成为拉动经济发展的重要引擎。中国的旅游产业未来的发展受到国家高度重视,旅游产业强劲的发展势头、巨大的产业带动性必将会对中国经济的转型升级和可持续发展产生良好的推动作用。伴随着中国旅游产业发展规模的不断扩大,未来旅游产业发展对各类中高级旅游人才的需求将十分旺盛,这也将有力地推动中国高等旅游教育的发展步入快车道,以更好地适应旅游产业快速发展对人才需求的大趋势。

教育部2012年颁布的《普通高等学校本科专业目录(2012年)》中,将旅游管理专业上升为与工商管理学科平行的一级大类专业,同时下辖旅游管理、酒店管理和会展经济与管理三个二级专业。这意味着,新的专业目录调整为全国高校旅游管理学科与专业的发展提供了良好的发展平台与契机,更为培养21世纪旅游行业优秀旅游人才奠定了良好的发展基础。正是在这种旅游经济繁荣发展和对旅游人才需求急剧增长的背景下,积极把握改革转型发展机遇,整合旅游教育资源,为我国旅游业的发展提供强有力的人才保证和智力支持,让旅游教育发展进入更加系统、全方位发展阶段,出版高品质和高水准的"全国高等院校旅游管理专业类'十三五'规划精品教材"则成为旅游教育发展的迫切需要。

基于此,在教育部高等学校旅游管理类专业教学指导委员会的大力支持和指导下,华中科技大学出版社汇聚了国内一大批高水平的旅游院校国家教学名师、资深教授及中青年旅游学科带头人,面向"十三五"规划教材做出积极探索,率先组织编撰出版"全国高等院校旅游管理专业类'十三五'规划精品教材"。该套教材着重于优化专业设置和课程体系,致力于提升旅游人才的培养规格和育人质量,并纳入教育部旅游管理本科综合改革项目配套规划教材的编写和出版,以更好地适应教育部新一轮学科专业目录调整后旅游管理大类高等教育发展和学科专业建设的需要。该套教材特邀教育部高等学校旅游管理类专业教学指导委员会副主任、中国旅游协会教育分会副会长、中组部国家"万人计划"教学名师、湖北大学旅游发展研究院院长马勇教授担任总主编。同时邀请了全国近百所开设旅游管理本科专业的高等学校知名教授、学科带头人和一线骨干专业教师,以及旅游行业专家、海外专业师资等加盟编撰。

该套教材从选题策划到成稿出版,从编写团队到出版团队,从内容组建到内容创新,均展现出极大的创新和突破。选题方面,首批主要编写旅游管理专业类核心课程教材、旅游管

理专业类特色课程教材,产品设计形式灵活,融合互联网高新技术,以多元化、更具趣味性的形式引导学生学习,同时辅以形式多样、内容丰富且极具特色的图片案例、视频案例,为配套数字出版提供技术支持。编写团队均是旅游学界具有代表性的权威学者,出版团队为华中科技大学出版社专门建立的旅游项目精英团队。在编写内容上,结合大数据时代背景,不断更新旅游理论知识,以知识导读、知识链接和知识活页等板块为读者提供全新的阅读体验。

在旅游教育发展改革发展的新形势、新背景下,旅游本科教材需要匹配旅游本科教育需求。因此,编写一套高质量的旅游教材是一项重要的工程,更是承担着一项重要的责任。我们需要旅游专家学者、旅游企业领袖和出版社的共同支持与合作。在本套教材的组织策划及编写出版过程中,得到了旅游业内专家学者和业界精英的大力支持,在此一并致谢!希望这套教材能够为旅游学界、业界和各位对旅游知识充满渴望的学子们带来真正的养分,为中国旅游教育教材建设贡献力量。

丛书编委会

2015 年 7 月

前 言

旅游市场营销学是一门理论性和应用性都很强的学科。随着旅游业的快速发展,新理论、新技术的产生和应用,旅游营销的理念也在发生巨大的变化。

本书在编写过程中,充分考虑到本科生的教学需求,在保持旅游营销学知识体系的完整性和系统性的基础上,从篇章结构到内容取舍,都力求既体现新理论、新理念、新思维、新方法和新应用,又注重体现以学生为中心的教学理念,书中有大量的案例引导、案例点评、拓展阅读、知识链接、课堂讨论、实训练习供学生参与,提高学生的实际应用能力。

本书是湖北文理学院旅游管理及市场营销专业相关教师合作编写的成果,全书共十一章,由龙雨萍负责设计并统稿。参加编写的人员有:第一章、第二章、第五章、第七章、第九章、第十一章由龙雨萍撰写;第三章、第四章由崔俊涛撰写;第六章由龙雨萍、张有忠撰写;第八章由党荣撰写;第十章由康玲撰写。

本书在编写过程中参考和引用了国内外的一些相关文献和资料,在此,谨向这些文献的作者致以诚挚的谢意。华中科技大学出版社李欢编辑给予了极大帮助,再次致谢。

由于编写时间仓促和编者水平所限,书中存在一些缺点、谬误和疏漏之处是难免的,恳请各位学术同仁、教师、学生和其他读者不吝赐教,提出宝贵的批判和建议,以便在对本书进行修订时加以改正。

Contents

上篇　旅游营销理论知识模块
Part 1

03　第一章　旅游市场营销绪论
　　Chapter 1　Introduction of tourism marketing

　　第一节　市场营销概述　/4
　　❶　Marketing overview

　　第二节　旅游市场营销的内涵及旅游市场营销学体系　/13
　　❷　Connotations and system of tourism marketing

21　第二章　旅游市场营销环境的构成与分析
　　Chapter 2　Composition and analysis of tourism marketing environment

　　第一节　旅游市场营销环境的构成与特征　/22
　　❶　Composition and features of tourism marketing environment

　　第二节　旅游市场营销的宏观与微观营销环境分析　/24
　　❷　Analysis of macro and micro marketing environment of tourism marketing

　　第三节　旅游市场营销环境SWOT分析　/30
　　❸　SWOT analysis of tourism marketing environment

37　第三章　旅游者购买行为分析
　　Chapter 3　Analysis of tourists purchase behaviors

　　第一节　旅游者购买行为概述　/38
　　❶　Overview of tourists purchase behaviors

　　第二节　旅游者购买决策心理分析　/44
　　❷　Psychological analysis of tourists' purchase decision

　　第三节　旅游者购买决策过程分析　/50
　　❸　Process analysis of tourists' purchase decision

第四章　旅游市场调研与预测
Chapter 4　Investigation and prediction of tourism market

第一节　旅游市场调研内容、程序与方法　/64
❶ Contents, procedures and methods of tourism market investigation

第二节　旅游市场预测与方法　/69
❷ Prediction and methods of tourism market

第五章　旅游市场 STP 营销战略
Chapter 5　STP marketing strategies of tourism market

第一节　旅游市场细分的标准和方法　/80
❶ Standards and methods of tourism market partitioning

第二节　旅游目标市场选择及营销策略　/90
❷ Selection and marketing strategies of tourism targeting market

第三节　旅游市场定位策略　/97
❸ Strategies of tourism market positioning

下篇　旅游营销技能实操模块
Part 2

第六章　旅游产品策略的运用
Chapter 6　The application of tourism product strategies

第一节　重新认识旅游产品　/110
❶ Re-recognizing tourism products

第二节　旅游产品组合策略　/124
❷ Combined strategies of tourism products

第三节　旅游产品生命周期策略　/137
❸ Life cycle strategies of tourism products

第四节　旅游新产品策略　/144
❹ Strategies of new tourism product

第五节　旅游产品品牌策略　/152
❺ Brand strategies of tourism products

161 第七章　旅游产品定价策略的运用
Chapter 7　The application of tourism product pricing strategies

　　第一节　认识旅游产品价格　　　　　　　　　　　　　　　/162
　　❶ Recognizing tourism product prices

　　第二节　旅游产品定价方法和策略　　　　　　　　　　　　/169
　　❷ Pricing methods and strategies of tourism products

183 第八章　旅游分销渠道策略的运用
Chapter 8　The application of tourism distribution place strategies

　　第一节　认识旅游分销渠道　　　　　　　　　　　　　　　/184
　　❶ Recognizing tourism distribution place

　　第二节　旅游分销渠道设计　　　　　　　　　　　　　　　/189
　　❷ Tourism distribution place design

　　第三节　旅游分销渠道管理　　　　　　　　　　　　　　　/194
　　❸ Tourism distribution place management

　　第四节　旅游分销渠道冲突管理　　　　　　　　　　　　　/199
　　❹ Tourism distribution place conflict management

207 第九章　旅游促销策略的运用
Chapter 9　The application of tourism promotion strategies

　　第一节　认识旅游促销　　　　　　　　　　　　　　　　　/208
　　❶ Recognizing tourism promotion

　　第二节　旅游促销的方式　　　　　　　　　　　　　　　　/212
　　❷ Tourism promotion methods

　　第三节　旅游促销组合策略　　　　　　　　　　　　　　　/228
　　❸ Tourism promotion Combined strategies

233 第十章　旅游市场营销管理
Chapter 10　Tourism marketing management

　　第一节　认识旅游市场营销组织　　　　　　　　　　　　　/234
　　❶ Recognizing tourism marketing organizations

第二节　旅游市场营销计划的编制　　　　　　　　　　　/239
❷　Tourism marketing plan preparation

第三节　旅游市场营销的控制　　　　　　　　　　　　/249
❸　Tourism marketing control

253　第十一章　新媒体时代的旅游市场营销变革
Chapter 11　Tourism marketing reform in the new media era

第一节　新媒体营销理论基础　　　　　　　　　　　　/254
❶　Theory foundation of new media marketing

第二节　旅游新媒体营销方式　　　　　　　　　　　　/260
❷　Tourism new media marketing methods

第三节　新媒体时代的旅游营销创新　　　　　　　　　/273
❸　Tourism marketing innovation in the new media era

281　本书阅读推荐

283　参考文献
References

上篇
旅游营销理论知识模块
Lü YOU YINGXIAO LILUN ZHISHI MOKUAI

第一章

旅游市场营销绪论

学习目标

通过本章的学习,使学生理解市场、市场营销的含义和营销观念的演变;掌握旅游市场营销的概念、特征;了解旅游市场营销学的内容体系构成和发展过程。

能力目标

通过本章的学习,使学生能正确分析旅游企业的市场营销策略;能正确分析旅游市场营销的特殊性。

第一节 市场营销概述

案例引导

2015秦岭生态旅游节专创主题歌曲《美丽中国走起来》亮相猴年春晚

从2016年猴年春晚至今,有一首新神曲火遍大江南北,在中央电视台多个频道循环播出,它就是大家耳熟能详的《美丽中国走起来》(见图1-1)。这首歌已入选第四批中国梦歌曲。

《美丽中国走起来》这首歌是2015秦岭生态旅游节专创主题歌曲。由著名歌手、CCTV青歌赛亚军获得者周澎亲自作曲并演唱,陈维东、周澎联合作词。继2016年猴年央视春晚以开场后第一曲、全国五地同唱的形式,由玖月奇迹和凤凰传奇两大组合的联合演绎后,又被选为央视元宵晚会开场歌舞的"主题曲"。

图1-1 2016年猴年春晚演唱曲目《美丽中国走起来》

早在2015年4月下旬,由陕西省旅游局、商洛市人民政府主办,商洛市旅游局、柞水县人民政府、牛背梁国家森林公园承办,德安杰环球顾问集团策划创意的"秦岭最美是商洛,美丽中国走起来"2015秦岭生态旅游节隆重开幕,商洛籍著名青年歌手周澎在开幕式当天推出了2015秦岭生态旅游节专创主题歌曲《美丽中国走起来》,抒发了对家乡的情和爱,并一炮打响。歌曲对于传播秦岭文化,提升品质旅游起到了积极的促进作用。

自2010年以来,中国秦岭生态旅游节已举办五届。以"秦岭最美是商洛"为主题,将概念营销和务实营销相结合,将商洛旅游文化特点、优势旅游资源特色、重点市场营销需求相捆绑,促进商洛市旅游业快速提档升级、突破发展,实现旅游美誉度大提升、经济指标大突破、旅游与文化大融合、旅游产业档次大跨越,使"秦岭最美是商洛"的旅游品牌深入人心。

(资料来源:http://www.sohu.com/a/128445815_275873.)

一、市场营销及其核心概念

(一)认识市场

1.市场的概念

角度不同,对市场(Market)的理解就不同。关于市场的"四论"如表1-1所示。

表1-1 关于市场的"四论"

阐述视角	主要观点
场所论	市场是商品交换的场所
领域论	市场是流通领域
关系论 (经济学角度)	市场是商品交换关系的总和,反映了人与人之间的关系。市场是商品生产和商品交换及由此产生的各种经济关系的总和
需求论 (市场营销学角度)	市场是指在一定时期内、某一地区中存在的对某种商品具有购买力、购买欲望的现实和潜在的购买者群体

2.市场的构成要素

市场构成要素=购买力+购买欲望+人口

(二)市场营销的概念

市场营销源自英文Marketing一词。市场营销理论发源于20世纪初期的美国,在20世纪80年代传入我国。在营销理论发展演变过程中,各国学者和研究机构从不同角度对市场营销下了多种定义(见表1-2)。

表1-2 市场营销的含义

专家及协会	主要观点
美国市场营销协会 (AMA)	对观念、产品及服务进行设计、定价、促销及分销的计划和实施的过程,从而产生满足个人和组织目标的交换

续表

专家及协会	主要观点
英国特许营销协会（CIM）	以盈利为目的，识别、预测和满足消费者需求的管理过程
麦卡锡（E.J.Mccarthy）	引导商品和服务从生产者到消费者或使用者的企业活动，以满足顾客并实现企业的目标
菲利普·科特勒（Philip Kotler）	是企业识别目前尚未满足的需要和欲望，估量和确定需求量的大小，选择本企业能最好地为其服务的目标市场，并决定适当的产品、服务和计划，以便为目标市场服务的活动过程
观点总结	市场营销是指组织或个人通过交换提供满足消费者需求的产品的管理过程

知识链接　人物介绍——菲利普·科特勒（Philip Kotler）

菲利普·科特勒（Philip Kotler）教授是世界市场营销学权威之一，是美国西北大学凯洛格管理学院国际营销学S.C.庄臣荣誉教授。他拥有芝加哥大学经济学硕士学位和麻省理工学院经济学博士学位。他也曾先后在哈佛大学和芝加哥大学从事数学和行为科学方面的博士后工作。

菲利普·科特勒教授是营销学领域最畅销的教科书的作者，被称为"现代市场营销学之父"，早在1967年他就出版了经典的市场营销学教材《营销管理》（Marketing Management）（第1版），到2017年为止，该书已经出版到了第15版，被誉为"市场营销学的圣经"。

（三）市场营销的核心概念

要理解市场营销的含义，还需要了解需要、欲望与需求，产品与商品，交易与交换，价值与效用这些市场营销的核心概念。

1.需要、欲望与需求

需要、欲望与需求是市场营销活动的立足点和出发点。所谓需要，是指没有得到某些基本满足的感受状态。所谓欲望，是指希望得到某种基本需要的具体满足物的愿望。所谓需求，是指人们有能力并愿意购买某个具体产品的欲望。

2.产品与商品

任何能够满足人们需要和欲望的东西都可以称为产品。产品的价值在于它们带来的满足欲望的效用。商品是用来交换的产品。消费者进行消费的目的是满足自身的需求和欲望,所以企业营销的任务是向市场展示产品中所包含的利益或服务,而不是仅限于描述产品的外形。

3.交易与交换

交易(Transaction)是指双方以货币为媒介的价值的交换,物物交换不包括在内。交换(Exchange)是指人们相互交换活动或交换劳动产品的过程。主要包括人们在生产中发生的各种活动和能力的交接,以及一般产品和商品的交换。

4.价值与效用

价值是凝结在产品中无差别的人类劳动。效用是消费者对产品满足其需要的整体能力的评价。通常情况下,消费者会根据对这种产品价值的主观评价和需要支付的费用做出购买决策。例如,某人外出旅游,为了满足从常住地到目的地的交通需要,他会对满足这种需要的产品服务组合(飞机、火车、汽车、自行车等)和他的需要组合(安全、速度、方便、费用等)进行综合评价,决定哪一种产品能提供最大的满足。

二、营销观念的演进

营销观念是企业在营销活动中所遵循的指导思想和经营哲学,是经营者处理企业、消费者与社会三者关系所依据的基本原则。营销理论产生的近百年来,企业依照市场供需关系的变化,采用了不同的营销指导观念。这些观念主要包括生产观念、产品观念、推销观念、市场营销观念、社会市场营销观念,其演变如表1-3所示。

表1-3 市场营销观念的演进

观念演变	供求关系	出发点	主要特征	营销目标	评价
生产观念	供＜求	增加产量	以产定销,以量取胜	在销售增长中获利	传统营销观念
产品观念	供≤求	提高产品质量	以产定销,以质取胜	用高质量的产品推动销售增长	传统营销观念
推销观念	供≥求	产品销售	以推销刺激消费	在扩大市场销售中获利	
市场营销观念	供＞求	顾客需求	以顾客需求为导向	在满足顾客需求中获利	现代营销观念
社会营销观念	供＞求	社会整体利益	统筹兼顾企业、消费者和社会三方面的利益	维护社会长远利益,满足消费者需求	现代营销观念

(一)生产观念(Production Concept)

产生背景:生产观念是最古老的指导企业经营活动的观念,产生于20世纪20年代以前,世界范围内的生产发展不能满足需求增长的要求,多数商品处于供不应求的状态。在卖方市场中,商品只要质量过关、价格便宜,就不愁没有销路。

这种观念认为:消费者喜爱那些可以到处买到并且价格低廉的产品。在这种观念指导下,企业以产定销,专注于集中一切力量扩大生产、降低成本,生产出尽可能多的产品来获取更多的利润。

企业典型口号:"我们生产什么,就卖什么",企业不关心市场需求。

(二)产品观念(Product Concept)

产生背景:市场供求基本平衡,生产处于饱和状态,生产者的注意力由产品的数量逐渐转向产品的质量。

这种观念认为:消费者最喜欢高质量、多功能和有特色的产品,企业的所有精力致力于生产高质量产品,并不断改进产品的质量。企业缺乏远见,看不到市场的变化。

企业典型口号:"好酒不怕巷子深",企业容易患上"营销近视症"。

(三)推销观念(Selling Concept)

产生背景:推销观念盛行于20世纪40年代。由于科技进步、科学管理和大规模生产技术的推广,商品产量迅速增加,市场供求关系发生逆转,买方市场逐渐形成,卖方竞争日趋激烈。

这种观念认为:消费者通常有购买迟钝或抗拒购买的表现,如果听其自然,消费者不会购买本企业太多的产品。企业需要致力于产品的推广和广告,说服甚至是强制消费者购买。

典型口号:"我们推销什么,人们就买什么。"

(四)市场营销观念(Marketing Concept)

产生背景:市场营销观念是企业经营观念的一次革命。这种以消费者为中心的观念盛行于20世纪50年代,西方发达国家的市场已经变成买方市场,消费者的要求不断变化和提高。

这种观念认为:实现企业目标的关键是,集中企业的一切资源满足目标市场上消费者的需求;营销理念和活动贯穿企业经营管理的全过程;企业追求长远利益。

典型口号:"顾客需要什么,我们就生产什么。"

同步案例

案例背景:

美国有家商学院为学生设立了一个天才销售奖,要想获得这个奖项,就要把一个旧式的砍木头的斧子,销售给现任的美国总统。这是一件很难的事,克林顿总统没有这样的爱好。但在布什总统刚刚上任的时候,一位学生经过精心策划,向他发出了一封信,信中这样写道:"尊敬的布什总统,祝贺您成为美国的新一任总统。我非常热爱您,也很热爱您的家乡。我曾经到过您的家乡,参观过您的庄园,那里美丽的风景给我留下了难忘的印象。但是我发现庄园里的一些树上有很多粗大的枯树枝,我建议您把这些枯树枝砍掉,不要让它们影响庄园里美丽的风景。现在市场上所卖的那些斧子都是轻便型的,不太适合您,正好我有一把祖传的比较大的斧子,非常适合您使用,而我只收您15美金,希望它能够帮助您。"布什看到这封信以后,立刻让秘书给这位学生寄去15美金。于是一次几乎不可能的销售实现了,一个空置了许多年的天才销售奖项终于有了得主。

案例分析:

这位学生之所以能获得这个天才销售奖,关键在于其销售策划始终站在对方立场,为他着想,获得成功就不足为怪了。具体表现在:首先通过赞美赢得好感,然后指出问题,分析需要,最后比较优劣,说明自己产品的优势。

案例启示:

营销必须树立以消费者为中心的市场营销观点,按照消费者的心理巧妙构思、精心设计推销方案才能获得成功。

(五)社会市场营销观念(Social Marketing Concept)

产生背景:这种观念产生于20世纪70年代。

这种观念认为:营销过程中要统筹兼顾企业、消费者和社会三方的利益,注重追求企业的长远利益和社会的全面进步。

课堂讨论

1."酒香不怕巷子深"这种观点对吗?为什么?

2."我只是在今天把这些商品低价卖给你。""请告诉我,为了使你少花钱和能更好地实现你的目标,我能够为你做些什么?"请分析这两句话,它们分别代表哪个阶段的营销观点?两者的本质区别是什么?

3.结合经典案例"如何将木梳卖给和尚"的启示,讨论什么是市场营销?它的关键是什么?

启示:

营销并不是以精明的方式兜售自己的产品,而是一门创造真正的客户价值的艺术。——现代营销学之父菲利普·科特勒

知识链接　　4Ps、4Cs、4Rs 营销观念

从营销组合策略的角度讲,市场营销理念经历了 4Ps—4Cs—4Rs 三个阶段。

4Ps:Product(产品)、Price(价格)、Place(地点,即分销或渠道)、Promotion(促销)。

4Cs:Customer(顾客)、Cost(成本)、Convenience(便利)、Communication(沟通)。

4Rs:Relevance(关联)、Reaction(反应)、Relationship(关系)、Reward(回报)。

20 世纪 80 年代,美国劳特朋针对 4Ps 存在的问题提出了 4Cs 营销理论。

Customer(顾客)主要指顾客的需求,企业必须首先了解和研究顾客,根据顾客的需求来提供产品。同时,企业提供的不仅仅是产品和服务,更重要的是由此产生的客户价值。

Cost(成本)不单是企业的生产成本,或者说 4Ps 中的 Price(价格),它还包括顾客的购买成本,同时也意味着产品定价的理想情况,应该是既低于顾客的心理价格,亦能够让企业有所盈利。此外,这中间的顾客购买成本不仅包括其货币支出,还包括其为此耗费的时间、体力和精力消耗,以及购买风险。

Convenience(便利),即所谓为顾客提供最大的购物和使用便利。4Cs 理论强调企业在制定分销策略时,要更多地考虑顾客的方便,而不是企业自己的方便。要通过好的售前、售中和售后服务来让顾客在购物的同时,也享受到便利。便利是客户价值不可或缺的一部分。

Communication(沟通)则被用以取代 4Ps 中对应的 Promotion(促销)。企业应通过同顾客进行积极有效的双向沟通,建立基于共同利益的新型企业/顾客关系。这不再是企业单向的促销和劝导顾客,而是在双方的沟通中找到能同时实现各自目标的途径。

美国 Don.E.Schuhz 提出了 4Rs(关联、反应、关系、回报)营销新理论,阐述了一个全新的营销四要素,这是有效建立品牌资产策略的四个组成部分。4Rs 中的每个因素都包含两种核心能力。

与顾客建立关联(Relevance):在竞争性市场中,顾客具有动态性。顾客忠诚度是变化的,他们会转移到其他企业。要提高顾客的忠诚度,赢得长期而稳定的市场,重要的营销策略是通过某些有效的方式在业务、需求等方面与顾客建立关联,形成一种互助、互求、互需的关系。

提高市场反应(Reaction)速度:在今天相互影响的市场中,对经营者来说最现实的问题不在于如何控制、制订和实施计划,而在于如何站在顾客的角度及时地倾听顾客的希望、渴望和需求,并及时答复和迅速做出反应,满足顾客的需求。

关系(Relationship)营销越来越重要:在企业与客户的关系发生了本质性变化的市场环境中,抢占市场的关键已转变为与顾客建立长期而稳固的关系,从交易变成责任,从顾客变成用户,从管理营销组合变成管理和顾客的互动关系。

回报(Reward)是营销的源泉:对企业来说,市场营销的真正价值在于其为企业带来短期或长期的收入和利润的能力。

三、市场营销学的发展

(一)市场营销学的发展进程

市场营销学(Marketing)20世纪初期产生于美国,其发展经历了4个阶段。

1. 形成准备阶段(19世纪末到20世纪30年代)

20世纪初,经过工业革命的资本主义国家劳动生产率大幅度提高,经济增长很快,产品供过于求的买方市场格局初步形成。敏感的、具有远见卓识的企业家开始进行市场分析。1912年,哈佛大学的赫杰特齐(J.E.Hagertg)编写了第一本教科书《Marketing》,标志着市场营销学的正式诞生。此时,对市场营销理论的研究还是肤浅的,认识还停留在推销阶段,其理论基础为庸俗的资产阶级传统经济学的基本原理,这时的市场营销学还没有引起企业家的重视和产生广泛的社会影响。

2. 基本形成阶段(20世纪30年代到二战期间)

从1931年至第二次世界大战爆发,是市场营销理论的形成时期。这一时期,出现了一批研究市场营销的学术先驱:阿切·W.肖(Arch W.Shaw)出版《关于分销的若干问题》一书,为市场营销学的诞生奠定基础;韦尔达、巴特勒和威尼斯在美国最早使用"市场营销"术语。1937年"全美市场营销协会"(AMA)的成立,成为市场营销学发展史上一个重要的里程碑。这一阶段的市场营销理论还是以供给为中心的,同生产观念相适应,但其强大的影响力受到学术界和企业界的重视。这时,市场营销学研究也影响到中国。

3. 发展阶段(二战后到20世纪60年代)

这一时期,企业经营思想实现了从推销观念到以消费者为中心的市场营销观念的转变。二战后,生产迅速发展,市场需求剧增,加上科学技术的进步,资本主义生产有了较大的增长,市场一时出现了繁荣的景象,企业间的竞争也更加激烈,这种趋势势必推进市场营销学的研究进程。1960年,美国的伊·杰·麦卡锡(E.J.McCarthy)编著了《基础市场营销学》一书,提出市场营销的4Ps组合理论(Product,Place,Pricing,Promotion),标志着市场营销学成为一门新兴的独立学科。这一阶段,市场营销研究的一个突出特点是人们将营销理论和企业管理的实践密切结合起来。

4. 成熟阶段(20世纪70年代至今)

20世纪70年代至今,市场营销的研究进入了一个新的发展阶段。企业经营思想实

现了从市场营销观念到社会市场营销观念的转变。1984年,菲利普·科特勒(Philip Kotler)编著了《市场营销学纲要》,提出了社会市场营销观念,标志着当代市场营销学的成熟;1986年,他又提出大市场营销理论;1992年,提出整体市场营销这一市场营销新观念。20世纪70年代后期,其他学者也提出了许多新观点和思想,如"战略营销""全球营销"等概念。20世纪90年代后期,市场营销学已经发展成为一门以市场研究为中心的应用性很强的学科。

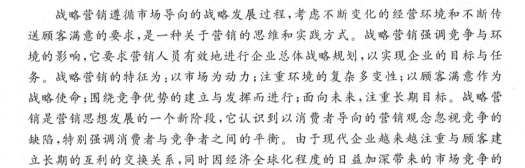

知识链接 战略营销

战略营销遵循市场导向的战略发展过程,考虑不断变化的经营环境和不断传送顾客满意的要求,是一种关于营销的思维和实践方式。战略营销强调竞争与环境的影响,它要求营销人员有效地进行企业总体战略规划,以实现企业的目标与任务。战略营销的特征为:以市场为动力;注重环境的复杂多变性;以顾客满意作为战略使命;围绕竞争优势的建立与发挥而进行;面向未来,注重长期目标。战略营销是营销思想发展的一个新阶段,它认识到以消费者导向的营销观念忽视竞争的缺陷,特别强调消费者与竞争者之间的平衡。由于现代企业越来越注重与顾客建立长期的互利的交换关系,同时因经济全球化程度的日益加深带来的市场竞争的日益加剧,买方市场的形成,营销经理已经无法像以往那样单纯地注重日常的经营,而是必须运用战略管理的思维和工具指挥营销活动,才能不辱使命。今天,战略营销因为其"战略"特征已经成为营销管理的主流范式。

(资料来源:托德·A.穆拉迪安,库尔特·马茨勒,劳伦斯·J.林.战略营销[M].郑晓亚,等,译.上海:格致出版社,2014.)

(二)市场营销学的概念

由于对市场营销学的研究角度不同,对其定义也众说纷纭。

美国市场营销协会(AMA)将市场营销学定义为:市场营销学是研究和引导商品和服务从生产者流向消费者或使用者过程中所开展的一切企业经营活动的科学。

市场营销学是研究通过双向选择而实现的交换,从而满足以各自需求为目的的人们的经济活动的一门科学。

市场营销学研究企业的全部经营活动如何适应市场需求,以满足消费者利益,它不局限于研究交换过程,其研究领域扩展到生产、分配和消费三个环节。

市场营销学研究在各种变动环境中以促进并实现交换为目的的个人或集体的一切经济活动。

综合上述观点,市场营销学理论随着市场环境的变化而变化,在不断充实、不断完善中发展,形成完整的体系。市场营销学是一门研究如何采取经营者可控的市场营销因素,去主动地、创造性地适应和影响不可控的市场营销环境,最终赢得目标市场的系统性经营管理学问。

实训项目

(1)一分钟自我推销演练。

实训具体要求如下。

① 上讲台自我推销介绍,神态和举止大方、自然。

应注意:声音大小、展现热情、面带微笑、站姿自然、肢体语言、语言表达、服装得体。

② 自我推销介绍词内容新颖、独特,顺序自然。

③ 时间掌控。

(2)了解一家旅游企业,找出其旅游市场营销的策略。

第二节　旅游市场营销的内涵及旅游市场营销学体系

案例引导

夏威夷旅游局与日本麦当劳、罗森推出限定菜单

从 2017 年 7 月 11 日起,日本麦当劳、罗森与家庭餐厅 GASUTO 推出夏威夷限定套餐,这是夏威夷州旅游观光局在日本推出的合作营销。

夏威夷州旅游观光局给三家公司布置了一道命题作文:以 Loco Moco 为概念各自开发新菜品。Loco Moco 是夏威夷传统美食,汉堡肉饼、鸡蛋、蔬菜被摆放在米饭上,最后淋上甜辣口味的卤汁。

这次合作是日本麦当劳连续第三年与夏威夷州旅游观光局合作,除了先前两年推出过的 Loco Moco 汉堡外,今年还增加咖喱与芝士两种新口味;罗森除了把招牌"炸鸡块君"改良成了 Loco Moco 口味之外,还推出了 Loco Moco 意面、和风 Loco Moco 色拉和 Loco Moco 风味汉堡面包;GASUTO 则把传统 Loco Moco

中的肉饼换成了每年可以卖出1000万份的人气芝士夹心汉堡肉饼。这些Loco Moco风味食品一律获得了夏威夷州旅游观光局认证,组成了"Loco Moco全明星",夏威夷州旅游观光局认为"三家公司一起做推广有助于进一步增加吸引力"。

一直以来,夏威夷都是日本人最喜欢的旅游目的地之一,每年约有148万日本人前往夏威夷度假。但与游客最多的1997年相比,还是少了约74万人。日本人去夏威夷旅游还有一个特征:回头客多,63%赴夏威夷旅游的日本游客去过三次以上。所以夏威夷州旅游观光局主要希望通过这次三家公司的联合营销来吸引从没去过夏威夷的日本客人,只要去过第一次,就不愁第二次、第三次了。

不过,通过吃各式Loco Moco食物究竟能多大程度调动日本人去夏威夷的热情还需要看之后的数据了。

(资料来源:微信公众号"旅游营销怎么搞"。)

一、旅游市场营销的内涵

旅游市场营销是市场营销在旅游业的具体运用。它是以旅游经济个体对思想、产品和服务的构思、定价、促销和分销的计划和执行过程,以实现达到经济个体目标的交换。

与其他领域市场营销相比,旅游市场营销有明显的不同特点,主要表现为以下几个方面。

(一)它是一种经营的思想和理念

它承认和接受以消费者为中心,以旅游消费者的需求为导向,力求通过提供有形产品和无形服务使游客满意,从而实现营销主体的经济和社会目标。

(二)它显示了一个动态管理的过程

市场营销的动态管理过程即组织和指导企业的整体活动,包括分析、计划、执行、反馈和控制,更多地体现了旅游经济个性的功能,对营销资源的管理。在营销计划中,营销者必须进行目标市场定位。在营销策略中,企业或组织必须进行市场开发、产品设计、价格制定、分销渠道的选择、信息沟通和宣传销售等各项决策。

(三)它表明了一个非常广的范围

主要是主客体广泛,主体包括所有旅游组织(政府、企业和其他组织),客体包括对有形事物的营销和无形劳务的营销。当前旅游营销的内容一般包括商品、服务、事件、体验、使用权、信息、创意、人物、场所等方面。同时,这一定义还表明当下旅游市场营销活动已经从一个流通领域扩大到产前、生产、流通和售后全领域,从单一的形象宣传和产品推销扩大到旅游企业的综合循环的各个领域。

（四）它意味着一种交换

这种交换即旅游市场营销的职能发生了改变，当下的旅游市场，无论是政府还是企业市场营销者，其职责已经从宣传形象和推销产品的职能，转变为推动交换关系实现的职能。需要注意的是，这种交换并不是完全以货币或者实物的形式表现。

二、旅游市场营销的导向

（一）市场导向

旅游企业的一切经营活动都必须以市场需求作为出发点和归宿。由于旅游企业的服务对象是旅游者，因此，如何针对旅游者的不同需求设计和开发旅游产品，成为旅游企业生存和发展的根本。

（二）管理导向

旅游企业的营销环境包括微观和宏观环境，这些环境要素随着时间和空间的变化不断变化，而旅游市场营销的实质是旅游企业运用一切可控的和不可控的要素，通过产品、价格、渠道和促销等环节实现对环境的适应。管理导向作为现代旅游市场营销的导向之一，正日益受到旅游企业的重视和运用。

（三）信息导向

信息爆炸时代，信息的传递非常重要。一方面旅游企业需要消费者的需求信息，据此设计和开发旅游产品；另一方面旅游企业需要将自己的产品和服务信息传递给消费者，在激烈竞争的市场中求得一席之地。

（四）战略导向

旅游市场营销对旅游企业的长远发展有十分重要的影响，要求旅游企业具备对市场环境的长期适应性。在目前发展变化迅速的时代，旅游企业若要持续地发展，必须依赖于对环境的适应，依赖于现代市场营销中的战略导向。

课堂讨论

旅游产品缺乏专利保护，极易被别人模仿，特别是当旅游市场上有新产品出现后，模仿者往往一哄而上，推出同类的产品和服务。比如，别人搞卡拉OK，自己也搞；别人弄纸上烤肉，自己也弄。请问，这就是市场营销吗？这么做会有什么结果？

三、旅游市场营销学及其内容体系

（一）旅游市场营销学及其研究对象

旅游市场营销学是以显示和潜在的旅游者的消费需求为背景，动态地研究旅游经济个体的市场行为以及以此相配备的管理职能和运行手段的一门学科。

旅游活动是商品经济高度发展的产物，在旅游供给总量大于旅游需求总量的态势下，旅游市场的竞争十分激烈。同时，旅游产品的无形性、不可储存性、生产与消费的同时性、易波动性等特点也决定了旅游市场竞争的激烈性。旅游市场营销学不仅要研究旅游经济个体的目标市场及目标市场中的消费需求是什么，还要研究旅游消费者的购买行为及特点。在此基础上，根据旅游消费者的需求并结合当地旅游资源的特点和现实条件设计出具有强大吸引力的旅游产品，制定合理的有竞争力的价格，运用促销手段和渠道策略，实现旅游产品从生产者到消费者的合理转移，并通过信息反馈，针对不断变化的市场环境及时调整营销策略，创造出适应新的消费需求的旅游新产品，从而实现旅游经济个体获取经济效益和社会效益的营销目标。

综上所述，旅游市场营销学是研究如何在满足旅游者利益的基础上刺激与调控旅游者需求，并根据社会和企业的具体条件有计划地进行企业的整体市场营销活动，提供满足旅游者需要的产品和服务，并从中获取企业和社会的长期效益。

（二）旅游市场营销学的内容体系

1. 旅游产品策略（Product Strategy）

旅游企业应从旅游者的需求出发，结合自身的优势和特点，在激烈的市场竞争中适时地生产出自己的旅游产品。同时，根据产品的生命周期积极研制、开发新的旅游产品。产品策略主要包括旅游产品生命周期各个阶段的营销策略、新产品的开发策略、旅游产品的商标策略、品牌策略和旅游产品组合决策等。

地铁营销：用乐评打动人心

网易云音乐的"乐评专列"最近刷爆了很多人的朋友圈，在整体的营销效果上不可谓不成功。实际上，围绕地铁进行的营销活动已经屡见不鲜，地铁是承载了大多数上班族的出行工具，早已是营销者眼中不可错失的资源。有人说，网易云音乐地铁营销的成功源于催泪的乐评。这个观点有一定的道理，不过从营销的角度看，网易云音乐以产品思路做营销的方法为陷入怪圈的互联网营销，提供了堪称教科书级别的案例。

作为一款音乐App,网易云音乐一直以精彩的评论区互动为特色,听歌的同时,评论区那些温暖的文字分享同样打动人心。最近,网易云音乐就将评论区点赞超过5000的乐评搬到了大家的身边,醒目的红底白字铺满了杭州市地铁1号线和整个江陵路地铁站,不仅吸引了很多乘客的关注,也使这个充满情怀的地铁站在微博和朋友圈里掀起热议。

"你那么孤独,却说一个人真好。""最怕一生碌碌无为,还说平凡难能可贵。"在人流量极大的地铁、车厢里,这一句句看似轻松戏谑却又细腻温暖的话语直击人心,让人忍不住驻足观看。音乐本身是大众精神需求的一个寄托,总有一首歌曲恰好唱出你此刻的心境,让你产生情感上的共鸣,网易云音乐从这点切入,把这次活动称之为"看得见的音乐力量"。

从听音乐到社交互动再到看乐评,网易云音乐充分利用了自己的优势资源。从线上到线下,拉近了与真实用户的距离,给深度用户们送去了惊喜;而又通过这些用户从线下分享到线上的过程,把音乐的共鸣转化为流量,进行了二次传播,圈得不少新粉。

(资料来源:卜克刀.地铁营销:用乐评打动人心[J].销售与市场(管理版),2017(5).)

2.旅游价格策略(Price Strategy)

旅游价格策略的主要内容包括价格制定策略和价格管理策略。价格制定策略主要针对现行旅游产品如何制定适宜的价格,恰当地体现旅游市场中的供求关系,以及市场诸要素变动之后对旅游产品的价格所作的必要调整。价格管理策略主要指从维护旅游者和旅游生产者各自的利益这一法律角度出发,对产品的价格从指定到执行所采取的各种监督和管理措施。

3.旅游渠道策略(Place Strategy)

将各种类型的旅游产品通过何种途径传递到旅游者手中,是旅游市场营销的一个重要方面。旅游渠道策略对于更好地满足旅游者的需求,使旅游企业最快最便捷地进入目标市场,缩短产品传递的过程,节省产品的销售成本起到积极作用。渠道策略的正确与否,渠道选择是否适宜,在某种程度上决定着旅游产品市场营销的成败。

旅游渠道策略主要包括旅游产品销售渠道的选择,产品营销中间环节的建立和产品营销渠道计划的制订等。

4.旅游促销策略(Promotion Strategy)

成功的旅游市场营销活动,不仅需要制订适当的价格、选择合适的分销渠道向市场提供令消费者满意的旅游产品,而且需要采取适当的方式进行促销。随着现代营销的不断发展,许多新颖的促销方式和手段不断涌现。

旅游促销策略主要包括旅游产品营销计划的制订,促销人员的培训,旅游产品的广告促销,营业推广,人员促销以及旅游企业的公关销售等。

肯德基：回到 1987，重温经典美味

在大多数"80后""90后"的成长过程中，总有一些和肯德基相关的"足迹"：也许是成绩进步时，一种奖励的方式；或是外出游玩时，零食的必备之选。这个承载着年轻人美食记忆的快餐品牌，在进入中国市场30周年之际，推出了名为"经典美味回归1987年"的活动，通过"回归"到1987年，让大众重新体验当时的价格，品味那时的味道。

为了突显"回归1987年"这一主题，肯德基将自家最经典的两款美食——吮吸原味鸡、土豆泥的价格还原至1987年的水平：2.5元及0.8元。在官方微博中，展开了对家乡第一家肯德基开业时的互动和讨论。此外，"肯德基中国30年""我有炸鸡你有故事吗"等微博话题也相继引发热议，一时间，话题的阅读量高达150万。

该活动的最大亮点在于价格的还原，价格调整后的"经典美味"，不仅直接体现了数额方面的实惠，激发了购买欲，更重要的是，它契合了活动主题，做到了形式和内容上的"回归"。肯德基用恰到好处的情怀营销激发了两代年轻人的集体回忆和共鸣，更深切传达出肯德基与时代同步、用美味相伴的理念。

（资料来源：陈伊歆.肯德基：回到1987，重温经典美味[J].销售与市场（管理版），2017（5）.）

旅游产品策略、旅游价格策略、旅游渠道策略和旅游促销策略构成了旅游市场营销学的基本内容，一般被称为旅游市场营销学的"四大支柱"。此外，旅游市场营销学还包括旅游市场营销环境分析、旅游消费者购买行为分析、旅游市场调研、旅游市场STP战略等内容。

了解旅游营销的新理念，并从网络、书籍或者其他渠道了解该营销方式的实施策略、过程和主要方法，总结归纳其优势、存在的主要问题及改进的措施。

本章小结

旅游市场营销学是旅游企业开展市场营销的理论依据。本章主要介绍了旅游市场营销涉及的核心概念、市场营销观念的演变和旅游市场营销学的发展及如何进行旅游市场营销管理。

市场是指在一定时期内、某一地区中存在的对某种商品具有购买力、购买欲望的现实和潜在的购买者群体。市场营销是指组织或个人通过交换提供满足消费者需求的产品的管理过程。从旅游市场营销角度看,卖方构成了行业,买方构成了市场。伴随着社会经济的发展,企业营销观念经历了生产观念、产品观念、推销观念、市场营销观念和社会市场营销观念五个阶段。

关键概念

市场(Market)

市场营销(Marketing)

市场营销观念(Marketing Concept)

旅游市场营销(Tourism Marketing)

复习思考

1. 市场营销观念经历了哪几个阶段?
2. 市场营销的核心概念有哪些?
3. 旅游市场营销的基本特征是什么?

相关链接

以下推荐进一步阅读资料。

1. 菲利普·科特勒,等.营销管理[M].何佳讯,等,译.第15版.上海:格致出版社,2016.
2. 郑毓煌.营销:人人都需要的一门课[M].北京:机械工业出版社,2016.
3. 艾·里斯,杰克·特劳斯.22条商规[M].寿雯,译.北京:机械工业出版社,2009.

第二章

旅游市场营销环境的构成与分析

学习目标

通过本章学习,使学生充分认识并理解旅游营销环境的含义,熟练掌握宏观环境和微观环境的构成要素,熟练掌握SWOT分析法的含义和分析步骤。

能力目标

通过本章学习,使学生掌握评价旅游市场营销环境的方法;培养学生运筹机会环境的能力;培养学生应对威胁环境的能力。

第一节　旅游市场营销环境的构成与特征

案例引导

汶川地震对旅游业的影响

2008年的汶川大地震使四川灾区旅游业"很受伤",仅已造成的直接经济损失就达数百亿元。全省旅游系统受损严重,北川、汶川、茂县等地的旅游局办公楼全部倒塌,因灾伤亡人员达555人;111家A级景区受损;世界遗产地都江堰、青城山、大熊猫栖息地(卧龙)等景区受灾严重,损毁价值无法估计。

大地震后,以"纪念、感恩、发展"为主题的东河口地震遗址公园成为汶川地震后第一个开放的地震遗址保护纪念地。公园开放后,游人络绎不绝,因为景区停车场车位有限,需要当地县交通局组织人员疏导,最多的一天,停放的车辆排出10多公里长。"北川一日游,温暖灾区行"是北川羌族自治县旅游重建的主题。在2009年春节期间,北川老县城遗址接待游客近10万人次;极重灾区绵竹市汉旺镇每天接待游客都在千人以上。

在地震重灾区彭州市龙门山镇回龙沟景区旁,建起了一个占地面积达100多亩的真人CS野战基地。据四川旅游局透露,在春节期间到四川地震灾区的游客超过700万人次,实现旅游收入18.69亿元,占黄金周全省旅游总收入的四成。

地震遗址旅游的迅速升温,成为四川旅游的新热点,但也引发了一场激烈的争论。有网友说,这种旅游是"试图把快乐建立在悲伤之上","把灾难之地当作娱乐场所,不仅是对失去生命的人不尊重,也严重伤害受难人家属的心"。但另一部分网友提出不同的观点:"因地制宜,重振当地经济,让活着的人生活得更幸福,我想遇难者在天之灵也会欣慰。"

阅读并思考:

1.试运用SWOT方法分析汶川地震对四川乃至全国旅游业的影响,以及震后应该采取的相关营销对策。

2.你认为地震遗址旅游是否应该大力开展?如果开展,应注意哪些问题?

一、旅游市场营销环境的含义

旅游市场营销环境是指影响旅游市场营销管理能力的各种企业外部和内部因素组成的企业生态系统,由旅游市场宏观营销环境和旅游市场微观营销环境共同构成。

二、旅游市场营销环境的构成

宏观环境一般以微观环境为媒介去影响和制约企业的营销活动,在特定场合,也可直接影响企业的营销活动。微观环境和宏观环境之间不是并列关系,而是主从关系。微观环境受制于宏观环境,微观环境中的所有因素均受到宏观环境的各种力量和因素的影响。旅游市场营销环境的构成如图 2-1 所示。

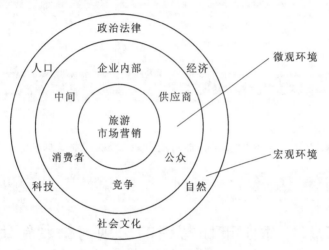

图 2-1　旅游市场营销环境的构成

三、旅游市场营销环境的特征

旅游市场营销环境的特征如图 2-2 所示。

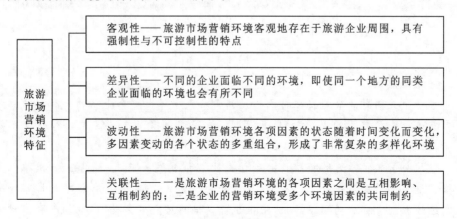

图 2-2　旅游市场营销环境的特征

知识链接

大数据驱动旅游营销升级

实训操练

寻找自己熟悉的古村落旅游目的地,分析其旅游市场环境。

第二节 旅游市场营销的宏观与微观营销环境分析

案例引导

卖 鞋 子

案例背景:

一个美国鞋业公司要把自己的产品卖给太平洋上一个小岛的土著居民。该公司首先派去了自己的财务经理,几天后,该经理电报汇报:"这里的人根本不穿鞋子,此地不是我们的市场。"

该公司又把最好的推销员派到该岛上以证实这一点。一周之后,该推销员汇报:"这里的居民没有一个人有鞋,这里是巨大的潜在市场。"该公司又把市场营销副经理派去考察。两周以后,他汇报说:"这里的居民不穿鞋,但他们的脚有许多伤病,可以从穿鞋中得到益处。因为他们的脚普遍较小,我们必须重新设计我们的鞋。我们要教给他们穿鞋的方法并告诉他们穿鞋的好处。我们还必须取得部落首长的支持与合作。他们没有钱,但岛上盛产菠萝。我测算了三年内的销售收入以及我们的成本,包括把菠萝卖给欧洲的超级市场连锁集团的费用。我得出的结论是我们的资金回报率可达 30%。因而我建议公司应开辟这个市场。"

案例分析:

推销员通过自己的努力,打破了当地居民的传统习俗,改变了企业的营销环境,获得了成功。现代营销理论告诉我们,企业对营销环境具有一定的能动性和反作用,它可以通过各种方式如公共关系等手段,影响和改变环境中的某些可能被改变的因素,使其向有利于企业营销的方向变化,从而为企业创造良好的外部条件。

一、旅游市场营销的宏观环境

旅游市场营销的宏观环境如图 2-3 所示。

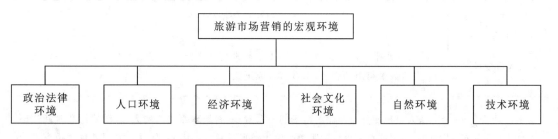

图 2-3 旅游市场营销的宏观环境

(一)政治法律环境

政治环境是指旅游企业市场营销活动的外部政治形势和状况给市场营销活动带来的,或可能带来的影响,一般分为国内政治环境与国际政治环境。

法律环境主要指国家有关部门及地方政府颁布的各项法律、法规及规章等。政府的有关法律,特别是针对旅游业的法律,对旅游行业的所有企业都会有影响,如《旅游法》。对法律环境的研究,除了要研究国内与旅游企业营销活动有关的法律,还要研究国外各客源国及旅游目的地国家的法律。

(二)人口环境

人口环境是指人口数量、构成、分布等方面的变动趋势对旅游营销活动的影响。包括人口规模、人口分布、人口结构、人口流动状况等。人口环境因素及其对旅游营销的影响如表 2-1 所示。

被奢侈旅游营销人员忽视的人口统计数据

表2-1 人口环境因素及其对旅游营销的影响

人口环境因素	对旅游营销的影响
人口规模	在收入水平一定的条件下,人口规模的大小决定着市场容量的大小,即一般情况下,人口数量与市场容量、消费需求成正比
人口地理分布	从人口地域分布与旅游市场的关系看,随着地理距离的增大,旅游费用和时间逐渐增多,客源逐渐衰落。远距离会给出游形成一定的阻碍,从另一方面来看,"距离产生美",远距离有时会产生较强烈的吸引力
人口结构	人口结构指性别结构、年龄结构、职业结构、家庭结构、民族结构。这些因素从不同方面对人产生不同的影响,导致其旅游市场需求明显具有差异
人口流动状况	人口流动状况包括人口流动的数量、人口流动的区域、人口流动的时间长短、人口流动的距离长短、人口流动的比率及人口的结构变化

(三)经济环境

经济环境是指一个国家或地区在一定时期内的经济发展状况,主要包括经济形势、国内生产总值、经济发展阶段、收入分配形式、个人消费模式、货币汇率等有关购买力的变量。

知识链接　　　　　恩格尔系数

19世纪德国统计学家恩格尔根据统计资料,对消费结构的变化得出一个规律:一个家庭的收入减少,家庭收入中(或总支出中)用来购买食物的支出所占的比例就越大。随着家庭收入的增加,家庭收入中(或总支出中)用来购买食物的支出所占的比例则会下降。恩格尔系数是根据恩格尔定律得出的比例数,是表示生活水平高低的一个指标。其计算公式为:恩格尔系数=食物支出金额/总支出金额。

(四)社会文化环境

社会文化环境是指在一定社会形态下形成的价值观念、宗教信仰、道德规范、审美观念及世代相传的风俗习惯等社会所公认的各种行为规范。社会文化环境通过影响消费者的思想和行为来影响旅游企业的市场营销活动。旅游营销从吸引客源的角度来讲,要适应并尊重旅游者的文化传统。社会文化环境因素及其对旅游营销的影响如表2-2所示。

表2-2　社会文化环境因素及其对旅游营销的影响

社会文化环境因素	对旅游营销的影响
教育水平	教育水平指旅游者受教育的程度。教育水平的高低反映人们的文化素养,影响旅游者的消费结构、购买行为和审美观念,从而影响旅游企业的营销活动
价值观念	价值观念指人们对社会生活中各种事物的态度、看法和评价。旅游者对商品的需求和购买行为深受其价值观念的影响
审美观	审美观指人们对事物好坏、美丑和善恶的评价。人们的旅游活动实际上是一次审美活动,其主要由旅游者的审美观来支配
宗教信仰	不同的宗教信仰有不同的文化倾向和戒律,从而影响人们认识事物的方式、价值观念和行为准则,影响人们的旅游消费行为
风俗习惯	世界上不同国家和地区的风俗习惯千差万别,甚至在同一个国家的不同地区,风俗习惯也差别很大,其会对旅游市场产生巨大影响

龙形图案有学问

在我国的出口商品中,龙形图案由于显示民族特点,具有东方特色,很受外商的欢迎。但是在采用龙形图案中也有学问,也要注意进口国消费者的风俗与爱好。例如,龙形图案地毯一直是我国出口的热门货,但是却有一部分地毯卖不出去。原因在哪?外商说:"在国外,尤其在华侨中,流行着一种说法,认为龙分吉祥龙和凶龙,其区别在于龙爪不同。吉祥龙生五爪,生三爪、四爪的是凶龙,凶龙入宅,合家不安,谁会花钱买个凶龙回家?"经调查,果然未卖出的龙毯绝大部分是三爪、四爪的龙形图案。

案例分析:在国际市场营销中,对进口国社会文化环境因素的了解与掌握要细、要准,不能满足于一般了解,这样才能有针对性地将产品销售出去。

(五)自然环境

自然环境主要包括一个地区的自然资源、地形地貌和气候条件等因素。一方面,旅游企业要分析研究自然环境对营销活动的影响;另一方面,旅游企业也要分析研究自然资源,特别是旅游资源的合理、科学利用。同时,还要考虑旅游企业的活动对自然环境的影响问题,保护好自然环境,使旅游业能够可持续利用。

(六)技术环境

现代科学技术推动旅游市场的发展,同时促进了旅游营销的现代化,使旅游营销组织大大提高了营销活动的效率和服务质量,提高了竞争优势;科技的进步促使旅游者消费方式和购买习惯的改变。

二、旅游市场营销的微观环境

旅游市场营销的微观环境如图 2-4 所示。

微观环境因素及其对旅游营销的影响(见表 2-3)比宏观环境更为直接,而且微观环境中的一些因素是旅游企业可以在不同程度上加以控制的。

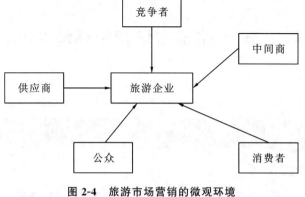

图 2-4 旅游市场营销的微观环境

表 2-3 微观环境因素及其对旅游营销的影响

微观环境因素	对旅游营销的影响
企业内部环境	旅游企业营销计划目标必须服从企业的整体战略目标,营销决策与执行必须有各部门的密切配合。此外,旅游企业的经营观念、管理体制与方法、企业的目标、企业文化等也都影响着企业的营销活动
消费者	消费者是旅游企业最重要的环境因素
竞争者	每个企业都面临四种竞争者:愿望竞争者、一般竞争者、产品形式竞争者和品牌竞争者
供应商	供应商所提供产品和服务的质量决定着企业最终向旅游者提供产品和服务的质量,进而影响企业营销目标的实现
中间商	中间商是旅游企业市场营销不可缺少的环节,大多数企业的营销活动,都必须通过它们的协助才能顺利进行
社会公众	旅游企业开展市场营销活动时要考虑公众的心理和利益,采取各种措施与公众保持良好的关系

实训操练

选择当地的一家小型旅行社进行考察,分析其所面临的市场微观环境和宏观环境。

第三节　旅游市场营销环境 SWOT 分析

共享经济案例——摩拜单车 SWOT 分析

1.摩拜单车是什么

摩拜单车,英文名 Mobike,2016 年在上海上线,是一款互联网短途出行解决方案产品。人们通过智能手机就能快速租用和归还,用可负担的价格来完成一次几公里的市内骑行。

2.SWOT 分析

1)优势分析

(1)产品加技术的模式,自行研发、设计、生产产品,比较符合年轻人个性化的追求。

(2)其是国内第一家配备 GPS 的共享单车,相比于普通自行车来说免修标准长。

(3)使用二维码解锁,方便快捷,不容易破锁,一定程度上既满足客户需求,也延长了自行车使用寿命。

(4)没有固定车桩,随时骑行,随时停车相比传统共享单车更加灵活便捷。

(5)骑行时间不限制,不需要担心早班车晚班车问题。另外还免去到指定地点办理充值退卡的流程。

(6)投资方包括红杉、高瓴资本、熊猫资本、创新工厂等著名投资机构。最重要的是腾讯的战略投资,这在大数据和流量导入方面都有一定优势。

2)劣势分析

(1)1 元/半小时的价格并不比交通发达地域里公交的价格便宜多少,短程完全可以乘坐公交且不需要押金。

(2)第一代摩拜单车为了减少破损成本而设计的实心胎无链条,使得单车车身笨重,骑行感受也不好,没有车筐,十分不便利。

(3)GPS 的定位也不是很准,这些骑行问题都涉及用户体验,这些问题是致命的,会导致客户流失。

(4)更适合一线城市,二、三线城市有很多实际问题限制产品的投放使用。

(5)车辆安全问题也很严重,一些人对车辆进行恶意损坏,强加私锁,销毁二维码现象严重,增加了公司的破损成本。

(6)夏天很多用户考虑皮肤问题不会选择骑行,冬天低温致使单车车锁不敏感,无法开锁问题严重。

3)机会分析

摩拜单车从诞生至今,车身的个性靓丽,骑行带给生活的便捷,以及绿色环保的概念受到了一线城市年轻用户的喜爱。产品顺应移动互联网时代的发展,用户接受度高,在利用资本基础上,可以快速占领市场,经过几轮的资本融资,加之摩拜在市场营销方面投入充足的资本,自媒体传播时代让摩拜的推广速度无限加快。摩拜单车重视微信、微博上的推销,虽然上线时间短但后来者居上,粉丝影响力已经赶上 ofo。这是相比其他竞争者的优势所在。

4)威胁分析

摩拜前有 ofo 需要追赶、后有优拜、小鸣、小蓝等的紧随,多家共享单车都各有优势,也各自取得了 C 轮多方融资。该行业目前竞争十分激烈,摩拜必须继续完善产品体验,以保持持续的生命力在共享市场上维持现有的份额。

3.摩拜单车营销策略

1)产品

官方自己给出的产品定位是帮助每一个人更便捷地完成城市短途出行。根据用户体验及反响更新完善单车的性能,目前投入的有老款和改良后的 lite 款。

2)价格

价格由 1 元半小时更改为 0.5 元一小时,使其在价格方面更具有竞争力。

3)渠道

采用 B2C 模式,即直接面向消费者提供服务的商业零售模式。消费者通过 App 寻找附近单车,二维码解锁、缴费。目前只有该种渠道提供共享单车服务。

4)促销

促销主要有广告促销和人员促销,广告促销主要集中于微博、微信公众号,以及微信小程序等线上广告宣传。人员促销则是在圣诞前夜在各地举行骑行活动,并结合微博互动达到推广的目的。

4.目前仍存在的问题

① 生产成本高;② 定位不够精准,用户找车不顺利;③ 用户不守规则,单车破损率较高;④ 同行业价格竞争,盈利困难;⑤ 押金退还较慢。

(资料来源:共享经济案例——摩拜单车模式及 SWOT 分析.中国投资资讯网. http://www.ocn.com.cn/touzi/chanye/201707/yenqk04091841.shtml.)

一、SWOT 分析模型的提出

SWOT 分析模型即态势分析法,由美国旧金山大学的管理学教授韦里克在 20 世纪 80 年代初期提出,适用于从企业内部和外部收集资讯,分析市场环境、竞争对手,制定企业战略。

二、SWOT分析方法的含义

SWOT指优势(Strength)、劣势(Weakness)、机会(Opportunity)和威胁(Threat)四个方面,SW是指旅游企业内部的优势和劣势,OT是指旅游企业外部的机会和威胁。SWOT分析就是旅游企业在选择战略时,对该企业内部的优劣势和外部环境的机会与威胁进行综合分析,据以对备选战略方案做出系统评价,最终选出一种适宜战略的目的。

三、SWOT分析步骤

SWOT分析步骤如图2-5所示。

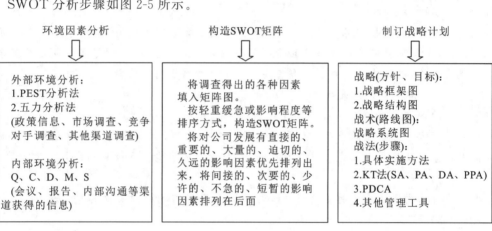

图2-5　SWOT分析步骤

(一)环境因素分析

1.企业内部优势—劣势(SW)分析

竞争优势(Strength)指一个企业超越其竞争对手的能力,或者指公司所特有的能提高公司竞争力的东西。

竞争劣势(Weakness)指一个企业与其竞争对手相比,做得不好或没有做到的地方,从而使自己与竞争对手相比处于劣势。

2.企业外部机会—威胁(OT)分析

机会就是对旅游企业有吸引力,能享有竞争优势和获得差别利益的环境。机会是影响旅游企业战略的重大因素,旅游企业经营者应当确认并充分把握每一个机会,评价每一个机会给企业带来的成长和利润空间。

威胁指的是外部环境中一种不利的发展趋势所形成的挑战,如果不采取果断的战略行为,这种不利趋势将导致旅游企业的竞争地位受到削弱。政策、经济、社会环境、技术壁垒、竞争对手等,都是对旅游企业目前或未来造成威胁的因素,企业经营者应一一识别,并予以规避或采取相应的对策,降低企业经营的风险。

OT分析方法主要有PEST法和波特五力模型分析法两种。PEST法从政策(Policy)、经济(Economy)、社会环境(Society)、技术(Technology)四个方面进行分析。波特五力模型分析法是基于对产业结构的"五力",即现有竞争者、潜在竞争者、供应商、替代品和消费者进行分析,以求策略分析的细化和深化。

(二)构造 SWOT 矩阵

在构造 SWOT 矩阵过程中,要将分析出来的内容按轻重缓急及影响程度,做出优先排序,将那些对企业发展有直接的、重要的、大量的、迫切的、久远的影响因素优先排列出来,而将那些间接的、次要的、少许的、不急的、短暂的影响因素排列在后面(见图 2-6)。

区分	内容	优先顺序				区分	内容	优先顺序			
		重要度	紧急度	影响度	NO			重要度	紧急度	影响度	NO
S						W					
O						T					

图 2-6 SWOT 矩阵

(三)制订战略计划

制订计划的基本思路:一是发挥优势因素,分析劣势因素,并克服劣势因素;二是利用机会因素,识别威胁因素,并规避或化解威胁因素;三是考虑过去,立足当前,着眼未来。运用系统分析的综合分析方法,将排列与考虑的各种环境因素相互匹配起来加以组合,得出一系列旅游企业未来发展的可选择对策。

SWOT 分析只是战略发展的第一步,旅游企业需要进一步找到内部要素与外部环境的结合点,有效调整整合内部各要素,以吻合或超越外部环境的变化,获取竞争优势。

通过将强弱势与机会威胁对应进行分割,可得出旅游企业应对环境变化的四个主要战略(见表 2-4)。

表 2-4 不同 SWOT 状态下的营销战略选择

项目	优势(S)	劣势(W)
机会(O)	(SO)发展战略 是一种发挥旅游企业内部优势而利用旅游企业外部机会的战略 企业通常首先采用 WO、ST 或 WT 战略而达到能够采用 SO 战略的状况。当企业存在重大弱点时,它将努力克服这一弱点而将其变为优势。当企业面临巨大威胁时,它将努力回避这些威胁以便集中精力利用机会	(WO)稳定战略 是一种通过利用外部机会来弥补内部弱点的战略 适用于这一战略的基本情况是企业存在一些外部机会,但企业内部有一些弱点妨碍着它利用这些外部机会

续表

项目	优势(S)	劣势(W)
威胁(T)	(ST)多元化战略 是利用本企业的优势回避或减轻外部威胁的影响战略	(WT)紧缩战略 是一种旨在减少内部弱点,同时回避外部环境威胁的防御性战略

课堂讨论

讨论迪士尼乐园落户上海对深圳华侨城主题公园的影响。

实训操练

请以某地旅游业发展情况为例,利用SWOT分析方法,找出其优势、劣势、机遇与挑战,并提出相应的发展对策。

本章小结

本章重点在于介绍和解释旅游市场营销环境的基本内容体系,并介绍环境分析的主要手段和基本方法。

关键概念

旅游市场营销环境(Tourism Marketing Environment)
宏观环境(Macro Environment)
微观环境(Micro Environment)
SWOT方法

复习思考

1. 什么是旅游市场营销环境？它具有什么特征？
2. 旅游市场营销的宏观环境和微观环境各包括哪些因素？
3. SWOT分析方法的步骤有哪些？

 相关链接

1. 刘洁.市场营销环境[M].北京:机械工业出版社,2016.
2. (英)欧德罗伊德.市场营销环境[M].杨琳,译.北京:经济管理出版社,2005.
3. 陈新河.赢在大数据:营销/房地产/汽车/交通/体育/环境行业大数据应用典型案例[M].北京:电子工业出版社,2017.

第三章

旅游者购买行为分析

学习目标

通过本章的学习,明确有哪些因素影响旅游消费者的购买行为;掌握旅游者购买决策行为的心理特点;熟悉游客购买行为模式以及旅游者购买决策过程。

能力目标

通过把握消费者的消费行为特征,以便更好选择营销方式,以满足旅游消费者的需求。

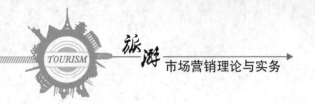

第一节 旅游者购买行为概述

东京迪士尼乐园的情感营销

"让园内所有的人都能感到幸福"这是东京迪士尼乐园的基本经营目标。这不仅针对游客,也包括游乐园内的工作人员。东京迪士尼乐园得以持之以恒地为数以亿万计的游客提供令人感动、难忘、乐于传颂的高质量服务,依靠的是对全体员工存在价值的认同。在这一基础上,他们也注重企业内的情感经营,努力营造"享受工作、快乐工作"的企业文化氛围。

日本商业、服务业企业的高质量服务水准有口皆碑,其中尤以东京迪士尼乐园的服务表现最为出色,有关东京迪士尼乐园的服务神话层出不穷。人们相互传递着在东京迪士尼乐园的感人经历,东京迪士尼乐园的服务理念与水准已成为各类企业、社团组织乃至政府部门争先效仿追逐的目标。

(资料来源:http://www.maigoo.com/zq/178826.html.)

一、旅游者购买行为概念

旅游者购买行为是指旅游者为满足其旅游需要,在旅游动机的驱使下产生的、以货币换取旅游产品和服务的实际行动。在社会生活中,任何个人都必须不断消费各种物质生活资料,以满足生理和心理需要,因此购买行为是人类社会中最具普遍性的一种行为活动。

旅游者购买行为的发生过程是十分复杂的。尽管旅游者在旅游活动中都有一些共同的需要和动机,特别是生理性需要和动机,但是,由于社会环境的影响和人体内因素的差异,不同的旅游者会产生不同的购买行为。

$$CB = (p, s, e)$$

其中,CB——表示旅游消费者的行为。

p——表示旅游消费者个人特点。

s——表示社会影响因素。

e——表示产品因素。

旅游消费者个人特点包括消费者的年龄、职业、生活方式、自我观念、个性、经济状况、需要、动机、态度等；社会影响因素包括文化、社会阶层、家庭、角色与地位等；产品因素包括产品特性、产品价格、产品服务等。这三个变量相互依存、相互发生作用。

研究旅游者购买行为是营销活动成败的关键，而实施营销活动是为了开发、提升和销售产品。为了取得良好的营销效果，就必须了解旅游者是如何做出购买旅游产品决定的。

二、旅游者购买行为的特点

（一）旅游者购买行为的综合性

旅游购买行为并不是对单项物质产品和服务的购买，而是包括对饮食、住宿、交通、游览、娱乐、通信以及购物和其他服务等多种形式的产品和服务的综合性购买。

（二）旅游者购买行为的多样性

不同形式的旅游活动有不同的购买水平、购买范围和购买结构，每种旅游活动购买的物质产品和服务也大不相同。另外，不同旅游者的旅游动机可能相同，但由于其他主观因素和客观条件的制约，旅游者的购买行为也不尽相同。例如，对于中老年旅游者来说，购买行为的动机一般出于对身体健康的考虑，比如泡温泉、做按摩；对于教师、作家、艺术家等一般是以了解和欣赏各地的文化、艺术、风俗等为主。

（三）旅游者购买行为和旅游产品生产、交换的同一性

一方面，由于旅游购买只能是在目的地进行，因此旅游产品的交换是在旅游目的地进行的；另一方面，在物质产品生产的过程中，包含着生产、分配、交换和消费四个环节，而旅游产品更多的是以服务的形式表现出来的，由服务人员面对面地提供给旅游者，而不能预先生产出来等待旅游者来到后才出售。

（四）旅游者购买行为的不可重复性

旅游者的购买行为并没有取得对旅游吸引物、旅游设备设施等产品的所有权，一旦旅游活动结束，旅游者对旅游产品的使用权将不复存在。此外，旅游产品生产和旅游者购买行为在时间上的同一性也决定了旅游者对旅游产品的消费是不可重复的。

（五）旅游者购买行为的高档次性

旅游者购买行为的产生主要是为了满足人们发展和享受的需要，因而旅游者购买行为必然表现为高档次的消费。旅游过程中旅游者对物质产品和服务的要求也必然远远高于基本生活必需品的要求。旅游者购买行为高档次的特点不仅表现在旅游者对物质产品需求的水平高，而且对服务产品的需求档次也往往有更加严格的要求。

三、旅游者购买行为类型

由于旅游者的购买行为受旅游者个人特点、社会影响因素和环境因素的影响，因而呈现

出不同的购买行为。根据旅游者性格特点,购买目标的确定程度与决策行为,购买目的以及购买兴趣表现的差异,可以将旅游者购买行为按以下几种方式分类。

(一)按旅游者性格特点划分

根据旅游者性格特点的不同,可将旅游者购买行为分为以下七种类型。

1.习惯型

这类旅游者往往根据过去的习惯,购买某种旅游产品。他们用惯了某种旅游产品,对该种产品非常熟悉、信任并有深刻的印象,从而产生一种特殊的感情。当需要时,就购买此产品,因此形成了购买习惯。

2.理智型

这类旅游者在实际购买前,对所要购买的旅游产品都要经过考虑、研究和比较,即所谓"胸有成竹"。购买时,他们冷静慎重,并善于控制自己的情绪,不受广告、宣传的影响。

3.经济型

这类旅游者特别重视价格,只有旅游产品低价时才购买。他们对价格的反应特别敏锐,善于发现别人不易察觉的价格差异。

4.冲动型

与习惯型旅游者不同,这类旅游者易受现场情景激发而购买,即对旅游产品"一见钟情",未经事先考虑,临时做出购买决定。他们喜欢追求新产品,从个人兴趣出发,不大讲究产品的效用性能。

5.想象型(感情型)

这类旅游者的购买行为大多属于情感的反应,以丰富的联想来衡量旅游产品的意义,他们的注意力容易转移,兴趣容易改变。

6.不定型

这类旅游者心理尺度尚未稳定,他们没有固定的偏爱,一般是顺便购买和为尝试而买。

7.疑虑型

这类旅游者一般性格内向,言行谨慎多疑,对营销人员不信任。他们通常在购买旅游产品前三思而后行,在购买后,还疑心上当受骗。

(二)按旅游者购买目标的确定程度与决策行为划分

根据旅游者购买目标的确定程度与决策行为的不同,可将旅游者购买行为分为以下三种类型。

1.全确定型(例行反应行为型)

这类旅游者在购买行为发生之前就已有明确的购买目标和具体要求(如旅游产品的类型、数量、价格),他们会根据已经确定的目标和要求挑选旅游产品并毫不迟疑地购买,通常不会花太多时间去选择旅游产品,也不太在意旅游促销者的介绍和提示。

2. 半确定型（有限度解决问题行为型）

这类旅游者对旅游产品有大致的购买意向，但具体目标和要求不明确，他们通常需要对同类旅游产品比较选择后才能做出购买决策，一般需要收集各方面的信息，来降低不太熟悉的旅游产品的购买风险。

3. 不确定型（广泛问题行为型）

这类旅游者没有明确购买目标，购买与否都是随意的、不确定的。

（三）按旅游者购买目的划分

根据旅游者购买目的的不同，可将旅游者购买行为分为以下五种类型。

1. 观光型

这类旅游者以观光游览为主要目的，他们离开常住地进行外出旅行，进而导致购买行为。

2. 娱乐消遣型

这类旅游者也以娱乐、消遣来求得精神上的放松为主要目的，他们离开常住地进行外出旅行，进而导致购买行为。

3. 文化知识型

这类旅游者以获得精神文化为主要目的，他们离开常住地外出参加文化旅游活动，进而导致购买行为。

4. 公务型

这类旅游者以完成公务为主要目的，他们在一定时间内到外地出差，顺便参加旅游活动，进而导致购买行为。

5. 医疗保险型

这类旅游者以治疗慢性疾病或加强身体健康为主要目的，他们离开常住地进行外出旅行，进而产生购买行为。

（四）按旅游者购买兴趣划分

根据旅游者购买兴趣的不同，可将旅游者购买行为分为以下四种类型。

1. 情调型

这类旅游者通常根据购买产品和旅游服务的情调而做出购买决策。他们一般较为关注旅游产品的环境格局。如购物、进餐、娱乐环境中不同的建筑风格、装饰布局等渲染的情调。

2. 节日型

这类旅游者的购买行为主要在节假日期间集中而明显地表露出来。近年来，我国由于实行双休日和国庆、春节长假制度，假日经济的繁荣，引发了井喷式的旅游消费热潮，出游人数明显增多。

3. 时尚型

这类旅游者的购买行为主要受社会风气及流行消费的影响,旅游兴趣反应在社会的趋势消费或特殊性消费上,追求新奇时髦,标新立异。

4. 娱乐型

这类旅游者的购买行为主要是在物质生活基本满足后,倾向于精神生活享受。在实际中大多数旅游者属于这种类型。

"80后""90后"旅游消费行为差异

通过对"80后""90后"旅游行为的对比,我们不难发现在旅游目的地选择上,"80后"更喜欢以自我为中心,喜欢去谨慎熟悉的旅游目的地旅游,而"90后"更喜欢冒险刺激,喜欢有巨大文化冲击力的地方。在旅游资源选择和旅行方式的选择上,"80后""90后"的喜好情况基本上保持一致,多选择休闲度假和观光旅游的自助游;在旅游信息的获得渠道上,"80后""90后"也能保持基本一致,都喜欢网上获取旅游信息这种简便快捷的方式,但其中也有很多人更倾向于人们的口碑效应;然而在出游时间的选择上存在很大不同,"90后"大部分为学生群体,更喜欢在黄金周和寒暑假出游,而"80后"大部分是工作群体,更倾向于选择双休日出游;在停留时间和住宿上,选择2—3日的居多,但是"80后"更喜欢选择星级宾馆,而"90后"更多会选择经济型酒店;在旅游城市偏好的选择上,"90后"出于时间和经济的考虑,绝大部分人选择所在城市周边地区,而"80后"的选择没有一定的局限性,各个城市都有选择。

"80后""90后"成为当今社会旅游消费的主力军,既有共同性,他们时尚,独立,喜欢冒险,又有不同性,"80后"的群体已经拥有工作和家庭,有自己的经济来源。和"80后"相比,"90后"在很大程度上依赖家庭的经济支出,所以旅游限制更多。

(资料来源:http://www.xzbu.com/2/view-7033810.htm.)

案例启示:

旅游企业应根据"80后""90后"旅游需要的不同,细分旅游市场,制定不同的旅行方式来满足他们的需要。

四、旅游者购买行为模式

游客购买行为模式指影响旅游者购买行为的构成要素,及其相互间的影响方式。通过分析研究旅游者的购买行为模式,可弄清楚旅游消费过程中各种角色在购买决策中发挥的作用(Who);旅游者需要什么样的旅游产品(What);旅游者产生旅游产品的购买动机和目的(Why);旅游者引发旅游需要的时间和地点,进行购买和消费的时间和地点(When,Where);旅游者购买和消费旅游产品的方式(How)。弄清旅游者的购买行为模式有利于旅游企业针对其模式开发适销对路的旅游产品,并制定有效的旅游营销策略。

(一)刺激反应模式

行为科学认为,人的消费购买行为是人的内在要素在受到外部因素刺激下,所做出的相应反应的结果,可以通过一个"刺激—反应"模式来说明,这种消费者的购买行为过程见图3-1。

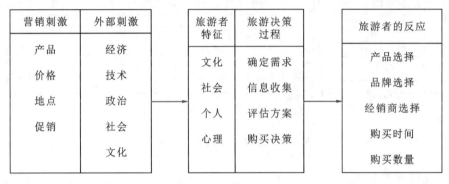

图 3-1　旅游者黑箱

变化中的"购买者黑箱"

27岁的宁檬发现自己与22岁的强仔已经存在"代沟"。作为一名普通白领,宁檬刚刚结婚,正在为第一套房子还贷,准备攒钱买车,喜欢在商场打折时购物;而收入只有他一半的强仔,却非ESPRIT和JACK&JONES等品牌不买,脚上是800元以上的NIKE鞋,换了五六部手机。

强仔花在网络上和电视上的时间一样多,他不拒绝广告,爱看偶像剧和大片,排斥一切文艺片和历史剧、政治剧。他和父母同住,但经济上独立,每逢假期便安排出游计划。虽有好几张银行卡,但属"月光一族";尽管老是缺钱,但他并没有太强的储蓄意识。

宁檬的困惑是:"我也许比强仔更有经济实力,但广告商更青睐我还是他?"他的答案是:"商家的希望也许只能寄托在强仔这样的人身上了。"

讨论:"看到强仔这样一代人的消费观念和行为,你们认为怎样的营销对他们才有效?换言之,我们应该怎样了解、利用他们的'购买者黑箱'?"

（二）"需求—动机—行为"模式

该种模式（见图3-2）是从心理学的角度构建的旅游者的购买行为模式，是需求引发动机，动机再引起购买行为。旅游者的需求、动机及购买行为构成了一个旅游购买活动的周而复始的过程。当旅游者产生的旅游需要没有得到满足时，就会引起一定程度的心理紧张。当这种需要有满足的可能性，并有了一定的具体满足方式指向时，就可以转化为对具体旅游产品的购买动机，购买动机会推动旅游者进行旅游消费购买过程。

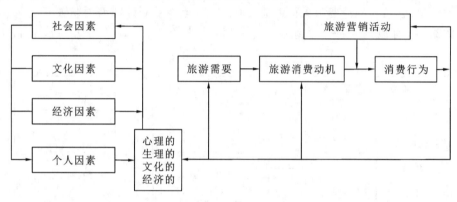

图3-2 "需求—动机—行为"模式

（三）边际效用模式

边际效用模式是把经济学里面的边际效用原理用于旅游者购买行为分析。按该模式，假定旅游消费者是理性的经济人，在消费中总把货币支出投放到边际效用最大的商品购买中去，以使自己所获得的总效用最大化。服务性消费和旅游消费同时有着较高的收入弹性，随着人们经济收入的增加，对旅游消费方面的支出会有较高幅度的继续增加，同时也推动着旅游消费产品往更高层次发展。但是应该注意的是，随着人们旅游消费次数的增加，受边际效用递减的影响，旅游者不可能对同一旅游产品重复购买，更不会多次去同一旅游目的地游览，这就要求旅游企业不断开发新的旅游产品和新的旅游路线。

第二节 旅游者购买决策心理分析

"相较于团游，我更青睐于自由行。想走就走，想停就停，不用跟着大部队东奔西跑，吃、住、行、游、购、娱，每一项都能深度体验，旅行时间完全属于个人，这种自

我掌控感,很棒!"在上海浦东新区某外企上班的"90后"员工张焕喜欢自由行,不论是国内游,还是出境游,她都自己安排行程路线、交通、景点、住宿等。

爱上自由行,张焕不是个例。国家旅游局数据中心发布的《全球自由行报告2017》数据显示,2017年中国出境游人次预计将达到1.28亿人次,同比增长接近5%。其中,出境自由行人数占比过半,成为主流出行方式。

马蜂窝旅行网联合创始人兼CEO陈罡认为,在中国旅游市场规模持续增长、自由行成为主流出行方式的背景下,消费移动化、需求个性化、目的地IP化、产品细分化,成为今年旅游行业的显著标签。

移动支付改变着自由行游客的旅行方式。以酒店预订为例,2017年自由行游客通过移动端预订酒店的占比,由2016年的53%提升至79%,增长26%。随时随地用手机预订当天行程也成为趋势,越来越多人享受自由随性的旅行。《报告》指出,与2016年相比,2017年自由行游客在途中预订当地玩乐的占比在大幅提升。境外当地体验类产品的当天预订量占比增长了10%,境内则增长了13%。

购物型消费与享乐型消费此消彼长。《全球自由行报告2017》数据显示,与2016年相比,2017年自由行游客的境内购物消费下降41.5%,境外购物消费下降37.2%。"狂买"和"扫货"风潮从2016年开始减弱,"理性"成为2017年的旅游消费主旋律。

与此同时,美食、文化娱乐消费比重正大幅增加。国人尤其喜欢用味道来记忆一座城市,使美食消费的增长尤为显著。数据显示,2017年境内旅游餐饮消费增长201%,境外增长14%,与购物消费的下滑形成鲜明对比。

(资料来源:http://news.sina.com.cn/o/2017-12-22/doc-ifypxmsq9179260.shtml。)

一、旅游需要

旅游需要是指人们可以通过旅游行为而获得满足的一些基本需要,尤其是精神性和社会性的需要。旅游需要是人的一般需要在旅游过程中的特殊表现,是旅游者或潜在旅游者由于对旅游活动及其要素的缺乏而产生的一种好奇心理状态,即对旅游的意向和愿望。

(一)旅游需要产生的条件

1.旅游需求产生的主观条件

1)恢复精力与体力的旅游需要

人的身心的疲劳紧张和精神的相对空虚引起生理或心理的平衡失调,由此产生去外地摆脱紧张、补偿缺乏、恢复平衡的驱动力。旅游是释放和补偿的极佳方式之一,人们通过旅游,短期改变一下生活环境,不仅可以愉悦身心,陶冶情操,而且可以开阔视野,增长知识,获得物质上或精神上的享受。

2）满足的旅游需要

美国心理学家小爱德华·J·梅奥在他所著《旅游心理学》一书中用"探索的需要"和"尤利西斯动因"来解释旅游需要的动因。好奇心是由个体生活环境的刺激而引发的先天内趋力，是人类心灵正常发展的原动力之一，是维护心理健康的一个条件，也是旅游需要产生的根本性原因。

2.旅游需求产生的客观条件

1）经济因素

经济因素是产生旅游需要和实现旅游需要满足的基本前提。当一个人的收入水平仅仅能够维持基本生活需要时，他就很难产生外出旅游高级层次的需要，经济水平和旅游者的需要有着密切的联系。

2）时间因素

余暇时间是旅游需要得以实现的必要条件。我国实行每周五日工作制，实行法定假日和"十一"、春节2个"黄金周"，以及部分公民享受的带薪休假，极大地刺激了人们的旅游需要。

3）社会因素

一个国家的旅游发展程度同其经济发展水平成正比。只有具有一定的经济发展水平，才有足够的实力开发旅游资源，从而提高旅游综合吸引力和接待能力，激发人们的旅游兴趣和愿望。社会风气与旅游时尚也能影响人们旅游需要的产生。

4）旅游对象因素

旅游对象，实际上是客观存在的旅游对象刺激和诱引的结果，是客观存在的旅游对象在人脑中的反应。没有客观存在的旅游对象的刺激，旅游需要里也就没有主观形态的旅游对象；没有旅游对象作为刺激诱引条件，旅游需要也就不能产生。

（二）旅游需要的特点

应当从旅游本质特征的角度来解读旅游需要的特点，旅游需要除了具有一般需要的特征外，其显著的特点应当是暂时异地休闲性、高层次精神需要性、伸缩性、季节性。

1.暂时异地休闲性

旅游者无论是基于基本需要失衡并被感知所产生的变换生活环境以调节身心节律的旅游需要，还是基于好奇心的驱动所产生的认识与探索的旅游需要，都要以暂时离开居住地，到异地去休闲或"逃逸"、探索或"逐求"为前提。

2.高层次精神需要性

旅游需要属于马斯洛需要层次理论的交往需要以上的高级层次的需要。旅游消费不同于日常消费，突出地表现在重视精神内容、追求愉悦的体验，甚至具有明显的挥霍倾向。

3.伸缩性

旅游需要是人类生活水平发展到一定阶段的产物，属于奢侈性需要，具有很大的弹性。如在购买旅游纪念品时，旅游需要的伸缩性也很明显，有的旅游者以是否昂贵为选择标准，以显示其财力;而有的旅游者以商品的精致与否为标准,以满足其审美的需要;也有本来不想购买的旅游者在特定情景的影响和从众心理的支配下,也产生了购买欲望。

4.季节性

旅游需要的季节性与旅游对象的季节变化、节假日的设置及风俗习惯的制约有密切关系。比如,山地水景在四时会有不同的景象;钱塘潮在中秋时节尤为壮观;傣家的泼水节只在清明前后的傣历新年举行;观赏吉林的雾凇只好等到春节前后,如不应时,则难以满足旅游期望。就旅游者而言,由于受闲暇时间的数量和分布形式等限制,旅游具有明显的季节性特点。

二、旅游者购买动机

(一)动机概念

当人有某种需要未得到满足时,人体会出现某种紧张状态,形成一种内在动力,即欲望,促使人采取能使需要满足的行动,这就是动机。动机是行为的直接原因,它推动和诱发人们实施某种行为,并规定行为的方向。

(二)旅游动机的基本内容

人们的旅游需要是复杂的、多变的,由此导致人们的旅游动机也多种多样。一般来说,可将所有的旅游者购买动机(Tourist Purchasing Motivation)归纳为下面五种。

1.身心方面的动机

身心方面的动机主要是指为了健康或寻求精神上的乐趣而产生的动机。它包括度假、疗养、参加体育活动、参加娱乐活动、观光等。在现代,旅游与健身、娱乐越来越多地联系在一起了。

2.文化方面的动机

文化方面的动机是指为了满足认识和了解异国他乡、扩大视野、丰富知识的需要而产生的动机。如了解异国他乡的文化艺术、风俗习惯、政治经济、宗教等状况以及进行学术交流和艺术交流。

3.社会方面的动机

社会方面的动机又叫交际动机,是为了社会交往、保持与社会的经常接触而产生的一种动机。如探亲访友、旧地重游、开展社交活动、宗教朝圣。

4.地位和声望方面的动机

地位和声望方面的动机是人们为满足个人成就和个人发展的需要而产生的动机。旅游者希望通过旅游得到别人的承认、引人注意、受人赏识、获得良好的声誉等。属于这类动机的有事务、会议、考察研究、追求业余爱好以及求学等旅游活动。

5.经济方面的动机

经济方面的动机是人们为达到一定的经济目的而产生的旅游动机,包括贸易、经商、购物等。如人们去香港旅游,绝大部分是为了去那里购买价廉物美的商品。

同步案例

葡萄酒消费的四种动机如表 3-1 所示。

表 3-1 葡萄酒消费的四种动机

动机类型	动机细分	动机描述
追求健康型	避免伤害或健康的需要	替代烈酒,不损形象与健康
	保健需要	既可满足社交需要而且有利于健康
追求身份型	商务活动需要	表现国际化视野与观念,表现文雅、理性与健康的品位
	社会交往需要	异性交往:表现优雅与浪漫的气质
		亲族交往:健康与亲情的快乐
		朋友交往:表现品位与身份
		关系资源交往:表现品位与身份
	身份展示或炫耀的需要	为了向别人暗示自己是有品位、有见识和有经济能力的"文明人"
追求味嗅觉体验型		喝葡萄酒是因为受葡萄酒的美味体验所吸引,进入品味的初级阶段,能大概鉴别酒的品质、风格、特点
追求情感体验型	世俗情感型、自然情感型	对葡萄酒细致的味觉和嗅觉体验转化为视觉、听觉、触觉等其他形象联想体验的审美性、高层次体验

(三)旅游者购买动机的特点

1.转移性

转移性指主导性动机和辅助性动机的相互转化和转移。一般而言,一个购买行为往往为多种动机所驱使,其中的主导动机起主要作用。但如果在决策时和选购过程中出现了较强的新刺激,则购买的主导动机可能会被压抑,主辅动机就会相互转化。

2.内隐性

内隐性指旅游者由于某种原因将次要动机和其他动机掩盖其主导动机或真正动机。例如,一位旅游者外出访友度假,其主导动机是好奇而观光旅游,而他则可能对人说是出于友谊而访友。营销人员应识别这种内隐性,根据顾客的真正购买动机进行相关的营销服务。

3. 模糊性

由于购买动机是复杂的、多层次的,因此主导动机有时不易辨认清楚,甚至连旅游者本人有时也说不清楚。因为有些旅游者的购买行为是在潜意识的支配下进行的。

4. 冲突性

冲突性指多种购买动机的相互冲突和抵触,具体表现为购买者在购买时出现矛盾心理、左右为难的情形。应该指出,在旅游者动机冲突的情况下,旅游服务人员的及时引导意义重大,营销人员应抓住这种机会促进销售。

(四)旅游动机—旅游行为

人们从产生旅游动机到实施旅游行为(见图 3-3)是一个比较复杂的心理过程。在这个过程中,人们必然会考虑旅游所需的主客观条件,即产生旅游行为的基本条件和客观的旅游环境。

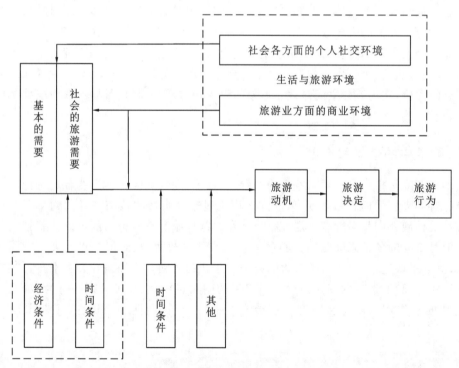

图 3-3　旅游动机—旅游行为过程图

只有当主客观条件具备时,旅游动机才能确立,并由思想动力向现实转化,变成实际的旅游行为。然而,人们在实际的旅游活动中,一种需要满足了,还会产生新的需要,这样新的动机又会产生,因此旅游动机始终是一种动态的过程。同时,并非所有动机都能转化成行为,只有那些最强烈的动机才会引发行动。旅游业的营销人员了解这种变化关系对掌握旅游者的心理和预测其行为有着重要的意义。

三、购买中的知觉

知觉是人们为了解世界而收集、整理和解释信息的过程。旅游动机会引发消费者的旅游行为,而怎样行动则受知觉的影响。知觉是人的视觉、听觉、嗅觉、触觉、味觉接受旅游信息,组织并解释这些信息,人们通过知觉感受外界刺激并做出反应。消费者的直觉不但取决于外界刺激的性质和特点,而且还取决于消费者个人的内在情况,有直接知觉、间接知觉之分。直接知觉取决于亲身的旅游体验,取决于旅游景观的独特性、观赏性,旅游设施的方便性、安全性、舒适性及旅游服务的质量与水平等;间接知觉主要是通过广告、宣传、媒体、互联网、展销会、旅游手册等获得的有关旅游目的地的知觉印象。知觉就是旅游消费者对旅游企业、旅游市场、旅游信息的了解程度、认识及反应。对旅游目的地的知觉印象是旅游消费者决定是否去旅游的重要依据。

四、购买中的学习

学习是由于经验而引起的个人行为上的变化。人类有些行为是与生俱来的,但大多数行为是后天从经验中习得的。人们在社会实践中由于受后天经验的影响而引起的行为变化过程就是学习。人类的大多数行为都是习得的,消费者消费某种产品的过程,也是他学习的过程。如一个人去麦当劳就餐,在用餐的同时他在观察、感受员工态度是否友好,环境是否清洁,服务是否热情周到,食品质量是否令人满意。用餐的体验会让消费者对餐厅形成满意或不满意的评价,在内心建立起对该店形象的评判,直接影响其是否再去消费或推荐他人前去消费。

五、购买中的信念和态度

信念和态度是指一个人对某些事物的看法、评价、知觉和倾向。消费者通过行动和学习建立自己对某事物的信念和态度,信念和态度反过来又会影响该消费者的购买行为。一个旅游者对某种旅游产品态度越肯定、越积极,发生这种旅游消费行为的可能性就越大。人们常常会把对事物的各种态度归纳为心理上喜欢或不喜欢两大类,偏好程度大为不同。对于喜欢的,就会采取追求的行动,不喜欢的则采取避开的行动。这种偏好大多来自直接或间接的个人经验,经验所形成的偏好强化了消费者的购买目标,主导了其购买行为,对他人也产生影响和推动作用。信念和态度一旦形成,就会具有长期性和稳定性,短期内往往难以改变。

第三节 旅游者购买决策过程分析

一、影响旅游者购买的因素

游客对旅游产品的购买决策是受多种因素综合影响的结果。我们可以把影响游客购买行为的因素划分为文化、社会、个人、心理及技术因素五个类别,而这五个类别的影响程度各不相同(见图3-4)。

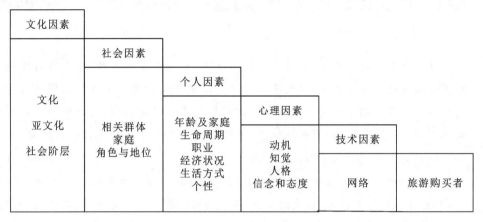

图 3-4 影响旅游者购买的因素

(一)文化因素

1.文化

文化是指一个社会里影响人们行为的价值观、信仰、行为规范、态度和风俗习惯的总和。

2.亚文化

亚文化就是在一定社会环境中某些社会群体持有相对独立的较为特殊的文化价值观念和习俗。

3.社会阶层

社会阶层指个人或家庭在社会中的相对位置,也是一个社会中某种形式的等级结构,社会阶层往往指社会中相对稳定和有序的分类体系。

(二)社会因素

1.相关群体

相关群体就是消费者以对该群体的认识作为自我评价和行为准则的参照群体。一是向群体成员展示一种消费方式;二是引起群体成员对该消费方式的仿效欲望;三是促使群体中的消费行为趋于一致化。

2.家庭

家庭对购买行为的影响主要表现在三个方面:一是作为旅游产品的购买代理人;二是以家庭为单位举家旅游;三是家庭成员以各种方式参与或影响游客的购买决策。

3.角色与地位

个人会同时在不同的相关群体中扮演着不同的社会角色,每个角色代表着一定的社会地位,对其旅游消费行为产生一定的影响,进行与其身份相称的消费。

课堂讨论

这是一个被时尚包围、各路明星充斥眼球、无处不在的世界,众商家通过聘请明星代言快速提升知名度、引发潜在的消费欲望、集聚消费者的品牌认同的行为具有积极的效果。明星代言不仅能够迅速引起消费者的注意,利用消费者对名人的认同心理,促使消费者产生积极情感,还可以利用名人在大众心目中的形象,树立品牌个性。

利用明星代言、明星营销,不失为企业品牌推广的一大利器。但放眼当下市场,明星营销的盲目跟风、过度泛滥、文不对题等现象却比比皆是:汽车展几乎成为了一场美女秀;手机代言无论厂商和产品实力,代言人一定是国际巨星,个别明星代言已经成为一种老套而没有意义的模式。

思考并讨论:你如何评价"明星"在营销中的影响力及号召力?

(三)个人因素

1.年龄及家庭生命周期

单身阶段:有较多的娱乐性消费和旅游消费。

新婚阶段:前往条件较好的旅游目的地观光旅游往往成为其首选。

满巢期:旅游消费往往以小孩为中心进行,经常参加近距离的儿童游乐活动。

空巢期:由于时间比较自由,往往选择旅游淡季出行。

2.职业

个人的职业对其旅游消费的影响是明显的,政府的公职人员与一般工厂的体力劳动者在穿着和娱乐方面都有着较大的差异。

3.经济状况

影响旅游者购买的经济状况包括经济收入、可花费的收入、储蓄、个人资产和借债的能力等等。

4.生活方式

生活方式是消费者心理特征的外在表现,是消费者内在动机和性格特征与外部社会相融合后的一种表现。

香港旅游的成功之处

据有关资料显示,香港是内地游客出境旅游的首选城市之一。得益于香港旅游局长期以来针对内地游客所做的市场营销,增进了游客对香港的了解,在游客心目中营造了"购物天堂""优质服务""便捷交通"的良好形象,从而增加了游客对香港的了解和向往。

(四)心理因素

1.动机

动机是购买行为最根本的驱动力。旅游动机引导人们去探索满足旅游需要的目标,通过旅游购买及消费来缓解生理和心理紧张感。

2.知觉

知觉是人对外部事物的信息筛选、加工和解释的过程。知觉受刺激物的特点、刺激物同周围环境的关系以及感知者自身因素的影响,它在很大程度上影响旅游者的购买行为。

吉姆的性格

美国心理学家卢钦斯用编撰的两段文字作为实验材料研究了首因效应现象。他编撰的文字材料主要是描写一个名叫吉姆的男孩的生活片段。

第一段中说吉姆与朋友一起去上学,他走在洒满阳光的马路上,与店铺里的熟人说话,与新结识的女孩子打招呼等。

第二段中说吉姆放学后一个人步行回家,他走在马路的背阴一侧,他没有与新结识的女孩子打招呼等。在实验中,卢钦斯把两段文字加以组合:

第一组,描写吉姆热情外向的文字先出现,冷淡内向的文字后出现。

第二组,描写吉姆冷淡内向的文字先出现,热情外向的文字后出现。

第三组,只显示描写吉姆热情外向的文字。

第四组,只显示描写吉姆冷淡内向的文字。

卢钦斯让四组被试分别阅读一组文字材料,然后回答一个问题"吉姆是一个什么样的人?"结果发现,第一组被试中有78%的人认为吉姆是友好的,第二组中只有18%的被试认为吉姆是友好的,第三组中认为吉姆是友好的被试有95%,第四组只有3%的被试认为吉姆是友好的。

3.人格

人格又称个性,是在一定历史条件下,通过社会交往形成和发展起来的带有一定倾向的稳定的心理特征综合。有安乐小康型、追新猎奇型、封闭型、半开半闭型和开放型等多种类型。不同人格的旅游购买者对外界刺激的心理反应也不同,进而影响旅游购买。

旅游营销人员在营销活动中,一方面通过服务与消费者进行心理沟通,了解现实旅游者和潜在旅游者对推出的旅游产品和服务的要求和期望,以及他们的购买偏好,来增强消费者对旅游产品和服务的良好的印象。另一方面,还通过增加新的产品和提高服务质量,改变消费者对原有产品与服务的不良态度。

(五)技术因素

科技的发展改变了人们的生活方式,同时也改变了信息发布与收集的方式。如,有了飞机,洲际旅游成为现实;有了网络,人们可轻松地获取外界信息,如,购物、订房、订票、查询等。

同步案例

《花千骨》拍摄地(见图3-5)为何成为暑期旅游热门目的地?

《花千骨》自2015年6月在湖南卫视独家播出以来,收视率屡创新高,超越其他20多部同期黄金档电视剧。至2015年7月,《花千骨》网络总播放量已超过30亿,单集播放量破2亿。

《花千骨》的粉丝群,大多为有强烈表现自我个性和价值取向的"90后"及"95后"一代,其人群数量占我国总人口的10%以上,他们喜欢学习、注重情感传递、追求视觉印象、爱玩游戏、喜欢旅游体验,这些在《花千骨》系列产品中都能获得体验。

据报道,六成"80后""90后"喜欢跟着影视剧去旅游。经常旅游的"背包客"周先生认为:"如果不是电影,我真不知道有这么多美丽的地方,而且置身于电影取景地之中,细细品味电影中的情节,别有一番味道。"国内长线游方面,2015年7月20日起到月底天天发团的"南宁+德天瀑布+通灵峡谷+北海"线路,其中电视剧《花千骨》里出现的德天大瀑布、通灵大峡谷等都是非常著名的景点。

图 3-5 《花千骨》拍摄地

(资料来源:王枫林.跟着《道士下山》《花千骨》等当红影视剧去旅游[EB/OL].)

课堂讨论

商朝时,纣王登位之初,天下人都认为在这位年轻精明的国君的励精图治下,商朝的江山一定会坚如磐石。有一天,纣王命人用象牙做了一双筷子,从此爱不释手,十分高兴地使用这双象牙筷子就餐。他的叔父箕子见了,劝他收藏起来,而纣王却满不在乎,满朝文武大臣也不以为然,认为这本来只是一件很平常的小事,但箕子却为此忧心忡忡。

思考并分析:为什么箕子会为此忧心忡忡?

二、旅游者购买决策过程

西方学者提出过不少消费者购买决策过程的模式,但目前较完整、较系统,一般采用的是五个阶段的模式,即认识问题,收集信息,评价选择,购买决策,购后感受与行为五个阶段(见图 3-6)。

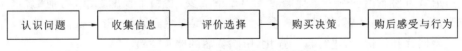

图 3-6 旅游者购买决策过程图示

(一)认识问题

这是购买决策形成的第一步,旅游消费者的购买过程是从问题识别,引起需要开始的。

旅游消费者面对的实际状态与欲求状态的不平衡使其产生需要,一般来说,旅游需要来自两个方面,一是内在刺激,来自消费者自身,是引起需要的内驱力;二是外在刺激,来自外部环境的刺激。

(二)收集信息

消费者形成了旅游消费的动机后,就要收集旅游市场的有关信息,旅游消费者的信息主要有四个来源。

(1)个人来源。从家庭、朋友、邻居、同事、熟人等处获得信息。

(2)商业来源。从广告、营销人员、经销商、展览、旅游产品介绍、宣传品等渠道获得信息。

(3)公共来源。从广播、电影、电视、书报杂志等大众传播媒介或社会组织获得信息。

(4)经验来源。包括实验性使用等。

(三)评价选择

旅游消费者在收集有关自己所需要的旅游产品信息的基础上,会自觉或不自觉地建立起对产品的评价标准,这些标准概括起来有两种:理想产品标准和期望值标准。理想产品标准是消费者根据个人需要构想出一种"理想产品",具备某些消费者所需的主要属性和特性,消费者为其确定出理想水平或可接受的水平值,确定自己的购买方案。期望值标准是消费者对于待选择产品的不同属性和特性进行心理评价,以打分的形式评定其重要性程度,以期望值最高的某一产品作为购买对象。

(四)购买决策

旅游消费者获知旅游产品信息,比较了可供选择的产品后,就会形成购买意向,在购买意向与购买决策之间,还会受到他人态度、意外事件、"知觉风险"的影响。如听到对所选产品的反对意见、企业产品出现重大质量问题、政治经济形势发生了骤变等,这些因素都可能使消费者改变或放弃旅游购买意向。在众多可行方案中,消费者真正选择何种产品,还受到"知觉风险"的影响,因消费者不能确切地知晓购买后的结果,所以购买行动会或多或少地冒一定风险,这也会影响消费者的购买行为。

(五)购后感受与行为

旅游消费活动除了满足人的基本生理需要外,重要的是带给人感官上和心理上的综合享受。当消费者所做出的购买选择满足了自己的需要,达到了预期标准,与他的信念、态度相一致时,就会产生满足感,他就会对企业、产品或品牌感到满意,形成认同或赞赏,并将这个购买经验储存到记忆中,进行自我强化,影响日后的购买决策。

综上所述,旅游购买决策过程是由认识问题、收集信息、评价选择、决定购买、购后感觉与行为等五个阶段构成,了解旅游消费者购买决策过程,可以帮助营销部门和营销人员针对不同购买阶段的消费者的行为特点,制订更有效的营销计划,采取更有效的营销措施。

拓展阅读

亚朵酒店：体验经济下的新住宿时代

亚朵的第一家酒店于2013年8月开业，坐标西安，到2016年6月，约3年的时间完成开业55家，签约155家，在2016年1月统计的中国酒店集团规模50强中排名第31位。

1. 主题环境

亚朵的主要客户群体的年龄集中在35岁左右，是有5到10年工作经验的中产阶级，他们为生活、为事业忙忙碌碌，奋力打拼，经常出差，生活工作节奏快、压力负担重，内心向往和追求有品质的生活，也有较强的消费能力。

亚朵着力打造属于这个群体的第四空间——"在路上"，将其打造成人们在外路途中与其陪伴的伙伴、第四空间。采用跨界思维，除将顾客的睡觉、洗澡、上网三大核心需求做到极致以外，融入了阅读和摄影两大文化主题，精心设计顾客的人文生活体验。

每个亚朵都有一个超大7×24小时阅读会友书吧，名为"竹居"，提供24小时借阅服务。在亚朵的大堂中，客人也都能随手在一面书墙上或者书柜中拿起一本感兴趣的读物，可免押金借阅，为了让客人有完整的阅读体验，提供异地还书服务。

摄影是亚朵的另一大文化主题。具有"属地文化"的摄影作品展示在亚朵的每一个角落。顾客在每一个城市的亚朵，都能通过摄影作品开启一段不同的历史。

入住亚朵，你还能免费品尝到送到房间内的美食。随食物会一起附送一张小卡片，卡片上介绍了美食的制作方法和功效。这也正是吸引消费者，让消费者产生思考的一种生活方式。

2. 无缝衔接

亚朵在体验的连续性上做到了无缝衔接。

1) 明确消费者要什么

体验式调查。模拟顾客体验过程进行调查。

调查感觉。亚朵是否让我在感官上有特别的感受。

调查情感。走进亚朵我是否有一种心情愉悦的感觉。

调查行动。亚朵是否有意在引导与我之间进行互动交流。

调查思考。亚朵是否有意刺激我对人文生活的联想。

调查关联。购买亚朵的消费者是否和我属于同一类人。

通过体验式调查，快速掌握消费者对亚朵主题的喜爱程度以及消费者所追求生活方式的变化，从而激发更新更好的创意。

2）接触点设计

所谓接触点，即分别在售前、售中、售后分解消费者的体验过程，运用不同的工具，让消费者感受到一个连续的体验过程。

亚朵在售前利用网络让消费者感知到人文生活的主题。走进亚朵，则从灯光、气味、色彩、音乐、文字、摆件等逐步在消费者心目中构建起亚朵的主题氛围，譬如炎炎夏日，当你步入亚朵，首先映入眼帘的并不是多么奢华的金碧辉煌，而是简约却又非常艺术的设计和清新舒适的气质范儿。服务人员走出柜台，首先递上一杯清凉的酸梅饮，一杯饮料还未饮完，入住已办好，房卡已到手，这个过程，顾客是坐着的，服务人员是站着的。有的顾客甚至感觉屁股还没坐热，万事皆办妥。不需要押金，不需要烦琐的手续。在文字体验上，"宿归（客房）、相招（餐厅）、共语（多功能会议室）、汗出（健身房）、出尘（免费洗熨烘干自助洗衣房）、竹居（超大 7×24 小时阅读会友书吧）"等充满文艺清新气息的区域命名仿佛能让心中的疲劳远去。客房中一把造型独特的茶壶和几个茶杯，让你看一眼都仿佛能嗅到心旷神怡的茶清香。

3.自我实现

1）售卖解决方案

比宜家更胜一筹的是，亚朵不仅营造了一个让消费者体验生活、体验人文的第四空间，更提供了一种生活方式的解决方案。亚朵酒店的床垫、四件套等床上用品是与供应商合作定制的自有品牌"普兰特"，客人用过后如喜欢，便可扫码购买。酒店沐浴三件套是与阿芙精油合作，客人用茶是与乡里乡亲合作，客人使用后喜欢皆可扫码购买。

2）人员沟通促进消费者关联体验

关联体验是体验的最高层次，让消费者找到群体归属感并实现自我价值感，它是所有体验策略的结果。

亚朵的员工对待顾客像对待自己的朋友，他们不会主动跟你推销，但却在顾客需要咨询时，提供专业的解决方案。每个亚朵员工有 300 元的授权，用于即时解决客人的突发状况。

值得一提的是，服务人员、管理人员的挑选首先要符合企业的价值文化，在培训时必须加上"目标群体生活方式"一课，保证能够理解顾客感受，并有沟通的话题。

亚朵酒店的创始人兼 CEO 耶律胤认为酒店住宿业有几个境界，分别是：最基本的是满意，再往上是惊喜，再往上是感动。这里的感动应该就是体验营销体现之一。

（资料来源：施伟凤.亚朵酒店：体验经济下的新住宿时代.http://www.cmmo.cn/article-208237-1.html.）

实训操练

发现和满足需要

训练目标:针对具体情况分析需要。

训练材料如下。

1.上海的王先生要到北京出差,假设按照公司规定他可以报销任何形式的交通费用。请你为王先生的出差列举尽可能多的出行方案。

(1)( )至( ),乘坐( )。

(2)( )至( ),乘坐( )。

(3)( )至( ),乘坐( )。

(4)( )至( ),乘坐( )。

2.概括一下你设计的上述方案中共涉及哪些交通方式,它们可以满足王先生哪些需要?

3.最终王先生决定乘坐飞机出差,他在电话订票时告诉订票员自己的以下要求。

(1)希望机型是大飞机,大飞机在起飞、降落和航行中都比小飞机舒适。

(2)下午5点之前到达北京,因为北京的同学要聚会,大家一起吃饭。

(3)希望是南航的飞机,王先生认为南航的飞机比较安全。

(4)机票最好低于6折,尽管可以报销,但是如果能节约出差费用,年终时王先生可以拿到公司的"出差费用节约奖",会得到一笔奖金,并有可能因此引起领导注意,进一步获得晋升机会。

4.分析一下王先生的四个要求分别是哪种需要?

5.假定你作为订票员,查到的航班信息如下,你将如何向王先生推销机票?

(1)东方航空的大飞机,7折,下午4:30到达。

(2)南航的大飞机,5折,晚上10点到达。

(3)中国国际航空股份有限公司的小飞机,6折,下午5点到达。

(4)中国国际航空股份有限公司的大飞机,全价,下午6点到达。

(5)东方航空的小飞机,3折,下午4点到达。

(6)海南航空股份有限公司的大飞机,6折,下午7点到达。

本章小结

通过本章学习,使学生基本掌握旅游者购买行为的概念、旅游者购买行为的特点和类型,探讨旅游者购买行为模式,了解影响旅游者购买行为的心理因素,从而对旅游者购买行为有一个整体的认识。

关键概念

旅游者购买行为(Tourist Purchase Behavior)
旅游需要(Travel Need)
刺激反应模式(Stimulating Response Model)
"需求—动机—行为"模式(Demand-Motivation-Behavior Model)
边际效用模式(Marginal Utility Model)
旅游者购买动机(Tourist Purchase Motivation)
旅游者购买决策过程(Tourist Purchase Decision Process)

复习思考

1. 什么是旅游购买者行为?旅游购买者行为具有哪些特点?
2. 影响旅游购买者的影响因素有哪些?举例说明这些因素对购买决策行为的影响。
3. 旅游者购买决策一般要经历哪几个阶段?

案例解析

案例背景:王先生,35岁,重庆某船运公司部门经理,从小在北方长大;王太太,32岁,某中学历史老师,在重庆长大;儿子,8岁,上小学二年级;爷爷,60岁,爱好书画,参加过中越战争。一个周末的夜晚,王先生一家在客厅里看电视,屏幕翻到旅游卫视,电视画面为迪士尼乐园儿童游乐场的场景。顿时,儿子大叫了起来:"我要去那儿玩,妈妈,我要去那儿玩。""行,放假了爸爸带你去玩。"爸爸敷衍道。10点钟过后,孩子睡着了,妻子对丈夫说:"你不是每年有一次带薪假期吗,咱们家房子也买了,儿子现在还小,爸爸有退休工资，日子还算稳定。你看人家老李家，每年都出去玩一次，咱们还是在结婚前出去过好几次，现在我们是不是也该出去看看，同时让咱儿子也长长见识。""恩。"丈夫做出了决定。接下来，王先生留意了一些旅游消息和国内著名旅游线路的资料，如九寨沟—黄龙、昆明—大理—丽江—香格里拉、丝绸之路等，这些旅游线路对他有相当大的吸引力。最后，王先生报了一个价格稍高的团。但是爷爷没有去，爷爷说他身体不好，出去怕消受不起。在暑假，他们全家度过一次愉快的旅行。

案例分析：
1.分析哪些因素影响了王先生一家对旅游产品的选择和购买？是怎么影响的？
2.在本案例中，哪些是主要影响因素？哪些是次要影响因素？
（资料来源：http://www.doc88.com/p-8435599584720.html.）

相关链接

1.韩勇,丛庆.旅游市场营销学[M].北京：北京大学出版社,2006.
2.邹本涛,赵恒德.旅游心理学[M].北京：中国林业出版社,2008.
3.李肇荣,陈学清,张显春.旅游市场营销[M].武汉：武汉大学出版社,2006.

拓展阅读

读懂游客消费习惯，一图看懂中国消费市场十大趋势，盘点2018，决胜2019！

第四章

旅游市场调研与预测

学习目标

掌握旅游市场的概念、方法、技术;熟悉旅游市场调查的内容和程序。

能力目标

通过旅游市场调查与预测的学习,使学生一方面掌握旅游市场调查方案和问卷制作,市场调查抽样方法,市场调查方法以及调查资料整理分析的方法;另一方面掌握市场预测的基础理论,算术平均法,加权平均法,移动平均法,因果分析预测法等内容。

第一节 旅游市场调研内容、程序与方法

e 游航——提高中国旅游业电子信息化营销手段

e 游航是专门为旅游景区景点、旅行社、旅游消费者量身打造的专业旅游产品销售、交易和信息资源管理的平台,为旅游资源企业提供宣传推广综合性服务,为旅游消费者提供旅游精品线路和特色线路查询、点播、预订服务。

e 游航运用市场为导向的思维方式和区域统筹理念,以 5A、4A 级景区为龙头,将中国百条黄金旅游线路和各省特色线路所包含的景区景点及配套服务,系统地拍摄制作成图文并茂的中英文双语短片,高清晰的音质画面通过无线运输或卫星接收,消费者只需轻轻点击 e 游航液晶触摸屏,便可自由选择不同的旅游产品,锁定旅游目的地。从外观上看,e 游航是一台 32 英寸的液晶电视触摸屏,其内容包括独创的旅游线路推广模式,智能化的景区景点查询、搜索、预订、预购系统,一站式服务平台,24 小时准确、及时的旅游信息播报等,在未来,e 游航将以数万台的规模遍布全国各大客源地城市旅行社的营业厅、宾馆酒店、车站码头、都市广场等公关场所,让旅游产品真正走近消费者。

e 游航集宣传、讲解、销售功能于一身,面向市场的三大需求包括:一是 e 游航作为专业的营销工具,运用其独创的旅游线路推广模式和千万家旅游连锁超市,帮助旅游资源企业在节约宣传和营销成本的基础上拓宽分销渠道,踏上飞腾之路;二是为旅行社提供优质的线路产品和高素质的"导购员",e 游航不仅可以安装在旅行社的营业厅、橱窗外,还可根据旅行社要求在机身或屏幕上方印制企业标志、联系电话等专属信息,并安装在附近客流量密集的公共场所,成为其"移动营业厅";三是为社会公众提供精品旅游线路和特色旅游线路视频查询和点播服务,囊括了旅游目的地"吃、住、行、游、娱、购"等信息,方便实用,真实可靠。在此基础上,根据需要,e 游航还可协助政府及行业监管部门实施监管、规范旅游市场,并提供及时信息传输服务,做到"上情下达""下情上知"。e 游航将旅游业、传媒业、电子信息产业有效结合,实现了旅游客源地与旅游目的地的直观互动,它的出现将打造一个全新的国内旅游电子商务产业链。

e 游航将互联网的即时交互、信息传播、高效率执行、数据分析、流媒体、电子商务等优势成功引入中国旅游行业,形成一个信息容量大、功能超强、高度活跃、实用方便的旅游信息集散地,是旅游信息资源和设备的更新换代产品,全面提高了中国旅游业现代化营销手段。

（资料来源：赵西萍.旅游市场营销学[M].北京：高等教育出版社,2002.）

一、旅游市场调研的定义及其种类

（一）旅游市场营销调研

旅游市场营销调研指系统收集、记录、分析有关旅游企业市场的资料和信息，为旅游市场营销决策提供可靠依据的经济活动。

从以上定义中不难发现营销调研有两个基本观点。

第一，系统整体性。营销调研不是片面地调查某一方面，而是从总体出发，系统收集和分析信息。

第二，营销调研是手段而非目的，它是一种管理工具，其最终目的是有助于科学合理的营销决策。

（二）旅游市场营销调研种类

按照调查对象范围不同，旅游市场营销调研可分为全面调查和非全面调查。

全面调查是对调查对象中所有单位无一例外地进行调查的方式。全面调查能取得比较全面系统的总量资料，适用于旅游市场的宏观了解。非全面调查是对调查对象中的部分单位进行调查的方式，所选单位应具有充分的代表性，以利于最终获取较全面的总体资料。非全面调查又分为典型调查、重点调查、抽样调查几种形式。

1. 典型调查

典型调查是从对象总体中选择一个或若干具有典型代表意义的单位进行深入调查的方式。

2. 重点调查

重点调查是在被调查对象中选择对全局具有决定性作用的重点单位进行调查的方式。

3. 抽样调查

抽样调查是按调查任务确定的范围，从全体调查对象总体中抽选部分对象作为样本进行调查研究，用所得样本结果推断总体结果的调查方式。根据调查对象总体中每一个体单位被抽取的概率是否相等的原则，又分为随机抽样调查和非随机抽样调查。

二、旅游市场营销调研的原因

帮助一个组织做出更为有效的营销决策，是营销调研首要的目标。好的营销决策来自更多的信息。而调研正好提供了这些信息。企业进行营销调研主要出于五个方面的原因(5C)。

(1)了解顾客(Customer)。
(2)确定竞争者(Competitor)。
(3)提升信心(Confidence)。
(4)增强可信度(Credibility)。
(5)应对变化(Change)。

进行营销调研最重要的原因是帮助组织详细了解客户,不管是现实的还是潜在的客户。营销调研可以使组织了解其自身在满足顾客需求上达到何种程度及其市场地位如何。营销调研调查新的目标市场,通过对市场进行可行性分析、实验性营销和其他产品测试,可以评价并检测新的服务和设施。

三、旅游市场营销调研的内容

旅游市场营销调研的内容包括所有与本旅游企业有关的社会、政治、经济、环境及各种经济现象,可作专题调研,也可作全面调研,就旅游企业调研范围而言,其调研又具体分为旅游企业外部调研和旅游企业内部调研。

(一)旅游企业外部调研

旅游企业外部调研主要指对旅游企业的外部环境予以调查研究,主要分为旅游市场环境调查、旅游市场需求调查、旅游市场供给调查和旅游市场调查等。

1.旅游市场环境调查

(1)政治环境调查。调查对旅游市场起影响和制约作用的国内外政治形势以及国家旅游市场管理的有关方针政策。

(2)法律环境调查。调查有关法律和法规条例,包括环境保护法、旅游法、保险法、合资经营条例、出入境规定以及地区旅游管理条例等。

(3)经济环境调查。调查地区经济特征和经济发展水平,旅游资源状况,世界旅游经济发展趋势等。

(4)科技环境调查。调查新科技的发展水平与发展趋势等。

(5)社会文化环境调查。包括旅游目的地和客源地的价值观念、受教育程度与文化水平、职业构成与民族分布、宗教信仰与风俗习惯、社会审美观念与文化禁忌等。

(6)地理环境调查。包括区位条件、地质历史条件、自然景观条件、气候条件、季节因素以及物产方面等。

2.旅游市场需求调查

(1)旅游者规模及构成调查。调查内容包括:① 经济发展水平与人口特征;② 收入与闲暇;③ 旅游者数量与消费构成,即调查旅游产品或服务的现实与潜在的旅游者数量(旅游者国籍、年龄、性别、职业、入境方式以及地区分布、民族特征等),统计旅游者消费水平及构成(吃、住、行、游、购、娱等方面),滞留时间等;④ 旅游者对旅游产品质量、价格、服务等方面的要求和意见。

(2)旅游动机调查。旅游动机是激励旅游者产生旅游行为、到达旅游目的地的内在原因。

(3)旅游行为调查。旅游行为是旅游者旅游动机在实际旅游过程中的具体表现。

3.旅游市场供给调查

(1)旅游吸引物调查。凡是能够吸引旅游者到来并能引发游客情趣的事物、事件或现象,均属旅游吸引物范畴。它的数量和质量是旅游吸引物调查的主要内容。

(2)旅游设施调查。旅游设施是直接或间接向旅游者提供服务所凭借的物质条件,它又分为旅游服务设施和旅游基础设施两类。

(3)可进入性调查。调查内容包括交通工具和旅游目的地的交通基础设施条件、签证手续的繁简、入出境验关程序、服务效率、旅游线路的编排与组织等。

(4)旅游服务调查。调查内容包括:售前服务(旅游咨询、签证、货币兑换、保险等);售中服务(食、住、行、游、购、娱及其他服务);售后服务(机场、港口、办理出境手续、托运、委托代办服务及旅游者回家后的跟踪服务等)。

(5)旅游企业形象调查。旅游者对旅游产品或旅游目的地的评价和态度直接导致他们的购买决策。包括理念识别系统、视觉识别系统和行为识别系统。

(6)旅游容量调查。调查包括旅游基本空间标准、旅游资源容量、旅游感知容量、生态容量、经济发展容量和旅游地容量等。

4.旅游市场调查

(1)旅游竞争状况调查。调查的内容包括现实的和潜在的竞争对手的数量、活动范围、占有率及市场覆盖率以及竞争对手的规模与竞争实力等。

(2)旅游产品调查。调查内容包括旅游资源的等级,旅游产品的特色、优势、风格、声誉、组合方式以及旅游产品的市场生命周期,旅游产品的市场占有率和销售潜力等。

(3)旅游价格调查。调查内容包括旅游产品或服务的定价、旅游产品价格的供给弹性和需求弹性、各种旅游产品差价及优惠价水平是否合理等。

(4)旅游分销渠道调查。调查内容包括旅游产品或服务销售渠道的数量、分布和营销业绩、现有销售渠道是否畅通等。

(5)旅游促销调查。调查内容包括促销对象、促销方法、促销投入、促销效果四个方面,促销后的旅游企业销售业绩如何等。

(二)旅游企业内部调研

对旅游企业内部实力的调查研究,主要内容如下。

1.企业的发展战略

包括研究旅游企业发展趋势,旅游企业形象,国内、外市场的需求量,生产或服务的软件和硬件水平,人员规模,素质和员工需求等。

2.产品

包括研究企业现有产品的市场占有率、产品竞争力、产品商标及包装、新产品开发、竞争产品的比较研究以及对现有产品的改良。

3.价格

主要调查旅游产品成本、利润及价格弹性。

4.促销

主要调查新闻媒体、广告的效果,旅游企业形象策划,促销策略与战略,促销人员的规模与素质。

四、旅游市场调研的程序

旅游市场调研的基本程序可以大致归纳如下。

(一)准备阶段

这一阶段主要解决三方面的问题:第一,评估现有的资料,明确待调查和解决的问题;第二,针对待调查问题,确立调查的内容和指标;第三,制订调查计划。制订调查计划包括确定调查方法、目标人群、参考时段、抽样单位、抽样数目、调查地点,安排训练调研员;设定研究框架,在了解样本的基础上进行调研工具设计;在实验性调查的基础上进一步完善调查工具。

(二)调研实施阶段

这一阶段的主要任务是按照计划系统收集各种资料数据,包括第一手资料和第二手资料。在这个阶段,可以通过发放问卷的方法实施调查,并对调查过程实施监督。

(三)调研分析整理阶段

调研分析整理阶段的主要内容包括三个方面:第一,检查并处理所获得的调查资料;第二,借助统计分析技术,将整理后的资料和数据进行分析、解释,得出结论,提出合理化建议;第三,撰写调查报告或专项报告。

五、旅游市场调研的方法

(一)文案调查法

文案调查法又称间接调查法,它是通过收集旅游企业内部和外部各种现有的信息数据和情报资料,从中摘取与市场调查课题有关的内容,进行分析研究的一种调查方法。这种方法常被作为旅游市场调查的首选方法,几乎所有的市场调查都可始于收集现有资料。

(二)实地调查法

实地调查法又称直接调查法,是在周密的调查设计和组织下,由调查人员直接向被调查者收集原始资料的一种调查方法。实地调查法主要有询问法、观察法和实验法。

1.询问法

询问法就是调查人员采用访谈询问的方式向被调查者了解旅游市场情况的一种方法,

又称访谈法。

询问法又可分为:面谈法(调查人员通过与被调查者面对面交谈和提问,抑或讨论,获得有关信息的调查方式);电话法(调查人员通过电话与被调查者交谈,获取调查资料的调查方式);邮寄法(将调查问卷邮寄给被调查者,由被调查者根据调查表的要求填好后寄回,从而获取信息的调查方式);留置问卷法(调查者将调查表当面交给被调查者,说明调查意图和要求,由被调查者自行填写回答,再由调查者按约定日期收回,获取资料的一种调查方式)。

2.观察法

观察法是调查者在现场对被调查对象和事物进行直接观察或借助仪器设备进行记录,以获得旅游市场信息资料的调查方法。

此方法的最大特点是被调查者并不感到正在被调查,心理干扰较少,能客观地反映被调查对象的实际行为,资料的真实性高。对车站、港口、景点的游客数量调查以及旅游商场消费行为调查有良好的效果。

3.实验法

实验法起源于自然科学研究的实证法。它是指把调查对象置于特定的控制环境下,通过控制外来变量和检验结果差异来发现变量间的因果关系,以获取信息资料的调查方式。这种方法对于研究变量之间的因果关系非常有效。由于实验法是在小规模的环境中进行实验,所以在管理上比较好控制,并且完全由客观方法得到资料,数据的可信度高,可靠性强,排除了主观的推论和臆测。

第二节 旅游市场预测与方法

2017年国内旅游业发展现状与趋势分析

1.国内旅游保持稳健的发展势头

据前瞻产业研究院发布的《2018—2023年中国旅游行业市场前瞻与投资战略规划分析报告》监测数据显示,2010—2017年,我国国内旅游人数逐年增长。2011年增速波动较大,达到25.58%,为2010—2017年的最大增幅;2012年以后旅游人数增速趋于平稳,维持在10%左右;2017年国内旅游人数达到50亿人次,同比增长12.64%。

从旅游收入来看,根据文化和旅游部数据显示,2010—2017年,我国国内旅游收入总体呈增长趋势,发展较快。2016年,国内旅游收入为39400亿元,同比增长15.22%;2017年旅游收入为45700亿元,同比增长15.99%,增速趋于平缓。

旅游人数的增多和人均旅游花费的提升是旅游业蓬勃发展的主要原因。伴随着我国经济社会发展、居民收入增加、消费升级加快,用于旅游的花费越来越高,旅游消费将成为一种刚需,大众旅游时代将全面来临。2010—2017年,我国国内旅游人均花费逐年增长,同比增速除2011年外,维持在5%以内。2011年,人均花费增速达到最大增速,达22.24%。截至2017年,我国国内旅游人均花费为914元,同比增长2.93%。

2.旅游产业逐渐成为国民经济新的增长点

旅游业是一个关联性极大的产业,可以产生大量的直接效益。通过旅游业的带动与联动,可以刺激其他产业的发展,带来一系列经济上的连锁反应。"十三五"期间,我国旅游业发展迅猛,产业规模持续扩大,产品体系日益完善,市场秩序不断优化。2017年旅游及相关产业对GDP的贡献值达到11.04%,逐渐成为国民经济新的增长点。

2013—2017年,我国国内旅游业对GDP的综合贡献呈不断上升趋势。2013—2014年均超过10%,2016—2017年旅游产业综合贡献均超过11%;2017年旅游业对GDP的综合贡献为9.13万亿元,占GDP总量的11.04%。

3.旅游业发展空间巨大,2023年国内旅游收入有望超7万亿

根据《"十三五"旅游业发展规划的通知》,预计2020年,国内旅游规模将达到68亿人次,旅游投资总额2万亿元,出境旅游人数将超过2亿人次,旅游业总收入达到7万亿元。中国旅游业已经进入快速发展的黄金期,从小众市场向大众化转变、从单一入境游向出入境旅游并重格局转变,旅游业发展面由局部扩展到全国,形成了国家与地方、政府与企业、社会共同推进的大格局。

根据我国经济发展的趋势以及我国旅游业2010—2017年的发展现状,前瞻预测旅游业未来依旧会保持平稳增长。2023年,旅游收入将会达到71267.9亿元,国内旅游人数将会达到73亿人次。

未来30年,依旧是中国旅游业保持快速发展的黄金期。文化和旅游部党组副书记李金早表示,随着"旅游+"战略、"全域旅游"战略、"一带一路"旅游合作的进一步实施,中国旅游业将迎来提质增效的阶段,世界将充分分享中国旅游市场带来的巨大红利。

(资料来源:https://www.qianzhan.com/analyst/detail/220/180612-28417694.html。)

旅游市场预测是旅游营销调查的关键环节之一,对旅游市场发展趋势进行预测,可以有效指导旅游营销人员进行市场细分,进而选择适宜的目标市场。

旅游市场预测可按不同的标准分成多种类型,如按预测时间,可以分为短期预测、中期预测、长期预测;按预测范畴,可以分为环境预测、行业市场预测、企业市场预测;按预测的方法,可以分为定性预测、定量预测。

一、趋势预测法

趋势预测法主要包括算术平均法、加权平均法和移动平均法等。

(一)算术平均法

算术平均法是用一组最近的实际数据值来预测未来一期或几期内旅游市场的需求量、销售额等的一种常用方法。算术平均法适用于即期预测。算术平均法是一种简单平滑预测技术,它的基本思想是根据时间序列资料、逐项推移,依次计算包含一定项数的序时平均值,以反映长期趋势的方法。

算术平均法的计算公式为:

$$Y = (R_{n-i} + R_{n-i-1} + R_{n-i-2} + \cdots + R_n)/i$$

式中,Y 为对下一期的预测值,R 为一年中的旅游收入,i 为期数。

同步案例

某旅游区 2011—2017 年的旅游收入如表 4-1 所示,试预测 2018 年的旅游收入。

表 4-1 某旅游区 2011—2017 年的旅游收入

年份(年)	2011	2012	2013	2014	2015	2016	2017
旅游收入(万元)	80	76	82	83	78	79	81

根据算术平均法的计算公式,可以预测计算得出该旅游区 2018 年的旅游收入为:

$$Y = (80 + 76 + 82 + 83 + 78 + 79 + 81)/7 = 80(万元)$$

(二)加权平均法

加权平均法是指将若干历史时期的预测值作为样本值,将各个样本值按照一定的权数计算得出加权平均数,并将该平均数作为下期的预测值。一般而言,由于市场变化较大,离预测值越近的样本值对其影响越大,而离预测值越远的则影响越小,所以权数的选取应遵循"近大远小"的原则。其计算公式为:

$$Y = \sum_{i=1}^{n} W_i X_i$$

式中:Y—— 预测值;

W_i—— 第 i 期的权重($0 \leqslant W_i \leqslant 1$,且 $\sum W_i = 1$);

X_i—— 第 i 期的实际销售值;

n—— 期数。

加权平均较算术平均更为合理,计算也较方便,因而在实践中运用较多。

同步案例

某旅游区 2005—2012 年的旅游收入如表 4-2 所示,试预测 2013 年的旅游收入。

表 4-2　某旅游区 2005—2012 年的旅游收入

年份(年)	2005	2006	2007	2008	2009	2010	2011	2012
旅游收入(万元)	3250	3300	3150	3350	3450	3500	3400	3600
权数	0.04	0.06	0.08	0.12	0.14	0.16	0.18	0.22

根据加权平均法的计算公式,2013 年的预测旅游收入为:

$$Y = \sum_{i=1}^{n} W_i X_i = 3250 \times 0.04 + 3300 \times 0.06 + \cdots + 3600 \times 0.22 = 3429(万元)$$

(三)移动平均法

移动平均法是指从 n 期的时间数列预测值中选取 m 期(m 数值固定,且 $m < n/2$)数据作为样本值,求其 m 期的算术平均,并不断向后移动计算,观测其平均值,以最后一个 m 期的平均数作为未来第 $n+1$ 期预测值的一种方法。这种方法假设预测值主要受最近 m 期的影响,计算公式为:

$$Y_{n+1} = \frac{X_{n-(m-1)} + X_{n-(m-2)} + \cdots + X_{n-1} + X_n}{m}$$

为更能反映预测值变化趋势,可以对上述结果按趋势进行修正,计算公式为:

$$\overline{Y}_{n+1} = Y_{n+1} + (Y_{n+1} - Y_n)$$

由于移动平均法只选用了 n 期数据中的最后 m 期作为计算依据,故而代表性较差。此法适用于预测值有波动的预测。

同步案例

沿用前一个同步案例中的资料,假定预测前期(即 2012 年)的预测值为 3475 万元,要求分别用移动平均法和修正的移动平均法预测 2013 年的旅游收入(假定样本期为 3 期)。

(1)根据移动平均法的计算公式,2013 年的预测旅游收入为:

$$Y_{n+1} = \frac{X_{n-(m-1)} + X_{n-(m-2)} + \cdots + X_{n-1} + X_n}{m}$$

$$= \frac{3500 + 3400 + 3600}{3}$$

$$= 3500(万元)$$

(2)根据修正的移动平均计算公式,2013 年的旅游收入为:

$$\overline{Y}_{n+1} = Y_{n+1} + (Y_{n+1} - Y_n)$$

$$= 3500 + (3500 - 3475)$$

$$= 3525(万元)$$

二、因果预测分析法

因果预测分析法是指分析影响预测值(因变量)的相关因素(自变量)以及它们之间的函数关系,并利用这种函数关系进行预测的方法。因果预测分析方法最常用的是回归分析法。本章主要介绍回归直线法。

回归直线法,也称一元回归分析法。它假定预测值的因素只有一个,根据直线方程 $y = a + bx$,按照最小乘法原理,来确定一条误差最小的、能反映自变量 x 和因变量 y 之间关系的直线,其常数 a 和系数 b 的计算公式为:

$$b = \frac{n\sum xy - \sum x \sum y}{n\sum x^2 - (\sum x)^2}$$

$$a = \frac{\sum y - b\sum x}{n}$$

待求出 a、b 的值后,代入方程 $y = a + bx$,结合自变量 x 的取值,即可求得预测对象 y 的预测值。

同步案例

沿用上一个同步案例中的资料,假定旅游收入只受广告费支出的大小的影响,2013年预计广告支出费为155万元,2005—2012年的广告支出资料如表4-3所示。

表4-3　2005—2012年的广告支出资料

年份(年)	2005	2006	2007	2008	2009	2010	2011	2012
旅游收入(万元)	3250	3300	3150	3350	3450	3500	3400	3600
广告费(万元)	100	105	90	125	135	140	140	150

要求:用回归直线法预测2013年的旅游收入。

根据上述资料,列表计算如表4-4所示。

根据公式有:

$$b = \frac{n\sum xy - \sum x \sum y}{n\sum x^2 - (\sum x)^2} = \frac{8 \times 3345500 - 985 \times 27000}{8 \times 124675 - (985)^2} = 6.22$$

$$a = \frac{\sum y - b\sum x}{n} = \frac{27000 - 6.22 \times 985}{8} = 2609.16$$

将 a、b 代入公式,2013年的旅游收入为:

$$y = a + bx = 2609.16 + 6.22 \times 155 = 3573.26(万元)$$

表4-4　2005—2012年广告支出和旅游收入

年份(年)	广告支出 x(万元)	旅游收入 y(万元)	xy	x^2	y^2
2005	100	3250	325000	10000	10562500
2006	105	3300	346500	11025	10890000
2007	90	3150	283500	8100	9922500
2008	125	3350	418750	15625	11222500
2009	135	3450	465750	18225	11902500
2010	140	3500	490000	19600	12250000
2011	140	3400	476000	19600	11560000
2012	150	3600	540000	22500	12960000
$n=8$	$\sum x = 985$	$\sum y = 27000$	$\sum xy = 3345500$	$\sum x^2 = 124675$	$\sum y^2 = 91270000$

实训项目

编制旅游企业产品价格分析报告

以小组为单位,应用所学知识,以某一旅游企业今年的旅游收入数据,分析预测下一年的旅游收入情况。

建议操作步骤:

1.分析往期数据的周期变动幅度和随机波动大小等情况。

2.收集整理资料。即收集尽可能多的相关信息,同时对所收集的大量资料进行整理、归纳,找出与预测对象有关的各因素之间的相互依存关系。

3.选择预测方法。即进行定性或定量分析。

4.分析判断。

本章小结

旅游市场调研是系统地设计、收集、分析和提出与公司所面临的特定的营销状况有关的研究结果。全面调查是对调查对象中所有单位无一例外地进行调查的方式,全面调查能取得比较全面系统的总量资料,适用于对旅游市场的宏观了解。

旅游市场调查方法主要有文案调查法和实地调查法两种;旅游市场预测方法主要有预测趋势法及因果预测分析法等。

关键概念

旅游市场营销调研(Tourism Marketing Investigation)
市场预测(Market Prediction)
定量预测(Quantitative Prediction)
定性预测(Qualitative Prediction)
算术平均法(Arithmetical Average Method)

加权平均法(Weighted Average Method)
移动平均法(Moving Average Method)
回归分析法(Regression Analysis Method)

 复习思考

1.列举旅游市场调查的种类及其特点?
2.旅游市场调查的主要内容有哪些?
3.请你为一家旅游企业进行市场预测,你认为要进行哪些方面的预测?
4.常见的旅游市场预测方法有哪些?旅游企业应如何运用这些方法?

 案例解析

深圳游乐业市场调研

1.调查的动因——现代游乐项目的发展方向

1)游乐项目的现状

深圳欢乐谷于1998年正式开业。2002年完成二期工程,总投资7亿元,是当时国内投资规模最大的主题游乐园。为了更好地了解和发展中国本土的游乐市场,我们必须首先对深圳本地游乐市场做出深入的调查分析,从而在强有力的数据支持背景下,提供具有可操作性和建设性的应对策略。因而,在本次调查工作中,我们主要选择以深圳旅游娱乐市场为调查范围,进行随机抽样调查,统计调查数据,做出分析报告。

2)本次调查的设计与实施

本次调查问卷主要围绕游客对当前各类游乐项目的喜好程度、餐饮消费偏好、旅游购物、售票方式等重大问题进行设计,并注重培训调查员的实地调查与现场访问能力,取得了比较理想的调查效果。本次调查发出问卷470份,有效回收率为90%。调查资料输入计算机后采用SPSS软件进行统计处理。

2.调查问卷主体分析

通过对问卷调查的主体分析,我们的调查结论将为我国游乐项目市场的发展提供有力的数据支持,并在此基础上提出具有实践意义的应对策略,使中国游乐业的发展寻求更为广阔的发展空间。

1)调查问卷的基本数据展示——来自游客的声音

我们依据游客的选择做一个简单的排序,依次是:趣味展览博览、幽默小品表演、水上特技表演、大型文艺表演、街头小表演。数据显示游客们对表演类游乐项目的参与热情正日渐高涨。现代游乐项目已经越来越注重游戏与游客的互动,激发游客的参与热情和兴趣,让游客可以从中获得更为丰富的人生体验。

2)被访游客对机械设备类游乐项目的喜好程度

统计数据的结果反映,惊险刺激的游乐项目已被越来越多的人接受,其中半数左右的游客表示"棒极了",这提示我们在开发机械设备类游乐项目时必须能迎合和满足游客的求新、求险的心理需求。

3)被访游客对自然景观类游乐项目的喜好程度

在问卷中请被访游客填写最感兴趣、印象最深刻的自然景观类型,51.4%的游客选择了丛林,20.8%的游客选择了荒漠,18.2%的游客选择了极地,另有较少数游客选择了草原牧场、田园、海滩等自然景观。

4)被访游客的旅游消费偏好分析

在关于游客消费偏好方面,我们重点选择了餐饮和购物两项,一般来讲,这是每一个游乐景区中游客消费的主体内容。

(1)旅游餐饮消费偏好

在全部被访游客中,旅游餐饮的消费偏好是以快餐为主,占据全体游客的80%左右,用于旅游餐饮一餐消费的费用以30—80元为主,表明旅游者参与旅游游乐活动时仍然希望品尝方便、卫生、快捷、平价的快餐食品。其中,近一半的被访游客选择了中式快餐,1/3的被访游客选择了西式快餐。

(2)旅游纪念品消费偏好

从调查结果中我们可以发现,在旅游购物的两极,购买或不购买之间还存在着近60%的庞大的潜在消费者群,如果我们能适时地加以良性诱导,旅游纪念品购物市场上将呈现出十分可观的前景。

5)被访游客对游乐项目售票方式的选择

当调查关于一票制与分票制的售票方式时,被访游客中有63%的游客表明支持和赞成一票制,而37%的游客赞成分票制,但在调查员进行开放式提问时有七成左右的游客表明了对分项目收费的不满情绪。这一数据对比,已充分表明了当前客源市场上对售票方式的喜好,同时这一结论也被已实行一票制的两大主题公园——欢乐谷和世界之窗的销售业绩所验证。在实行一票制后,旅游人数未降反增,同时原有的一些独立收费项目仅靠售卖辅助产品,如雨衣、滑雪工具。

(资料来源:李舟.深圳游乐业市场调研与未来发展[J]经济师,2004(6).)

案例点评:

中国游乐业仍然是一块诱人的大蛋糕,关键是如何使其从传统的观光向体验方式转化:开发和设计具有科学性、刺激性、参与性、知识性、互动性、体验性和控制性的各类游乐项目,并使之具有超前性和可替代改造、可更新的实用功能价值,充分利用各行各业的高科技成果,使游客在游乐过程中保持新鲜感,才能激发游客的

兴趣和需求。主题游乐业要想在强手如林的旅游事业中谋得发展,必须不断完善自己,推陈出新,充分运用以知识经济、信息产业技术等为核心的高科技手段,进行全方位资源整合,为游客提供各种丰富的体验方式,才能成为都市旅游业中的主流与常青藤。

相关链接

推荐进一步阅读资料:
1. 张婷.旅游市场营销[M].广州:华南理工大学出版社,2008.
2. 赵西萍.旅游市场营销学(第二版)[M].北京:高等教育出版社,2011.
3. 菲利普·科特勒.旅游市场营销(第四版)[M].谢彦君,译.大连:东北财经大学出版社,2006.

第五章

旅游市场 STP 营销战略

学习目标

通过本章的学习,使学生了解旅游市场细分的目的、原则和意义,掌握旅游市场细分的一般原理和方法,掌握目标市场的选择模式、营销策略和如何实行旅游市场定位。

能力目标

能够利用市场细分标准,对某一旅游产品进行"市场细分表"设计与分析,确定产品的目标市场;能够对目标顾客的特点有明确的认识,从而为旅游产品促销方案制定提供参考;能够运用定位的方法,分析某一旅游产品及竞争对手产品的市场选择和定位策略。

STP 战略中的 S、T、P 三个字母分别是 Segmenting、Targeting、Positioning 三个英文单词的缩写,即市场细分、目标市场和市场定位的意思。

第一节 旅游市场细分的标准和方法

携程进军亲子游新蓝海

2013年,在线旅游巨头携程旅行网已与湖南卫视达成合作,成为《爸爸去哪儿》"亲子旅行合作伙伴",针对国内家庭旅游者开发产品进军亲子游市场。业内人士称随着我国家庭结构和消费方式的变化,亲子游市场是新的蓝海,携程这样极具产品研发与服务能力的在线旅游巨头进入,将对市场产生积极刺激效应。

明星亲子真人秀《爸爸去哪儿》的连锁效应已经波及拍摄目的地、景点、旅行社等旅游市场。携程成为《爸爸去哪儿》"亲子旅行合作伙伴",并推出了合作活动页面,已有多条产品上线,包括北京灵水村、宁夏沙坡头、云南普者黑、山东威海荣成等。在节目中出现的滑沙、观赏黑天鹅、入住彝族乡村客栈等元素也出现在旅游产品中,可以说是"跟着节目去旅行"。此外,携程还为3—4岁、8—16岁等群体推出了境外数十条亲子、游学产品。

案例点评:

携程以产品研发和一站式服务见长,湖南卫视与携程合作推广主题产品,将使"亲子旅游"的话题更丰满。亲子游的市场前景被一致看好。一方面,"70后""80后"已经进入三口之家或者三代同堂的阶段,城市中这样的家庭有数以千万,形成一个庞大的旅游消费阶层;另一方面,中国的父母在孩子身上一向很"大方",很注意对孩子的"投资",父母如果考虑带孩子出去玩,普遍希望带孩子通过深度体验式旅游增长见识、磨炼意志。但目前市面上的亲子游开发不足,缺乏产品特色和服务标准。携程把亲子游作为一个重要的旅游主题和细分市场,依托其网络传播优势,通过产品与服务创新,借助《爸爸去哪儿》这种融旅游、教育于一体,户外生存、休闲拓展的"亲子游"将成为深入开发亲子游市场的一大突破口。

(资料来源:携程成为《爸爸去哪儿》"亲子旅行合作伙伴"进军亲子游市场. http://cq.sina.com.cn/city/whly/2013-11-21/57119.html.)

一、旅游市场细分的概念及意义

(一)旅游市场细分的概念

1.市场细分概念的提出

市场细分(Market Segmentation)是1956年由美国营销学家温德尔·斯密(Wendell R. Smith)提出的,指企业根据消费者群体之间需求的差异把一个整体市场划分为两个或更多的消费者群体,从而确定企业目标市场的活动过程。一个企业无论规模有多大,都不可能满足市场上全部消费者的所有需求,而只能满足市场上某一部分消费者的某种需求。因此,每个企业的经营者只能在市场细分的基础上选择自己特定的服务对象(目标市场),制定相应的经营策略,才能更好地实现经营目标。

市场学家认为市场可以分为同质市场、异质市场和集群差异性市场三种类型。

(1)同质市场,即消费者对市场产品的偏好程度是同类型的,企业面对整体市场提供统一的标准化的产品就能满足消费者的需求。

(2)异质市场,即每一位消费者对产品或服务的需求各不相同,这种差异表现为消费者的爱好很不集中,呈分散性。

(3)集群差异性市场,指各消费者群体对产品的服务质量和价格水平的反应有明显差别,而在每个消费者群内部,其成员的消费偏好又是大致相同的。

2.旅游市场细分的概念

旅游市场细分(Tourism Marketing Partitioning)是指旅游企业根据旅游消费者特点及其需求的差异性,将一个整体市场划分为两个或两个以上具有相类似需求特点的旅游者群体的活动过程。经过市场细分后,每一个具有相类似需求特点的旅游者群体就是一个细分市场。

知识链接　　对旅游市场细分概念的理解

(1)旅游市场细分的对象是旅游消费者群而不是产品。

(2)旅游市场细分的客观依据是人们对某种旅游产品兴趣的差异性。

(3)不同的子消费者群对某种旅游产品的需求应该有显著的差异性,而同一子消费者群中不同的消费者却对该旅游产品有共同的需求,且对旅游企业的营销刺激产生雷同的响应。

(4)旅游市场细分的目的是选择目标市场。

(二)旅游市场细分的意义

对于旅游企业而言,旅游市场细分的意义在于三个方面。

1. 有利于旅游企业及时发现新的市场机会

通过市场细分,旅游企业可以深入了解不同消费者群的需求状况及满足程度,迅速占领未被满足的市场,扩大市场占有率,取得市场营销的优势。

2. 有利于旅游企业适时调整营销策略

通过市场细分后的子市场比较具体,旅游企业可以比较直观、系统、准确地了解消费者的需求,然后结合自己的经营思想和营销力量,确定产品战略和服务方向,制定特殊的营销组合策略。

例如,美国钟表公司决定其经营方向前,仔细地考察了手表市场,对消费者的购买动机进行了细分。他们发现大约23%的购买者购买手表时,希望价格低廉,46%的人购买经久耐用、质量较好的手表,还有31%的人购买可以在某些重要场合显示身份的手表。当时,美国市场上一些著名的手表公司都全力以赴地争夺第三个市场,他们生产价格昂贵的、强调声望的手表,并通过大百货商店、珠宝店出售。美国钟表公司分析比较这三个市场层面后,决定把精力集中到前两个竞争较弱的细分市场,并适应这两个消费者群的需求特点,设计开发了一种名为"天美时"的价廉物美的手表,选择更贴近目标顾客的超级市场、廉价商店等零售商和批发商为分销渠道出售。正是这一成功的市场细分战略使该公司迅速获得了很高的市场占有率,成为当时世界上最大的手表公司之一。

3. 有利于旅游企业优化资源配置和取得良好的经济效益

旅游企业通过市场细分后,可以深入研究目标市场上消费者的需求,生产出适销对路的旅游产品和服务,既能满足市场需要,又可增加企业的收入;旅游产品适销对路可以加速商品流转,降低生产销售成本,提高员工的劳动熟练程度,提高产品质量,全面提高旅游企业的经济效益。

(三)旅游市场细分的原则

1. 可衡量原则

具体包括三重含义:首先,细分标准必须清楚明确、容易辨认;其次,确定的标准必须能够从消费者那里得到确切的情报并能被定量地测定;最后,细分标准要与旅游者的某种或某些旅游购买行为有必然的联系,这样才能使各细分市场的购买行为特征被明显区别开来,为营销人员有效地针对不同细分市场制定营销组合提供实际可能。

例如,针对不同年龄差异细分出来的老年、中年、青年、儿童旅游市场对旅游内容、时间、旅游方式有很明显的需求差别,细分出来的市场对营销组合有独特的反应。

2. 可进入原则

可进入原则指企业根据现有的人力、物力、财力是可以进入和占领细分后的市场的。例如,一家旅行社发现我国国民对欧洲某国的旅游产品存在大量需求,但是由于该国目前尚未开放为我国公民的旅游目的地,现阶段开发这一市场就没有实际意义。

3.可赢利原则

可赢利原则指细分出的市场在消费者人数和购买力上足以达到有利可图的程度,即要求细分出的市场有可开发的经济价值。

4.稳定性原则

细分后的市场应具有相对稳定性,如果变化太快、太大,会使制定的营销组合很快失效,造成营销资源分配重新调整的损失,并形成企业市场营销活动的前后脱节和被动局面。

二、旅游市场细分的标准和方法

(一)旅游市场细分的标准

市场上消费者的不同需求如年龄、性别、爱好、职业等成为旅游市场细分的标准。在市场细分中常见的四大标准为地理变量、人口统计变量、行为变量和心理变量。

1.按地理变量细分

地理变量细分是指旅游企业按照旅游者居住地所在的地理位置及自然环境的差异来细分市场。如表5-1所示。

表5-1 市场细分地理变量构成表

细分标准	细分变量
地区	国内:华东、华南、华北、西南、西北、中南、西北、东北 国际:东亚及太平洋、南亚、中东、非洲、欧洲、美洲
人口密度	城市、农村
城市规模	大城市、中小城市、城镇
地形	山区、平原、高原、盆地
气候	热带、亚热带、温带、寒带

地理变量:康师傅方便面

由于中国不同区域间的饮食习惯、饮食文化差异较大,所偏好的口味各不相同,大体呈现从北到南,口味由咸转淡;从西到东,口味由辣转甜;从陆到海,口味由重转轻的现象。康师傅方便面的红烧牛肉面是面向全国范围的经典口味,却并不

能够很好地满足不同区域消费者的需求,比如对于新开发的方便面市场——西南将方便面的工艺与中国传统饮食文化中的菜系相结合。将全国大陆分为东北、华北、华东、华中、华南、西南以及西北等七大市场,配合各地方的饮食文化殊异进行口味调整,构建完整口味体系,做地方化口味。2010年康师傅方便面销售额29.3亿美元,其中小鸡炖蘑菇、油泼辣子近300种口味的方便面分布在中国各地的地方品牌贡献的业绩占到25%。

(资料来源:http://www.jiaoyanshi.com/case/scyx/.引用时有改动。)

2.按人口统计变量细分

人口统计变量是最流行的市场细分指标。旅游企业可以从消费者的年龄、性别、职业、收入、家庭生命周期、教育、宗教信仰等将其划分为不同的细分市场,如表5-2所示。

表5-2 市场细分人口统计变量构成表

细分标准	细分变量
年龄	儿童市场、青年市场、中年市场、老年市场
性别	男性市场、女性市场
家庭规模与家庭生命周期	青年单身、青年已婚无子、青年已婚有六岁以下子女、青年已婚有六岁以上子女、老年单身、老年已婚无子女、老年已婚有十八岁以上子女等
家庭收入	高收入、中等收入、低收入
职业	专业技术人员、管理人员、官员和老板、普通职员、农民、退休人员、学生、家庭主妇、失业人员等
受教育程度	小学或以下、中学、中专、大专和大学、硕士及以上
宗教信仰	天主教、基督教、犹太教、伊斯兰教、印度教、其他
种族	白种人、黑种人、黄种人
国籍	中国、美国、日本、俄罗斯、韩国等

女 性 客 房

在全世界的酒店行业中,希尔顿酒店是最早注意到单身女性顾客的特殊性的,为此它们早在1974年就在美国阿尔克茨州希尔顿酒店里开辟了女子专用楼层,为单身女性提供旅途中的一切便利。

30多年来,希尔顿酒店联号一直致力于为单身女性客人提供更专业化、更精细的服务,从而赢得了一片相当稳定的大市场。尤其是近些年来,随着单身女商务客人的增加,入住环境也在发生许多微妙的变化。这时候对于单身女客来说,能否拥有一个轻松方便、无拘无束的居住环境就显得尤为可贵了。不断发生的对女房客的骚扰案件使居住环境这一问题尤为突出。

在希尔顿酒店的女性专用客房里,所有的设施设备和装饰色调都从女性生理特点与旅途需要出发,不仅配备有特制的穿衣化妆镜、品牌化妆品、各种品牌的洗涤剂和沐浴用芳香泡沫剂;同时还会提供女士睡袍、挂裙架、吹风机、卷发器、针线包以及其他妇女专用的卫生用品。客房通常会被装饰成温馨的色调,如粉红、天蓝或米黄等,而且床上用品和窗帘等织品往往也与房间色调相匹配,就连客房里的电话机都选择了活泼、灵巧的款式,床头柜或是小茶几上还备有专供女性阅读的书刊和最畅销的妇女杂志。

女性客房单独辟出楼层并配有大量穿便装的女保安人员。别看这些女保安个个温文尔雅,但一旦有人想乱闯"禁地",她们立刻就成了谁也突破不了的坚强堡垒;除了便衣保安外,女性楼层还有很多专门的保安措施,例如,房间号码严格对外保密,不准任何人查询;外来电话未经客人同意不能随便接进客房……总之,这是一片完全独立的空间,甚至连进出大堂都可以选择另外的通道。

(资料来源:马勇,王春雷.旅游市场营销管理[M].广州:广东旅游出版社,2002.)

案例点评:
女性是旅游者中一个特殊而又数量庞大的消费群体,她们在消费方面具有很多与众不同的特点,这客观要求旅游企业尤其是现代饭店在产品或服务设计上注重体现女性由于性别特点带来的特殊需求。

因此,饭店如果能将女性市场作为一个专门的细分市场而设计、提供相应的客房,必能取得良好的效益,希尔顿酒店就是一个很好的典范。希尔顿酒店集团在全世界拥有200家以上大型酒店,每日接受预订房间超过4万间。正是凭着这种对市场敏锐的触觉及采用科学的细分方法,希尔顿国际酒店公司才成为举世无双的酒店帝国。

3. 按购买行为因素细分

购买行为因素包括购买动机、购买时间、购买方式、购买数量和频率、忠诚程度、追求的利益等。如同样是去餐厅吃饭,有的消费者说:"我吃东西讲究经济实惠。"有的消费者说:"我吃东西主要看环境,在环境差的地方,我饭都吃不下。"还有的消费者说:"我吃东西只看味道,只要味道好,其他我不在乎。"根据消费者这些不同的需求,餐厅可以在细分市场后选择自己的目标市场,并提供相应的产品和服务。购买行为因素细分的具体变量如表5-3所示。

表 5-3 市场细分购买行为因素变量构成表

细分标准	细分变量
购买动机	观光旅游市场、会议、商务旅游市场、度假旅游市场、奖励旅游市场、探亲访友旅游市场、购物旅游市场等
购买时间	旺季、淡季和平季旅游市场
购买方式	团体和散客旅游市场
购买数量和频率	较少、多次、经常和频繁旅游者
忠诚程度	坚定忠诚者、中度忠诚者、转移型忠诚者、多变者
追求的利益	迅速便捷、温馨浪漫、经济实惠

4.按心理行为因素细分

心理行为是由消费者主观心态所导致的行为,它比较复杂难测。按心理行为因素进行市场细分,主要是从旅游者的个性特征、生活方式等方面去分析。心理行为因素细分的具体变量如表 5-4 所示。

表 5-4 市场细分心理行为因素变量构成表

细分标准	细分变量
社会阶层	上层、中层、下层
旅游动机	身体健康、文化方面、交际方面、地位和声誉方面
价值观和生活方式	勉强生存者、暂时忍受者、社会归属者、渴求上进者、事业成功者、我行我素者、追求阅历者、胸怀社会者、心理完善者
个性特征	依赖型、近依赖型、中间型、近冒险型、冒险型

（二）旅游市场细分的方法

旅游企业市场细分变量复杂多样,必须根据具体旅游者的需求特征和企业要达到的目标加以选择运用。旅游市场细分的方法主要有三种。

1.单一变量细分法

单一变量细分法即根据影响旅游者需求的某一个最重要的因素进行旅游市场细分。例如游乐园依据年龄变量可以细分为成人市场与儿童市场。

这种方法一般只适用于产品（或服务）通用性较强、选择性较弱的市场,往往只是市场细分的起点。

2.综合变量细分法

综合变量细分法即根据影响消费者需求差异的两种及以上的并列变量对旅游市场进行细分的方法。例如,同时以旅游者的收入状况（高、中、低）、年龄（老年、中年、青年、儿童）、利益追求(迅速便捷、温馨浪漫、经济实惠)三个变量细分双休日市场。运用这种方法时要注意选择与一定旅游产品消费者需求有关的并且影响突出的变量因素来综合分析,这样细分出的市场比单一变量细分法对企业营销活动更有价值。

3.系列变量细分法

系列变量细分法即考虑与旅游需求差异相关的各种因素,将其按照一定的顺序对旅游市场以此进行系列细分的方法。此方法对旅游者需求差异较大而市场竞争又较激烈的旅游市场细分比较合适。其要点是在各变量之间充分把握它们在内涵上的从属关系,进行合理排序。否则会造成细分工作的混乱,增加成本。

华住酒店集团:六大品牌锁定六大细分市场

华住酒店集团是国内第一家多品牌的连锁酒店管理集团。自2005年创立以来,华住在短短数年间已经完成全国主要城市的战略布局,并重点在长三角、环渤海湾、珠三角和中西部发达城市形成了密布的酒店网络。2010年3月,华住酒店集团的前身汉庭酒店集团在纳斯达克成功上市。2012年11月21日,汉庭酒店集团正式更名为华住酒店集团。现在,以"成为世界住宿业领先品牌集团"为愿景的华住,在创始人季琦的带领下,已经成为中国发展最快的酒店集团。2014年,华住在中国超过400个城市中已经拥有2000多家酒店和50000多名员工,旗下拥有6个广受欢迎的酒店品牌,包括禧玥酒店、漫心度假酒店、全季酒店、星程酒店、汉庭酒店和海友酒店。

1.禧玥酒店——满心禧悦

禧玥酒店是华住酒店集团推出的全新朴适高档酒店品牌。立足中国一、二线城市核心区域,坐落在著名商圈、大型城市综合体等繁华地段,以全新的设计理念、五星级客房与服务为特点,为宾客提供"全行政楼层礼遇"、"禧玥+1"特色服务和"轻松科技"的产品体验,为高端白领人士打造"满心禧悦"的酒店生活新方式。

2.漫心度假酒店——漫度好时光

个人旅游日益繁荣的今天,度假式旅游正成为新时尚。漫心度假酒店就是应此需求而生。漫心的立意,是要在中国和亚洲最美丽的地方创造一个个自在的度假空间,让客人们拥有彻底放松的美好时光和自在空间。

3.全季酒店——爱自己,住全季

全季酒店是华住旗下针对中档酒店市场的有限服务酒店,致力于为智慧、练达的精英型商旅客人提供最优质地段的选择。全季酒店选择在中国一、二线城市的商业中心,让客人无须支付五星级酒店的价格,即可享受五星级酒店的地段优势。

4. 星程酒店——星光照耀旅程

星程酒店是华住旗下的非标准中档连锁酒店。星程驻足中国重要商旅城市中心,选择3—4星级优质的单体酒店,注入现代管理、顾客服务及品牌经营理念,打造"宽敞高雅空间、优质床品卫浴、完备设施服务、i-hotel聪明服务"四项品质特征,同时又具备极佳的性价比,从而区别高档酒店与经济酒店市场,打造中档连锁酒店名牌。

5. 汉庭酒店——人在旅途,家在汉庭

汉庭酒店是华住旗下标准经济酒店,致力于为商旅客人提供便捷的住宿体验。酒店安心的睡眠系统、现代的卫浴系统、便捷的商旅配套和典雅的酒店氛围可保障您出门在外也有在家一般的感受。

6. 海友酒店——四海皆朋友

海友酒店是华住旗下的经济型酒店连锁品牌,致力于为有预算要求的客人提供"更经济超值"的住宿产品。

案例点评:

针对不同的顾客需求,华住酒店集团在饭店产品上进行了细分,以满足市场上不同旅游消费者的需要。华住酒店集团将饭店产品分成六大类,针对不同顾客需求特点来细分市场,并制定不同的市场营销策略,提供不同的设施和服务,满足了不同层次顾客的需求,体现了现代市场营销以顾客为中心的理念,使其成为中国发展最快的酒店集团。

(三)旅游市场细分的步骤

旅游市场细分程序可通过如下例子看出:一家航空公司对从未乘过飞机的人很感兴趣(细分标准是顾客的体验)。而从未乘过飞机的人又可以细分为害怕飞机的人,对乘飞机无所谓的人以及对乘飞机持肯定态度的人(细分标准是态度)。在持肯定态度的人中,又包括高收入有能力乘飞机的人(细分标准是态度)。于是这家航空公司就把力量集中在开拓那些对乘飞机持肯定态度,只是还没有乘过飞机的高收入群体。

可见,旅游市场细分包括以下步骤,如图5-1所示。

确定旅游市场范围 → 列举潜在顾客的基本需求 → 分析潜在顾客的不同需求 → 剔除不合要求、无用的细分市场 → 为各细分市场命名 → 对细分后选择的子市场进行调查研究 → 决定细分市场规模,选定目标市场

图5-1 旅游市场细分的步骤

实训项目

旅游市场细分表的设计

训练目标:

要求学生掌握旅游市场细分表的设计过程;学会对旅游市场细分表进行分析。

训练内容:

1.设计旅游市场细分表的步骤

(1)确定整体市场范围。

(2)确定旅游市场细分标准。

(3)制作旅游市场细分表(见表5-5)。

表5-5 旅游市场细分表

地区	年龄	职业	收入	使用量	品牌偏好

2.对旅游市场细分表进行分析

要求:(1)在"旅游市场细分表"上已展示出整体市场划分的若干个细分市场,能够辨识具体的细分市场。

(2)在对各细分市场分析的基础上初选细分市场,并对所选择的细分市场进行标号命名。

(3)对"旅游市场细分表"上的细分市场进行分析。分析可以从市场规模、市场成长性、盈利性、风险性方面着手。

(4)细分市场选择的数量一般根据旅游企业的营销目标与营销实力来确定,中小企业选择细分市场不宜太多、范围太大。

第二节 旅游目标市场选择及营销策略

驴妈妈加码亲子游细分市场升级门票经济

(资料来源:徐维维. 驴妈妈加码亲子游细分市场升级门票经济. http://money.163.com/17/0608/05/CMCSABIG002580S6.html.)

一、认识旅游目标市场

(一)旅游目标市场概念

目标市场的概念有以下几种。

(1)按消费者的特征把整个潜在市场细分成若干部分,根据产品本身的特性,选定其中的某个部分或几部分的消费者作为综合运用各种市场策略所追求的销售目标,此目标即为目标市场。

(2)企业选定作为其营销对象的消费者群体。由于企业能够生产的产品是有限的,而消费者的需求是无限的,因此,企业只能在市场细分的基础上,选择部分消费者群体作为目标市场。

(3)一种商品在上市时一般只能满足社会中一部分人的需求。如近视眼镜是专门为患近视症的人所生产的;亲子酒店是满足家庭出游旅游者需求的。对于一个广告产品来说,这一部分人便是它的目标市场。也就是说,该广告产品是以这部分人为推销对象的。

综上定义,我们认为旅游目标市场是指旅游企业在市场细分的基础上进行营销活动所要满足其需求的旅游消费者群体。

(二)评价旅游细分市场

1. 什么是评价旅游细分市场

评价旅游细分市场是进行目标市场选择的基础。评价旅游细分市场是指对各细分市场在市场规模增长率、市场结构吸引力和旅游企业目标与资源等方面的情况进行详细评估,在综合比较、分析的基础上,择出最优化的旅游目标市场。

2. 评价细分市场的依据

评价细分市场的依据如表5-6所示。

表 5-6　评价旅游细分市场的依据

评价依据	具体因素	适用条件
细分市场的规模和增长速度	分析各细分市场的当前销售额、增长率,以确定具有适当规模和增长特征的细分市场	对实力雄厚的大企业来说,是指规模大、增长速度快的细分市场;对中小企业而言,由于其资源和实力的有限性,则是指不被大企业看好的、规模较小、增长速度比较平缓的市场
细分市场的结构性吸引力	行业竞争、替代产品、购买者和供求者的状况	如果某一细分市场上已经存在许多强有力的竞争者,则不太具有吸引力;如果一个细分市场上目前或将来存在许多替代产品,则吸引力有限。购买者的议价能力也会影响细分市场的吸引力。如果细分市场上存在一个强有力的供应商,那么这个细分市场也是缺乏吸引力的
旅游经营者的目标和资源条件	经营者自身的经营目标和拥有的资源是否与市场相匹配	对适合企业经营目标的细分市场,旅游企业要考虑自身的生产能力,拥有的各种资源和技术,不能选择企业自身无法满足的细分市场

二、旅游目标市场选择的原则

对旅游细分市场进行评价后,旅游企业需要选择其中一个或者几个自己的目标市场。其在选择目标市场时应遵循以下原则。

(一)目标市场必须与旅游企业的经营目标和企业形象相符合

高档次的旅游企业应以高收入、高学历、高层次的消费者为目标市场,不适宜打入中低档、大众化的客源市场。如"洲际",作为世界上最大的奢华酒店品牌,多年来洲际品牌不断开拓全新旅行目的地,足迹遍布全球每个角落。从传奇的历史经典酒店,地标性的城市酒店,到令人沉醉的度假村,"洲际"将世界各地的文化习俗与当地知识相融合,为宾客奉上奢华的全球旅行体验。

(二)目标市场必须与旅游企业所拥有的资源相匹配

旅游企业拥有的资源成为选择目标市场的重要依据。目标市场的选择应该能使旅游企业充分发挥自身的优势,充分地利用自身的资源,扬长避短,突出自己的特色。如餐饮企业所拥有的人力、物力、硬件设施、软件条件等成为选择目标市场的重要依据。对适合企业经营目标的细分市场,餐饮企业则要考虑自身的生产能力,拥有的各种资源和技术,选择那些本身有能力满足其需要的细分市场作为目标市场。

(三)目标市场必须具备结构性吸引力

如果一个细分市场具备众多竞争者,则该细分市场对旅游企业而言吸引力下降。如餐饮业的市场进入几乎没有壁垒,资本和劳动力自由流动,因而目标市场的吸引力并不高。另外替代品会限制该细分市场的潜在收益。并且,买方市场的吸引力也有限,除非餐饮企业有独特的竞争优势,有足够的力量将消费者争取过来。因此,餐饮企业选择目标市场不仅要注意结构性吸引力,同时,还要预测目标市场是否具有潜在效益;不仅要注重销售量,更应该重视利润,应选择盈利的细分市场为目标市场。

三、旅游目标市场选择的模式

(一)产品市场集中化

产品市场集中化即旅游企业从产品和市场的角度出发,将目标市场集中在一个细分市场上,针对某一特定的消费者群体,只生产一种产品,开展市场营销活动。

(二)产品专业化

产品专业化即旅游企业向不同的消费者群体(细分市场)提供同一种产品。

(三)市场专业化

市场专业化即旅游企业向同一消费者群(细分市场)提供各种不同的或系列化的产品,以极大限度地满足该类消费者群的需要。

(四)选择性专业化

选择性专业化即旅游企业选择若干个不同的消费者群(细分市场),并分别为其提供不同的旅游产品。

(五)全面市场

全面市场即旅游企业选择所有的细分市场(整个市场)作为目标市场,全方位地提供所有消费者需要的不同的旅游产品。

拓展阅读

旅游行业目标受众的选择

全球旅游整合营销传播的核心目标是影响目标受众——潜在游客的购买行为,为达到此目标,营销主体需要对目标受众进行筛选,并且全面了解目标受众的特征,才能根据知识资源情况开展精准的营销传播活动。

选择目标受众的方法主要有两种:一种是通过客源市场分析了解目标受众的消费行为特征;另一种是建立旅游数据库,通过对数据进行深度挖掘、分析,获取精准的目标受众信息。

1.客源市场分析

可以按照以下几个步骤展开。

(1)基础数据和资料收集:主要包括国际、国内、省内及本地旅游业现状及发展优势;旅游目的地接待游客现状的调查资料(包括旅游人数、旅游收入、停留时间等);城市/区域发展总体规划和旅游发展总体规划。

(2)旅游市场现状分析:主要包括国内外旅游市场的特点及发展趋势、旅游目的地当前的客源市场规模和结构、影响游客地客源市场发展的因素,以及主要竞争对手的区位、资源和客源市场结构分析等。

(3)客源市场细分、目标市场选择和定位:可以按照与目的地的关系来细分,如空间距离的远近、文化距离的异同;可以按照地理和发展特征细分,如区域、城镇规模、人口密度等;可以按照社会经济和人口学特征细分,如年龄、教育背景、性别、家庭规模、收入、家庭生命周期等;可以按照旅游者特征细分,如社会等级、个性特点、生活方式等;可以按照旅游者特色细分,如价值取向、对旅游的需求程序和态度等。

(4)客源市场预测:包括潜在的需求预测、游客规模年际变化预测和客源市场发展的限制预测等。

(5)制定客源市场开发策略:针对以上的分析,结合旅游目的地的资源特点,制定出详细的客源市场宣传推广和开发策略。

2.建立旅游数据库

旅游整合营销传播相比其他营销方式有更好的效果的原因之一就是有强大的旅游数据库支持。整合营销数据库中所需数据的类型大致可以分为以下四种。

统计:游客/潜在游客的年龄、性别、受教育程度、家庭生命周期、健康状况和收入等硬性指标。

心理:包括游客/潜在游客消费态度、出游目的、旅游偏好、旅游满意度等。

行为:游客/潜在游客的真正价值在于他们的购买行为,其行为包括如何度过闲暇时间、出游频率、出游天数、出游目的地、平均花费等。观察和分析游客/潜在游客的行为在全球旅游整合营销传播中至关重要。

地理:地理位置对人们的旅游的需求和偏好有显著影响,是全球旅游整合营销传播分析中的重要组成部分,如居住在内地的人们向往"碧海、蓝天、沙滩"的滨海风光,居住在沙漠戈壁的人们向往"杏花、春雨"的美景,居住在江南水乡的人们期望"骏马、秋风"的豪情。

所以一定要精准的目标受众选择、构筑高效营销平台做出巨大贡献。

(资料来源:思途智旅.http://www.stourweb.com/peixun/fangfa-596.整理时有所删减。)

四、旅游目标市场营销策略

(一)无差异营销(Undifferentiated Marketing)策略

面对细分化的市场,旅游企业看重各子市场之间在需求方面的共性而不注重它们的个性,只推出单一产品,运用单一的旅游市场营销组合,力求最大限度地满足市场上消费者的共性需求(见图5-2)。美国的可口可乐公司最具代表性。1886年,一位叫班伯顿的药剂师发明了可口可乐的配方,并开始投入生产,一百多年以来,不论是在北美还是全球,都是奉行的无差异化营销策略,保证了可口可乐的品质口感始终如一,使之成为一个全球的超级品牌。

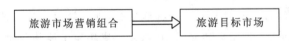

图5-2 无差异目标市场策略

这种策略的优点:第一,单一产品线可减少生产、存货和运输成本;第二,无差异的广告计划能使企业经由大量使用而获得媒体的价格折扣;第三,不必进行市场细分化所需的营销研究与规划,可降低旅游企业营销研究的成本与管理费用。

这种策略的缺点:第一,忽略旅游者需求的差异性;第二,市场适应能力差;第三,经营风险大。

采取无差异市场营销策略需要满足的条件:一是企业具有大规模的生产线;二是有广泛的分销渠道;三是产品质量好,在消费者中有广泛的影响。

(二)差异性营销(Differentiated Marketing)策略

面对已经细分的市场,旅游企业选择两个或者两个以上的子市场作为市场目标,分别对每个子市场提供针对性的产品和服务以及相应的销售措施(见图5-3)。例如,旅行社同时推出观光旅游、疗养旅游、度假旅游等产品及其营销组合。

旅游企业应具备的条件:① 有一定的规模,人力、物力、财力较雄厚;② 旅游企业的技术水平、设计开发能力与之呼应;③ 有较好的营销能力,具有鲜明的形象;④ 市场的需求差异较大,而各自的细分市场吸引力均衡。

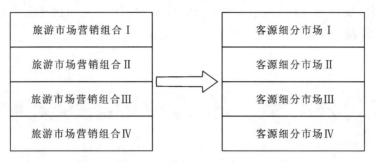

图 5-3 差异性目标市场策略

优点：小批量、多种经营能满足不同消费者需求，有利于扩大销售，同时可分散旅游企业的经营风险；营销的成功有利于树立形象。

缺点：不能产生理想的经济效益，营销的多组合会增加生产成本和经营费用。

同步案例

左撇子工具公司

商店卖的工具都是右手使用的工具。一德国人分析这个现象：① 有些工具左撇子用不了；② 德国人11％是左撇子；③ 左撇子希望买到合心意的工具。于是他开了间左撇子工具公司，生意兴隆。

（三）集中性营销（Concentrated Marketing）策略

旅游企业将自己的资源和营销目标集中在一个或少数几个子市场上，实行专业化生产和销售（见图 5-4）。采用这种策略的多是资源有限的中、小型企业，它们追求的目标不是在较大的市场上占有一个较小的市场份额，而是在一个或几个较小的市场上占有较大的，甚至是领先的市场份额。

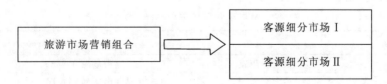

图 5-4 集中性目标市场策略

这种策略的优点是适应了本企业资源有限这一特点，可以集中力量向某一特定子市场提供最好的服务。生产和营销的集中性，使企业经营成本得以降低。但该策略风险较大。

这种策略的缺点是如果目标市场突然变化,如价格猛跌或突然出现强有力的竞争者,企业就可能陷入困境。

同步案例

星期五餐厅专注休闲目标市场

星期五餐厅是一家有着红白雨篷和黄色店标的普通餐厅,1965年春天在纽约第一大道和63街的交叉口处开业,它的主人是一个名叫Alan Stillman的香水商人,如今星期五餐厅已经在几十个国家里开了400多家分店。

星期五餐厅的英文全称是T.G.I.Friday's(Thank Goodness,It's Friday's),译义是"感谢上帝啊,终于熬到周五了!",它原本是为了那些单身族消磨周末时光而设的,但50多年过去了,它独特的休闲环境,富于情调的音乐和精美的餐饮吸引了越来越多的家庭和商务人士来聚餐。星期五餐厅就是一个满足消费者享受高品位生活的心理需求以及张扬自己鲜明个性的场所。当你走进星期五餐厅时,你将会看到热闹的人群中年轻的面孔最多,满眼是热烈奔放的色彩和角落中正生长的热带植物,红白条的桌布映着斑斓的吊灯,"沉船理论"的传说被一只木船高悬在餐厅上空。最流行的美国乡村音乐混合着食物的香气一同扑面而来。

案例点评:

与传统的餐饮理念相比,星期五餐厅努力营造的是一种自由、随意、无拘无束、身心完全放松的休闲空间。虽然不能绝对肯定地说这就代表了现代餐饮的发展方向,但是由于它在很大程度上使得普通人的一些情感得以宣泄,所以引起了消费者发自内心情感上的共鸣,从而成功赢得了市场。

(资料来源:星期五休闲餐厅,你去哪儿?)

旅游企业欲进入和占领某一特定细分市场还要考虑如下因素,旅游企业目标市场选择策略的确定如表5-7所示。

表5-7 旅游企业目标市场选择策略的确定

制约因素	条件	采用策略
经营者实力	实力强、资源丰富	无差异市场营销策略
	资源、实力有限	集中性市场营销策略
产品特点	产品特点一致	无差异市场营销策略
	产品特点独特	差异性或集中性市场营销策略
市场特点	市场需求类似程度较高	无差异市场营销策略
	市场需求类似程度低	差异性或集中性市场营销策略

续表

制约因素	条件	采用策略
产品生命周期	投入期或成长期	无差异市场营销策略
	成熟期或衰退期	差异性或集中性市场营销策略
竞争者市场策略	竞争对手实行的营销策略	采取与之相抗衡的策略

以某旅游景区为例,通过市场细分为其选择目标市场客源。

第三节　旅游市场定位策略

百事可乐与可口可乐的市场定位之争

百事可乐作为世界饮料业两大巨头之一,100多年来与可口可乐上演了一场蔚为壮观的两乐之战。两乐之战的前期,也即20世纪80年代之前,百事可乐一直惨淡经营,由于其竞争手法不够高明,尤其是广告的竞争不得力,所以被可口可乐远远甩在后头。然而经历了与可口可乐无数交锋之后,百事可乐终于明确了自己的定位,以"新生代的可乐"形象对可口可乐实施了侧翼攻击,从年轻人身上赢得了广大的市场。

1983年,百事可乐公司聘请罗杰·恩里克担任总裁,他一上任就把目光盯在了广告上。对软饮料而言,百事可乐和可口可乐的产品味觉很难分清孰优孰劣,因此,焦点便放在塑造商品的性格的广告上了。

为了确定自己的产品定位,百事公司做了一次市场调查。调查人员发现:当消费者在挑选软饮料时,他们实际上做出了三项选择,第一他们拿定主意喝软饮料,而不是果汁、水或者牛奶;接着他们选择了可乐,而不是雪碧、七喜或其他软饮料。只有在这时,他们才开始从百事可乐和可口可乐及其他可乐中挑选。同时,调查结果还表明,消费者认为百事可乐公司是一家年轻的企业,具备新的思想,富有朝气

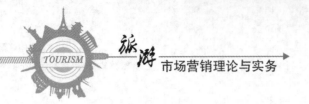

和创新精神,是一个发展很快、赶超第一的企业,不足之处是鲁莽,甚至有点盛气凌人。而可口可乐得到的积极评价是:美国的化身,可口可乐是"真正的"正牌可乐,具备明显的保守传统;不足之处是老成迟钝、自命不凡,还有点社团组织的味道。

随即,恩里克从卖领带中得到启示:别吹捧你的产品有多好,而应吹捧选择了你产品的消费者。弄清楚他是谁,然后称赞这个人。

于是,恩里克决心选择青少年作为自己的形象,年轻人充满情趣,令人振奋,富有创新精神,正是百事可乐生机勃勃、大胆挑战的写照,最终将"百事可乐:新一代的选择"作为广告主题。并且通过广告,百事力图树立其"年轻、活泼、时代"的形象,而暗示可口的"老迈、落伍、过时"。

思考:"百事可乐和可口可乐,你最喜欢的是哪一个?该种饮料给你留下了什么印象?它采取的是什么定位方式?"

知识链接　　差异化,才是产品卖得好有钱赚的秘诀

理论上讲,商业竞争的本质就是为了制造差异化,竞争越激烈商品越多,越需要不断制造差异化。所以,优秀的企业总是会通过不断升级为我们带来差异化的商品。从本质上讲,人们购买的不是产品,而是不同——差异化。

1.因为有差异化,大家不惜买遍世界各地

为了购买不同,人们像我们远古时代的祖先"智人"一样,不惜远涉日、韩、美、英、法等国不停地买买买!同样一个品牌的服装,在国内的款式跟在日本或欧洲的还真是不一样,所以人们拼命地买,只为了告诉别人,你看我这个跟你们的都不一样,是有差异的。

当然,这样的行为不只是衣服、鞋帽,还包括酒、饮料、食物、纸巾等众多物品。正是这么多差异与不同,才使得人们心甘情愿地一次又一次打开自己的钱包来购买。倘若日本的牙膏与中国的"冷酸灵""田七"一样的话,相信没有人会去日本买回那一筐一筐的牙膏,并且日本的牙膏显然要比国内的贵得多。为什么?因为差异化,人有我无,因为人家有优于我们的地方。

2.产品卖得好坏跟价格关系不大

产品卖得不好,一定不是因为价格,顾客说你们卖得贵,只是为自己找一个借口,你可不能当真。你真咬咬牙降价了,还是卖不好。所以,当茅台卖得不好的时候,人人都说一瓶酒这么贵谁喝呀,肯定不好卖。茅台不但没降价,反而提价,结果越涨买的人越多,越涨卖得越好。不但喝酒的人买,不喝酒的人也买来收藏。产品卖得好坏跟价格无关,是跟差异化有关。

3.什么样的差异化是陷阱

既然差异化是为了赚钱,那我们就要明白什么样的差异化是值钱的,什么样的差异化是陷阱。

其一,差异化不是个性。

在差异化的时候,一定要判断这是不是个性,如果只是让自己的产品或服务有了个性,你得小心了,如果你的产品个性不行的话赶紧放弃,别耽误时间与精力,这年头,竞争环境这么激烈,真耽误不起。

其二,差异化的步子不能迈大了。

差异化要恰如其分才能发挥出最大效用。当然,如果你是马云,有的是钱和团队,大可以甩开步子整。但毕竟这样的土豪还是少数,每个人的日子都是过得紧巴巴的。什么是步子大呢?就是你洞察到消费需求时或是消费需求刚刚起来时去做,而不是将来的不太明显的消费需求。总之,在差异化的路上要小步快跑,领先一步死,领先半步活。

最后,再来复盘一下,大家现在购买的不是产品,而是差异化。那到底什么是差异化呢?这里有个神一般的定律"人无我有,人有我优,人优我新,人新我化"。就是说别人没有的我要有,别人有的我要做得比他好,别人做得好的我要比别人新,比别人快。什么是化?就是化境的意思。比如可口可乐,不管世界怎么变化,总有人喜欢,不管你怎么折腾,在可乐上永远也别想超越它,这就是化境。

(资料来源:窦林毅.差异化,才是产品卖得好有钱赚的秘诀[J].销售与市场(管理版),2017(9).)

一、旅游市场定位概述

(一)旅游市场定位的概念

1.市场定位(Market Positioning)的概念

市场定位是美国营销学家艾·里斯和杰克特劳特在1972年提出的。其含义是指企业根据竞争者现有产品在市场上所处的位置,针对顾客对该类产品某些特征或属性的重视程度,为本企业产品塑造与众不同的、给人印象鲜明的形象,并将这种形象生动地传递给顾客,从而使该产品在市场上确定适当的位置。

在西方市场营销学中,市场定位、产品定位和竞争性定位三个术语经常交替使用。

2.旅游市场定位的含义

针对旅游业,美国营销学者戴维斯(Davies)从一个清晰的角度定义了旅游市场定位。其含义是旅游企业在全面了解、分析竞争对手在目标市场的位置后,确定自身的旅游产品及营销组合如何接近和吸引旅游消费者群的一种营销活动。

旅游市场定位的实质是强化或放大某些产品因素,寻求建立产品的特色和树立独特的市场形象,以赢得旅游者的认同。

(二)旅游市场定位的意义

1.有利于旅游企业营销活动的精确执行

解决旅游企业市场定位问题的好处在于,它能够帮助企业解决好营销组合问题,并保证营销组合的精确执行。

例如,一个定位于"优质产品和服务"位置的企业知道,它必须提供优质的产品和服务,相应地,制定一个较高的价格,通过高档的销售渠道进行分销,以及在品味高的杂志上登广告,这是塑造一种始终如一的、令人信服的高质量形象的主要途径。

2.有利于旅游企业造就和强化在旅游者心目中的持久形象,建立竞争优势

顾客愿意花钱购买的就是价值,花费低于竞争对手的价格而获得等值的利益,或者得到足以抵消较高价格的独特利益(即超值),顾客均会感到满意。而旅游企业要建立竞争优势,最大限度地让顾客满意,就必须事先明确企业在哪些方面与竞争对手不一样,在顾客心中处于什么位置,即定好位。

3.有利于旅游企业拓展目标市场潜力

通过市场定位,旅游企业可以集中有效地利用营销资源开展营销活动,可以充分发掘市场潜力,避免了由于过度开发而造成人力、物力、财力浪费。

二、旅游市场定位的方法

(一)旅游市场定位方法

1.根据产品特色或特殊用途进行定位

旅游企业可以根据自己产品的某种有特色或有优势的属性进行定位。如会议型酒店。

特色客房吸引特定人群

济宁曲阜的阙里宾舍最近建设了一批庭院房。庭院房不仅安放了石桌,栽了竹子,还进行了特色渲染,如结合反映儒家思想的书籍、屏风、字画、碑帖等符号,营造带有儒家君子风范的客房氛围。此外,顾客还能透过窗户看到孔庙或钟楼。据该酒店副总经理介绍,现在酒店竞争压力大,增加酒店产品的文化内涵可以提高竞争力。"曲阜阙里宾舍主题客房走差异化竞争道路,目前客房卖得还不错。"

案例点评:

设立主题客房,是追求个性化服务的体现,这将会成为一种趋势。过去酒店客房是千店一面,顾客没有太多选择,现在酒店越来越多,酒店经营者要研究消费差异,通过个性化的产品设计,强化主题客房在消费者心目中的形象,进而来锁定自己的客户群。

2. 根据质量—价格进行定位

"质量—价格"反映了消费者对旅游企业产品实际价值的认同程度。如 5 星级以上的高档次酒店。

3. 根据消费者利益进行定位

将产品能满足旅游消费者的需求或能为其提供的利益作为定位的依据。如亲子酒店。

4. 借助竞争者进行定位

通过将自己同市场上声望较高的某一竞争对手进行比较,借助竞争对手的知名度来实现自己的形象定位。如苏州市以"东方威尼斯"著称。

(二)旅游市场定位原则

(1)差异性原则:努力实现旅游产品差异化及旅游形象差异化。
(2)独特性原则:产品和服务属性要与众不同,难以被竞争对手模仿。
(3)盈利性原则:定位形象要易于产品的销售并从中获得一定的盈利。

(三)旅游市场定位步骤

旅游市场定位的关键是旅游经营者设法在自己的产品上找出比竞争对手更具竞争优势的差异特性,根据竞争者现有产品所处的地位和旅游者对产品某些特性的重视程度,塑造出本企业产品的市场形象。旅游企业市场定位的步骤如图 5-5 所示。

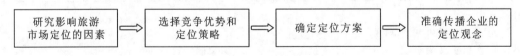

图 5-5　旅游市场定位步骤

三、旅游市场定位策略

旅游经营者在进行市场定位时,在考虑竞争对手实力前提下,可采取的旅游市场定位策略主要有以下几种(见表 5-8)。

表 5-8　旅游市场定位策略

定位策略	条件	优点	缺点	示例
领先定位策略	适用于独一无二或无法替代的旅游资源	能使旅游消费者在短时间内记住品牌,并对产品的销售打开方便之门		桂林山水甲天下;泰山五岳独尊
避强定位策略	避开强有力的竞争对手,在竞争不强的市场进行定位	能够使企业远离其他竞争者,在该市场上迅速站稳脚跟,树立企业形象,从而在该市场上取得领导地位;市场风险小、成功率较高,为中小型企业采用	避强往往意味着企业必须放弃某个最佳的市场位置,很可能使企业处于最差的市场位置	西南航空公司发现了短途航空飞行市场,在发展中始终坚持短途航线,集中力量,做自己擅长的事情
迎头定位策略	以强对强的市场定位方法	能够激励企业以较高的目标要求自己奋发向上;竞争过程引人注目,甚至产生轰动效应	可能引发激烈的市场竞争,具有较大风险	
比附定位策略	借助旅游名牌的知名度使自己的品牌生辉	有利于避免受到攻击,防止失败		三亚定位为"东方夏威夷"
重新定位策略	旅游企业通过改变产品特色等手段,改变目标旅游者对产品的认识,塑造新的形象	有利于企业摆脱经营困境,寻求新的活力	形象不稳定,持续吸引力不强	湖北襄阳原是以"天下隆中对,传奇襄阳城"为城市形象口号,2014年改"千古帝乡·智慧襄阳"

知识链接　　定位时经常出什么错？

第一，定位过低或过高。市场定位使旅游者对旅游企业及产品印象低于或高于其客观实际水平。如有些五星级酒店推出"工薪阶层住得起的酒店"广告之后，不但流失了原来的客户，也没有吸引到工薪阶层入住，根本原因就是定位过低。而有些面向一般旅游者的旅游产品却顶着"豪华游"的帽子，定位过高使旅游者对旅游产品的真实性产生了怀疑。

第二，定位混乱。市场定位使旅游企业及产品在目标市场上认知混乱。如原本针对青少年的旅游产品，青少年却无人问津；而针对商务旅游者设计开发的旅游产品，预订和消费的主要群体却是休闲旅游者。

实训操练

2008年，"驴妈妈"创立了新型的B2C旅游电子商务网站，这是中国最大的自助游产品预订及资讯服务平台。成立之初，它就将自身定位为自助旅游服务商，以景区票务为切入点，融合景区精准营销和网络分销的需求，通过解决景区门票这一环节的电子分销问题，以"零投入"使景区拥有了自己的门票网上预订平台。

请同学们以小组为单位，针对"驴妈妈"展开资料搜集和梳理工作，分析其如此定位的原则，并展开讨论。

案例解析

《战狼2》营销启示录

在票房普遍不理想的情况下，为什么《战狼2》能取得56.79亿票房成绩？

1. 差异化定位特种兵题材，未战先胜

事实上，吴京的挑战可不低，甚至是最高的，因为功夫片领域有几座大山几乎是不可逾越的，无论是题材还是动作设计上，都被其他前辈发挥到了极致。李小龙的格斗，成龙的警匪，李连杰的武侠，甄子丹的叶问，当然，还有那部高山仰止的《卧虎藏龙》。功夫片的竞争在中国历来都是最激烈的，很多时候，尚未落子就已经输了。

这局怎么破呢?很难,但吴京给破了。

吴京选择的是特种兵题材。这一落子,基本就赢了,《孙子兵法》所谓的未战先胜,就是这个道理。

为什么选择特种兵就赢了呢?首先,特种兵的格斗方式非常符合现代人的视觉审美:没有任何花拳绣腿,拳拳到肉,招招制敌,是那种酷到骨子里的感觉。

同时,特种兵对于观众来说还是个相当新鲜的题材。只是各种传说中国特种兵如何厉害,飞机、坦克、枪械、擒拿、格斗都样样精通。

这回《战狼2》齐活了,除了飞机、坦克、枪械、擒拿、格斗全亮相外,连战列舰和导弹精确打击都用上了,这种感官刺激彻底燃爆了大家的眼球,燃爆了男性压抑已久的荷尔蒙。平时被领导、被媳妇压制的男性终于可以在导弹的呼啸声中雄起一把,牛气一回了。

所以,企业在竞争中走差异化路线是必需的,差异化说得更精准一些,就是不断细分,在大市场中满足小众需求,小众需求看似小,实则是撬动大市场的必由之路。

在我们身边,差异化制胜的案例几乎天天都在发生。拿茶叶为例,刚开始时是铁观音,然后是普洱,普洱后是正山小种,再然后是小青柑,现在是冰岛、班章。

因为人们的消费需求是不断变化的,理论上讲任何小众都有撬动市场的机会与可能,这就看企业对市场的预判力以及运营能力了。再比如大家都说超市不行了,其实是传统超市不行了,无人超市、7-11、好市多生意都好得不得了。

我一向不同意动不动就说行业不行了,已经是末路了。所谓的末路只是你的路走不通了,并不代表其他路走不通,不要拿你的标准强加给整个行业或产业。换个思路,换条路径,条条大路通罗马。

2.爱国主义情怀,无限放大的品牌背书

功夫片能成功,绝不仅仅是招数与场面,背后都是有情怀支撑的。李小龙的情怀是摘掉"东亚病夫"的帽子;李连杰版方世玉的情怀是男儿当自强,以抗外侮;叶问的情怀是民族气节抗击日本侵略。

《战狼2》的情怀是"中国梦"的最淋漓体现,已经不是落后、"东亚病夫"的问题了,而是"犯我中华者,虽远必诛"的大国气概。当呼啸的导弹在遥远的非洲全覆盖式打击时,内心的澎湃与激动是难以自抑的。这就是情怀的力量。

所以,品牌一定要有情怀做背书,有情怀做背书的品牌才能超越产品自身的物理属性,上升到更高层次的感性依赖,才能与顾客在情感上有共鸣,其品牌影响力和忠诚度才能够确立。

3.产品,你的认真大家看得到

有人说《战狼2》票房好是因为时间好,正好是建军90周年。我想问的是,同样的时间,同样的军事题材,为什么事前那么高调的《建军大业》会生得高调,死得难堪?答案很简单:一个是认真,一个是糊弄。

整一堆小鲜肉、当红小生去演军人,还是我军的第一代军人,且不说当兵的自己看不下去,谁看也怪异。毫无悬念的套路、剧情、结局,让人不免觉得浪费时间。

《战狼2》则是"纯爷儿们",是真正用心血在打造产品。让数据说话:受伤76次;一个跳水动作,一共跳了26次;3个月可以拍完的电影,在非洲磨了10个月。

《建军大业》《战狼2》,一个是用钱堆出来的"纨绔子弟",一个是历经磨难打磨出来的"纯爷儿们",自然高下立判。

在消费升级时代,产品要认认真真去打磨,你的认真大家既看得到,又感触得到。像很多手工艺品行情上涨很快,因为那是几代工匠们认真打磨传承下来的,被认可是早晚的事。

千万不要用钱去砸产品,好产品不是用钱能砸出来的。宝洁、可口可乐这些巨头拿钱都砸不出好产品来,你行吗?

4.新媒体时代口碑传播的全方位胜利

《战狼2》的传播完全是依靠微信、微博的口碑效应,第一波是在邓超、吴京、陈坤等明星大V以及影视圈内评论人员的微博平台传播推送,形成的涟漪迅速扩大到真正的观影群体;然后是观众自己的微信朋友圈传播,双方互联、互动后,形成更大的朋友圈口碑传播;最后,以爆炸性的信息滚动迅速撬动了整个暑期观影档,实现了全民观影热潮。

现在正确的传播策略是:先由业内有影响力的群体用微博公众平台发起,再鼓励顾客用微信朋友圈的形式形成口碑传播,形成与顾客持续互动、沟通的运用体系。当然,这是一个更大的话题了。

在《战狼2》的传播环节,我并没有看到传统媒体的身影。

《战狼2》,一个旧时代的结束,一个新时代的开始。里面的商业要点都是新时代必须具备和掌握的,每个企业、每个人都有属于自己的"战狼",时代对每个人都是公平的,看你怎么"拼""搏""谋"了。

(资料来源:窦林毅.《战狼2》营销启示录[J].销售与市场(管理版),2017(10).)

本章小结

1.STP营销战略主要包括旅游市场细分、目标市场选择和市场定位。

2.旅游市场细分是指旅游企业根据旅游消费者特点及其需求的差异性,将一个整体市场划分为两个或两个以上具有相类似需求特点的旅游者群体的活动过程。

3.旅游目标市场选择是在细分市场的基础上,挑选少量细分的市场作为营销对象的决策过程。

4.旅游市场定位是旅游企业在全面了解、分析竞争对手在目标市场的位置后,确定自身的旅游产品及营销组合如何接近和吸引旅游消费者群的一种营销活动。

 关键概念

旅游市场细分(Tourism Marketing Partitioning)
旅游目标市场(Tourism Targeting Market)
旅游市场定位(Tourism Market Positioning)

 复习思考

1.旅游市场细分的意义是什么?
2.旅游市场细分的标准有哪些?
3.举例说明旅游企业目标市场策略的选择。
4.旅游企业市场定位策略有哪些?

 相关链接

互联网+餐饮,特色细分市场如何掘金?

下篇
旅游营销技能实操模块
LÜYOU YINGXIAO JINENG SHICAO MOKUAI

第六章

旅游产品策略的运用

学习目标

通过本章的学习,使学生了解旅游产品的含义和特点;掌握旅游整体产品的概念和内容;熟悉旅游产品生命周期理论;掌握旅游产品策略的应用。

能力目标

通过本章的学习,学生能够利用产品生命周期理论,对某一旅游产品所处市场阶段和策略进行分析判断;能够对常见的旅游产品策略进行判断,能进行简单的旅游产品策略设计。

第一节 重新认识旅游产品

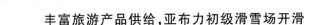

丰富旅游产品供给,亚布力初级滑雪场开滑

2015年12月,亚布力初级滑雪场正式向广大滑雪爱好者开放,黑龙江"冰雪之冠"精品线上的亚布力滑雪旅游度假区再添新亮点。

亚布力初级滑雪场由法国雪岭公司规划设计,一期工程新建四人吊椅索道2条,魔毯2条,其中D索392米、E索643米。新建雪道3条,一条长400米的单板雪道,一条长250米的初级雪道,还专门为小朋友设计了一条坡度适中,长150米的儿童雪道,改造长达600余米中级雪道1条。

配套亚布力初级滑雪场新建的雪具大厅造型别致,装修典雅,宽敞明亮。大厅占地面积4400平方米,特色餐饮一应俱全。全新的进口雪板、单板、双板、儿童板2000余副,导滑员全部由与新西兰滑雪学校合作的专业老师进行培训,合格后持证上岗。

在最短的时间内,以最快的速度、最高的质量、最好的设施,完成亚布力初级滑雪场建设,标志着亚布力度假区丰富旅游产品供给又有新起色,赛事游向大众游转变又有新突破,困扰亚布力度假区初级大众滑雪场承载力不足的问题在很大程度上得到改善;亚布力度假区发展转型、产品升级又有新进展,以雪带多业,以一业带百业,促转型、调结构、惠民生,必将极大地拉动和带动周边区域经济的健康快速发展;彰显着"龙江冰雪之冠"精品线又有新亮点,亚布力度假区试点示范引领作用得以充分发挥,为实现3亿人上冰雪搭建平台。

据了解,亚布力度假区管委会充分依托良好的生态环境、丰富的旅游资源,坚持平赛结合、体游结合、文体结合、冬夏结合,立足打造世界知名、中国一流、繁荣周边、引领全省旅游目标,全力打造国际化、世界级四季旅游度假区。

2014年,仅仅4个月时间,完成了三山联网、雪道相连、索道相通、滑雪计价一卡通,结束了亚布力度假区高山滑雪20年条块分割、各自为政的历史,实现一卡在滑遍三山所有雪道;2015年,利用2个月完成山地自行车项目建设,成功举办黑龙江首届山地自行车联赛总决赛,利用3个月建成全国最大的雪山水世界,填补亚布力度假区夏季项目空白。闲置多年的亚布力山庄、水利宾馆维修一新,全面向游客开放,森林雪地温泉也将于12月末竣工。如今,亚布力度假区过去以雪养雪、靠天吃饭的现象得以扭转,四季旅游格局初步形成。

(资料来源：丰富旅游产品供给,亚布力初级滑雪场开滑[EB/OL].https://heilongjiang.dbw.cn/system/2015/12/17/056994308.shtml.)

一、若干有代表性的旅游产品定义

(一)旅游产品整体-要素观

林南枝、陶汉军认为,从目的地角度出发,旅游产品是指旅游经营者凭借一定的旅游吸引物、交通和旅游设施,向旅游者提供的用以满足其需求的各式各样的物质产品和劳务的总和。根据这一定义,旅游产品是个整体概念,是由多种成分组合而成的混合体。具体讲,一条旅游线路就是一个单位的旅游产品。

中国国家标准《旅游服务基础术语》关于"旅游服务产品"的定义是"由实物和服务综合构成的,向旅游者销售的旅游项目。其特征是服务成为产品构成的主体,其具体展示主要有线路、活动和食宿。旅游者可以购买整体产品(如综合包价旅游),也可以购买某一单项旅游产品(如航班座位、饭店客房)"。这一定义与旅游产品整体-要素观是一致的。

(二)旅游产品经历观

林南枝、陶汉军也是经历观的倡导者。他们认为,从旅游者需求角度看,旅游产品是指旅游者花费一定的时间、精力和费用所换取的一段旅游经历和感受。这个经历包括旅游者离开常住地到旅游结束归来的整个过程中对所接触的事物、所经历的事件和所享受的服务的综合感受。英国学者霍洛韦、麦德里克和密德尔顿等也持同样观点。邹统钎甚至认为旅游经历是旅游学作为一门独立科学的核心概念。

(三)旅游产品整体观-经历观融合论

厉新建、张辉认为,打通整体观与经历观需要从两个有关联的生产过程来看待旅游产品。① 旅游相关供给厂商作为生产主体生产出"产品 A",即整体产品,这个产品是旅游者和旅游相关厂商进行交换的对象物;② 旅游者作为生产主体产出"产品 B",即旅游经历。在这一过程中,旅游者既进行消费活动也进行生产活动,是作为消费与生产"同株体"出现的。具体而言,在这一消费-生产活动中,旅游者将旅游相关厂商提供的"产品 A"作为原材料,通过对"产品 A"内涵的各种特性进行一系列技术选择和组合,从而获得最终效用——"产品 B"。正是由于后一生产过程中旅游消费技术的差异,才会出现同样的原材料"产品 A"产生不同效用的现象。厉新建、张辉的旅游产品整体观-经历观融合论,强调了旅游者的组合生产功能,很好地揭示了旅游相关供给厂商协调提供的整体产品与旅游者的旅游经历之间的转换机制。曲玉镜认为旅游产品是指旅游者在旅游活动中或以旅游活动为基础自己创造的产品,这一旅游产品观同样强调了旅游者的组合生产功能。

(四)旅游产品核心利益观

谢彦君认为,旅游产品是为满足旅游者审美和愉悦需要而在一定地域上生产或开发出来的以供销售的物象与劳务的总和。按照这一定义,旅游交通、住宿餐饮设施与服务等都不是旅游产品(但它们可以构成旅游产品利益的追加组成部分),而是旅游者消费旅游产品的媒介要素。按照谢彦君的思路,旅游产品可以分为两类:① 核心旅游产品,它具有能满足旅游者审美和愉悦需要的效用和价值;② 组合旅游产品,它是旅游相关厂商围绕旅游产品的核心价值而做的多重价值追加。通过这种追加,旅游产品具有几乎可以满足旅游者旅行游览期间的所有需要。

(五)旅游产品的层次观

这一观点认为旅游消费可涉及任何产品的最终消费,但是对于目的地而言,旅游者购买的各项物品或服务的经济意义是不同的。有些物品或服务,如果没有旅游者其消费水平将大幅度降低,或者在旅游者的消费中占有较重要的地位,这些物品或服务被称为旅游特征产品;有些物品或服务虽然也为旅游者所消费,但其消费的重要性远低于旅游特征产品,如地方手工艺品和纪念品,这些物品和服务被称为旅游相关产品。以上两类产品合称为旅游特定产品。此外,旅游者在旅游过程中也会购买诸如衣服、防晒霜、啤酒等物品或服务,这些物品或服务的需求主要来自非游客身份的人们,被称为非旅游特定产品。旅游特定产品和非旅游特定产品构成了旅游消费的产品集合。这个产品集合可以称为泛旅游产品。

二、旅游产品的类型

(一)按旅游产品组成状况分类

按旅游产品组成状况分类,可将旅游产品分为整体旅游产品和单项旅游产品。

1.整体旅游产品

整体旅游产品概念强调从整体和系统的角度来看待产品,其作为营销学的核心理论之一,在旅游市场营销中也受到重视。整体旅游产品包含五个层次,即核心产品、形式产品、期望产品、延伸产品、潜在产品(见图6-1)。

第一个层次:核心产品(Core Product),是指旅游者真正需要的根本服务或利益,它满足旅游者从事旅游活动最基本的需要,是旅游产品的最基本构成部分。如住宿服务、餐饮服务、娱乐服务等。

第二个层次:形式产品(Formal Product),是指旅游产品的载体、质量、特色、风格、声誉及组合方式等,是旅游产品核心价值部分向满足人们生理或心理需求转化的部分。如各种旅游接待设施、景区景点、旅游购物品、旅游线路等。

第三个层次:期望产品(Expected Product),是指旅游者购买产品时期望获得的与该产品密切相关的一系列属性和条件。例如,住店客人期望得到清洁的床位、浴巾、免费WiFi等服务。

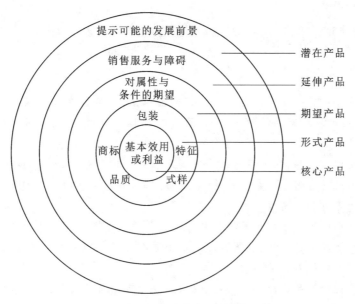

图 6-1 整体旅游产品层次图

第四个层次：延伸产品（Extended Product），是指旅游者在购买和消费旅游产品时获得的各种优惠条件和其他附加利益。如旅游景区给予的门票折扣优惠、饭店为顾客提供的免费往来于机场的班车、旅游者乘坐游船观光时获赠的一件小礼品。

第五个层次：潜在产品（Potential Product），是指现有产品可能发展成为未来最终产品的潜在状态。例如全套家庭式旅馆的出现。

课堂讨论

酒店服务提供的整体产品中包括的五个层次产品分别为哪些？

整体旅游产品的概念对旅游企业开展市场营销活动的启示：整体旅游产品的概念体现了以旅游者为中心的现代营销观念，为旅游企业开发适合旅游者需要的旅游产品、挖掘新的市场机会提供了新的思路；给旅游企业产品开发设计提供了新的方向；为旅游企业的产品差异化提供了新的线索；要求旅游企业重视各种售后服务。

2.单项旅游产品

单项旅游产品是指旅游者在旅游活动中所购买和消费的有关住宿、餐饮、交通、娱乐、游览等某一方面或几个方面的物质产品或服务。例如订购一间客房、享用一顿美餐、游览一次景点等都属于购买和消费单项旅游产品。区分并统计旅游者对单项旅游产品的消费，可以分析旅游目的地内不同景区景点、不同接待服务设施单位的经营销售情况和水平。

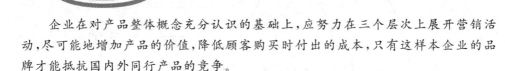

知识链接

企业在对产品整体概念充分认识的基础上,应努力在三个层次上展开营销活动,尽可能地增加产品的价值,降低顾客购买时付出的成本,只有这样本企业的品牌才能抵抗国内外同行产品的竞争。

开发核心产品,满足不同细分市场的利益。对消费者进行市场细分,根据不同细分市场消费者需求存在的差异,开发不同的产品,在成功定位的基础上有效满足不同消费者对产品需求的利益。

设计形式产品体现产品核心利益。产品的核心部分需要通过有形部分体现出来,因此,产品应在口味、包装、品牌、价格等有形部分体现产品的核心部分,并有效地传递产品的核心利益。

拓展延伸产品,增加顾客感知价值。企业可以通过增加产品的延伸部分,给顾客以惊喜,增加顾客的感知价值,提供顾客的满意度。这样,一方面顾客会对该企业的产品形成依赖,形成顾客忠诚;另一方面,顾客会对该产品进行口头的免费宣传,从而为企业的经营赢得主动权。

经营企业在正确理解产品整体概念的基础上,针对不同部分开展研发、设计、生产、营销等活动,会有效地提高产品的价值,从而增强产品的竞争力,为企业的生存和发展创造良好的机会。

(二)按旅游产品形态分类

按旅游产品的功能划分,可将旅游产品分为观光旅游产品、度假旅游产品、康体养生旅游产品和特种旅游产品等。

观光旅游产品是指旅游者以观赏和游览自然风光、名胜古迹等为主要目的的旅游产品。一般可以分为山水风光、城市景观、名胜古迹、国家公园、主题公园及森林海洋等旅游产品。

度假旅游产品是指旅游者利用公休假期或奖励假期而进行休闲和消遣所购买的旅游产品。现代度假旅游产品一般有海滨旅游、乡村旅游、森林旅游、野营旅游等产品类型。度假旅游产品的特点是强调休闲和消遣,其要求自然景色优美、气候良好适宜、住宿设施令人满意,并且有较为完善的文体娱乐设施及便捷的交通和通信条件等。

康体养生旅游产品是指以健康、养生为基本理念,以生态环境、特殊资源、传统文化、现代科技为依托,以改善身体机能、保障心理安适、实现身心和谐为主要动机,以护养身心健康、提升生活质量、激发生命潜能为核心功能的系列旅游产品。

特种旅游产品是指为满足旅游者某方面的特殊兴趣与需要,定向开发组织的一种特色专题旅游活动产品。具体分为非赛事体育运动类,如自驾车游、户外活动游、海上运动等;探险类,如登山探险、沙漠探险、森林探险、峡谷探险、洞穴探险等;考察观察类,如观鸟、观蛇、潜艇海底观光、潜水观海底生物等;文物古迹科考、冰川等自然地理科考等。

拓展阅读

康体养生旅游:旅游产业转型升级新方向

1.国外旅游业的核心竞争品牌

近年来,随着人们生活水平的不断提高,健康养生日益受到社会大众的重视和青睐,在此背景下,应运而生一种新兴旅游产业形态——康体养生旅游,即以国际公认的全健康为基本理念,以生态环境、特殊资源、传统文化、现代科技为依托,以改善身体机能、保障心理安适、实现身心和谐为主要动机,以护养身心健康、提升生活质量、激发生命潜能为核心功能的系列旅游活动。"在旅游中养生,为养生而旅游"已成为各年龄阶层旅游者的时尚理念。

在国际上,康体养生旅游发展完善的国家主要有新加坡、泰国、印度等。如今,国外康体养生旅游领域已经初步形成瑞士抗老、韩国美容、泰国美体、日本温泉、印度灵修、法国庄园、美国社区养老、阿尔卑斯高山运动等具有独特卖点的产品和核心竞争力的品牌。

政府高度重视并鼓励发展康体养生旅游业;成立医疗旅游协会或类似康体养生旅游促进机构;注重配套设施建设和软性服务;具有通晓各国语言的医护团队和高层次专业人才;执行国际通行标准等,成为这些康体养生旅游发达国家的先进经验和成功做法。

2.中国起步较晚,正加快发展速度

相对于国外,始于2002年海南省三亚保健康复旅游和南宁中药养生旅游的中国康体养生旅游业则起步较晚,但发展速度也在加快。

近年来,不少地方政府和企业都认识到康体养生旅游的发展前景,将其作为旅游产品升级的重要方向、促进地方经济发展方式转变的重要抓手,采取切实措施大力推进康体养生旅游产业的发展。

目前,国内已经形成巴马长寿养生胜地、北戴河海滨疗养胜地、安吉乡村养老基地、新疆特种旅游基地、海南旅游地产养老、北京中医药文化养生基地等康体养生旅游地。都江堰则计划用10—15年的时间建成全国首个世界康体养生旅游目的地这个世界性品牌。

同时,各地也将节庆作为康体养生旅游产业的重要抓手和康体养生旅游营销的重要手段,举办了海南国际旅游岛度假养生文化节、黑龙江国际养生度假旅游节、浙江桐庐华夏中医药养生旅游节、贵州民族体育旅游节、新疆国际特种旅游节、上海国际医疗保健旅游大会等节庆赛事,进一步促进了康体养生旅游理念的传播和产品的推广,为康体养生旅游地(企业)的交流与合作搭建了平台。

此外,各地还结合旅游标准化建设,出台了一批康体养生旅游的地方标准,为规范康体养生旅游发展发挥了重要作用。

3.助推旅游项目投资联动

党的十八大报告也提出推进医疗保障、医疗服务等方面的综合改革,完善国民健康政策。《国务院关于加快发展旅游业的意见》《国民旅游休闲纲要》中明确提出支持有条件的地区发展医疗健康等旅游,积极发展医疗养生等旅游休闲产品。《国家老龄产业发展规划纲要》提出鼓励大力发展养老社区、养老地产以及老龄产品制造业。此外,2013年2月,国务院批复设立海南博鳌乐城国际医疗旅游先行区,享受医药卫生、土地、投融资等九项优惠政策。

(资料来源:康体养生旅游:旅游产业转型升级新方向[EB/OL].http://www.sohu.com/a/111669614_425901.)

(三)按旅游产品的发展历程分类

按旅游产品的发展历程划分,可将旅游产品分为传统旅游产品、新兴旅游产品和非主流旅游产品(如表6-1所示)。

表6-1 旅游产品分类

旅游产品类型代码			旅游地典型旅游产品
主类	亚类	基本类型	
A 传统旅游产品	AA 观光旅游	AAA 自然风光观光	华山、金丝峡
		AAB 城市风光观光	新城广场、黄浦江夜景
		AAC 名胜古迹观光	大雁塔、西安事变纪念馆
	AB 升级的观光旅游	ABA 微缩景观	深圳世界之窗
		ABB "外国村"或"外国城"	唐人街
		ABC "仿古村"或"时代村"	杭州清河坊、宋城
		ABD 主题公园	欢乐谷、大唐芙蓉园
		ABE 野生动物园	秦岭野生动物园
		ABF 海洋观光和水族馆	曲江海洋馆
		ABG 城市旅游和都市旅游	香港、上海
	AC 文化旅游	ACA 一般文化旅游	西安城墙
		ACB 遗产旅游	秦始皇陵
		ACC 博物馆、美术馆旅游	陕西历史博物馆
		ACD 艺术欣赏旅游	奥地利音乐旅游

续表

旅游产品类型代码			旅游地典型旅游产品
主类	亚类	基本类型	
A 传统旅游产品	AC 文化旅游	ACE 民俗旅游与民俗风情旅游	香格里拉藏民家访
		ACF 怀旧旅游与历史人物遗迹旅游	杨虎城故居
		ACG 祭祖旅游	黄帝陵祭拜大典
		ACH 宗教旅游	八仙庵
		ACI 文学旅游	绍兴兰亭、少林寺、庐山恋
	AD 商务旅游	ADA 一般商务旅游	上海南京路商业旅游、义乌
		ADB 政务旅游	北京
		ADC 会议旅游	酒店
		ADD 奖励旅游	包价
		ADE 大型活动与节事旅游	世园会
		ADF 购物游	海南免税区
	AE 度假旅游	AEA 海滨度假旅游	芭堤雅
		AEB 山地度假和温泉度假	日本温泉
		AEC 乡村旅游	秦岭农家乐
		AED 度假村和旅游度假区	临潼旅游度假区
		AEE 环城游憩带度假旅游（周末一夜游度假）	关山牧场
		AEF 休闲旅游	
		AEG 水库旅游和水利旅游	鲸鱼沟、黑河
		AEH 野营旅游	
	AF 社会旅游		组织方式,带薪休假
B 新兴旅游产品	BA 军体健康旅游产品	BAA 一般体育旅游	网球、保龄球、足球、游泳
		BAB 高尔夫运动和高尔夫旅游	
		BAC 体育观战旅游	奥运、世界杯
		BAD 滑雪旅游	翠华山
		BAE 漂流	

续表

旅游产品类型代码			旅游地
主类	亚类	基本类型	典型旅游产品
B 新兴旅游产品	BA 军体健康旅游产品	BAF 汽车旅游	驾车观光风景道
		BAG 军事旅游	西安卫星发射中心
		BAH 医疗保健旅游	韩国
		BAI 疗养保健旅游	疗养院
	BB 业务型旅游产品	BBA 修学旅游、教育旅游和校园旅游	夏令营、校园旅游
		BBB 工业旅游	长虹
		BBC 观光农业和农业旅游	开心农场、渔家乐
		BBD 学艺旅游	武术
		BBE 科学考察旅游与地质旅游	翠华山国家地质公园、汶川灾害旅游
		BBF 边境旅游	满洲里、瑞丽
	BC 享受型旅游产品	BCA 休闲娱乐旅游	
		BCB 豪华列车旅游	
		BCC 豪华游船旅游	
		BCD 美食旅游	
		BCE 超豪华旅游	
	BD 刺激型旅游产品	BDA 特种旅游	摄影、潜水、西藏徒步
		BDB 探险旅游	岩洞、矿井、航海、北极、登峰
		BDC 赛车旅游	
		BDD 秘境旅游	尼斯湖、神农架
		BDE 海岛和海底旅游	普陀桃花岛
		BDF 沙漠旅游	丝绸之路
		BDG 斗兽旅游	斗牛、斗鸡
		BDH 狩猎旅游	
	BE 替代型旅游产品	BEA 生态旅游	朱鹮观赏
		BEB 国家公园与自然旅游	天台山、骊山、华山

续表

旅游产品类型代码			旅游地典型旅游产品
主类	亚类	基本类型	
B 新兴旅游产品	BE 替代型旅游产品	BEC 自然保护区、森林公园和森林旅游	朱雀、森林浴
		BED 摄影旅游	
		BEE 社区旅游	华阴
	BF 活化旅游产品	BFA 运动旅游	沙滩排球、投镖
		BFB 业余爱好	蜡染
		BFC 娱乐活动	化装舞会
		BFD 制造经历	蹦极
		BFE 郊游	散步
		BFF 指导游客享受特殊时间	瑜伽、篝火晚会
		BFG 促进交流	
C 非主流旅游产品	CA 型旅游		泰国
	CB 旅游博彩业		澳门、豪华游轮

同步案例

印度的新兴旅游产品

旅游业是印度经济中较为重要的产业部门之一。2011年，印度旅游业总收入达到830亿美元，预计到2021年将增至1910亿美元。作为印度最大的服务产业，旅游业对国家GDP的贡献率达6%左右，并提供了3000多万个就业岗位。近年来印度着重发展具有较强吸引力的新兴旅游产品有以下几种。

1. 生态旅游

印度多样化的地理特征为旅游者提供了解除压力、重振精神状态的生态旅游目的地。喀拉拉邦的滕玛拉(Thenmala)是印度规划的第一个生态旅游区，旨在满足生态旅游者及自然迷们的需求。目前，印度共有约80个国家公园及441个保护区，承担着印度野生动植物资源的保护养护工作。

2. 医疗旅游

在2012年年底，印度医疗旅游占全球市场上的份额达到2.4%，收入总额将达到24亿美元。印度已推出了专门的医疗签证(Mvisa)，以促进入境医疗旅游。医疗签证早期有效期6个月，而现在已经延至3年。该医疗签证也可签发给患者的配偶、孩子或其他有血缘关系的亲人。

3.探险旅游

随着设施开发及人们对探险旅游的选择意识增强,探险旅游每年都在增长。位于果阿的国家水上运动学院正在建设一栋新设施,并且更新升级其设施设备,以开展水上运动训练。中华人民共和国文化和旅游部(以下简称旅游部)已发布一项"探险旅游经营者审批准则"的自愿方案。此外,旅游部还制定了一系列探险旅游安全与质量规范准则,以作为探险旅游活动的最低标准。

4.体育旅游

2010年英联邦运动会、2011年板球世界杯赛、一级方程式赛车等体育事件,带动了印度体育旅游的流行。加尔各答马球俱乐部是世界上最古老的马球俱乐部,马球是印度的遗产运动(Heritage Sports)之一。同时,为体育旅游提供服务的旅游经营者及旅行代理商的数量显著增加。

5.邮轮旅游

为解决与邮轮航运有关的问题,2010年1月成立了一个指导委员会,由航运部常秘、其他高级官员及旅游部高级官员组成。果阿、钦奈、芒格洛尔及孟买等主要港口已经由指导委员会认定为邮轮旅游港。旅游部还为邦、区开发基础设施建设,推广邮轮旅游(包括江河邮轮游)提供中央财政援助。

6.保健旅游

印度的温泉数量位居世界前20位,营业中温泉场所有2359家。据估计,该行业每年能带来3.84亿美元的收入,就业人数为22175人。旅游部已发布《保健中心指针》,这些保健中心由国家医院与卫生保健认证委员会予以认证。2011年2月举行了保健旅游研讨会,为开发推广保健旅游构建具体的战略实施步骤。

7.会展旅游

印度入境会展旅游年增长率在15%—20%。世界范围内的市场规模在2700亿美元以上。印度有大量的会议中心,一个会场最多能容纳1700人之多。印度政府将协助印度会议推广局(ICPB)竞标国际会议与展览。过去的25年中,在印度旅游部的指导下,ICPB为会员提供免费信息和基础设施援助,并多次成功组织和举办了国际会议、展览,吸引了来自世界各地的会展业务。

8.奖励旅游

随着印度在世界舞台上贸易与投资额的不断增长,商旅市场(包括会奖旅游者)有望成为未来增长幅度最大的领域。在过去几年中,随着经济的发展,印度的奖励旅游市场经历了高速增长。据印度旅游部数据,出境奖励旅游市场每年增长率达12%左右。对于中国这样的国家来说,同样有机会吸引印度商旅中的奖励旅游者。对印度商界来说,中国不仅是有吸引力的奖励旅游目的地,还是很重要的贸易伙伴国。

(资料来源:中国驻新德里旅游办事处.印度的新兴旅游产品.)

三、旅游产品的特点

旅游产品一方面具有一般商品所具有的基本属性,能够满足人们的某种需求,并能在交换中实现其价值和使用价值;另一方面,它又是一种特殊商品,具有明显的独特性。

(一)综合性

旅游产品的综合性根源于旅游活动,旅游活动的社会性和旅游需求的复杂性决定了旅游产品是包括吃、住、行、游、购、娱等要素在内的综合性产品;旅游产品是由物质产品、精神产品及旅游服务等多种成分构成的综合性产品;旅游产品的综合性是为了满足旅游者千变万化的需求。

(二)无形性

旅游产品是以服务为主的产品,而服务性产品的基本特征就是无形性。在一次旅游活动中,旅游者大部分的费用都花在无形的服务商,买到的是一次经历、一次体验的感受和回忆。

(三)生产与消费的同时性

旅游产品的生产,表现为旅游服务的提供,生产与消费具有同时性。旅游产品的生产过程,必须以旅游者来到旅游目的地为前提。旅游者直接介入旅游产品的生产过程,在直接消费中检验旅游产品的数量和质量,并以自己的亲身感受表明对产品的认可程度。

(四)不可储存性

旅游产品不存在独立于消费者之外的生产过程,生产的结果主要是以服务的形式满足旅游者的需要。因此,只有旅游者购买并消费时,旅游资源、旅游设施与服务的结合才表现为旅游产品。可见,旅游产品具有明显的不可储存性,一旦闲置,所造成的损失将无法追补。

(五)不可转移性

旅游产品在空间上是不可转移的,相关的设施和设备在所有权上也是不可转移的。旅游者购买旅游产品,得到的并不是旅游资源或旅游设施本身的所有权,而是"观赏和游览"或使用的权利,获得的是一种"旅游经历和体验"的满足感。在旅游活动过程中,发生空间转移的是旅游者而非旅游产品。

(六)季节性

旅游需求在不同季节呈现出波动状态。自然气候引导旅游流向,影响人们对旅游产品的需求。宜人的气候、优美的自然环境是获得愉快经历的必要条件。如居住在中国北方的人们冬天想到阳光明媚、气候温暖的南方旅游;而南方的人们也向往东北冰天雪地的景象。

（七）脆弱性

旅游产品的使用价值和价值会受到多种因素的制约。旅游目的地的地理位置、季节变化等自然条件的差异，会对旅游产品价值的实现产生影响；客源地和旅游目的地的政治气候与经济发展水平，也会影响旅游产品的销售。旅游产品的风险性较大，容易受到各种因素的影响而发生变动，具有一定的脆弱性。

请以某一旅行社、饭店、景区等旅游企业为例，每组选择一类旅游企业，讨论它们的产品构成。

要点：

1. 阐述旅游产品的概念和内涵。
2. 比较不同类型旅游企业的产品特征。
3. 分别列举该类旅游企业的旅游产品构成。
4. 该旅游产品的特点对旅游企业开展旅游营销活动的启示是什么？

案例解析

桂东古东景区体验旅游设计

案例背景：

设计者们对古东景区的资源、区位、市场等方面进行了全面的分析，并从旅游产品的3个层次出发，通过别具匠心的设计，通过攀爬瀑布、宣传环保、举行大学生泼水节等一系列的项目和活动，使这颗小草吸引了众多旅游者的目光，并使游客流连忘返。

1. 核心——体验攀爬瀑布

瀑布是古东景区的重要部分，古东的瀑布既不高耸也不壮观，设计者根据其资源的特点，设计出可以攀爬的瀑布。设计者们在瀑布的石壁上凿出左右两排的坑（脚窝），坑与坑之间的距离大约为二三十厘米，在坑的两排还有粗粗的链条，旅游者可以抓住链条，踩着脚窝，沿着瀑布落下的石崖往上攀登，带有一定的刺激性和危险性。在攀爬之前，景区的管理员准备了大小不一的草鞋和头盔，这些都是防滑和防摔倒的安全措施，草鞋是用当地的稻草和麻绳制成的，虽然简单，但是对于爬瀑布来说，却是最好的防滑工具，爬过瀑布，草鞋也是一个很好的纪念品。攀爬瀑布对于旅游者来说是一个新鲜项目,瀑布的流水掩盖了岩壁的坡度,使人们在攀爬之前产生一种恐惧感,但是各种安全防护措施以及脚窝和铁链的设计使攀爬活动变得简单,从而通过攀爬瀑布使旅游者达到"畅"的旅游体验。

2.形式——融入特色,加深体验

桂林是刘三姐的故乡,会唱山歌的男女比比皆是,在景区的小湖中心,有一个孤岛,上面有一座房子和一个院落,在院落的门前,几位身着民族服装的"刘三姐"亭亭玉立,她们一天的工作就是和岸上的游客对山歌,如果岛上的"刘三姐"感觉满意,就会将一枚绣球抛向岸上,谁抢到了绣球就会像中了桃花运似的爱不释手。除了对山歌以外,在进入瀑布之前,景区入口处,各个传统的工具充分展示了当地的特色,下山路的台阶上,一条条方言更使人们的下山路中充满乐趣,通过方言,使人们能更深刻地感受当地的文化。古东通过这种统一风格的体验主题,不仅加深了游客的体验,同时也牢牢地吸引游客的再次光临。

3.延伸——主题的确定与营销方式的选择

(1)寓教于乐的环保主题。

游客完整的旅游体验包含了空间、时间和实物的整合,要使游客得到完整的旅游体验,景区必须根据自己的特性,形成一个集空间、时间和实物于一体相互协调的主题。古东景区是一个集森林和瀑布于一体的生态景区,随着社会的发展和人们公共意识的不断加强,古东景区根据本身的生态特性,巧妙地选取生态环保作为景区的主题,通过一个个构思精巧、具有超前意识的环保小品向人们宣讲了大自然对人类的重要作用,提醒人们善待大自然、爱护大自然。游客来到这里,不仅可以亲近大自然,呼吸新鲜空气,而且能够掌握一些有关环境保护方面的知识。古东通过寓教于乐的方式,使人们在攀爬瀑布、体验畅爽的同时掌握环境保护方面的知识。

(2)丰富的营销活动。

在景区的营销中,古东人根据攀爬瀑布这项活动的特性,针对年轻的大学生进行营销,从2004年起,每年的6月,古东景区都要举行大学生泼水节。泼水节上除了泼水以外,还有文艺表演和各种参与性强的比赛活动,这不仅增加了旅游者的参与性、加深了游客的旅游体验,同时使古东景区深入年轻的大学生心中,起到了很好的宣传作用。古东景区根据季节的变化,适时地推出各种主题游,如4月壮乡文化游、5月生态环保游、9月亲子游、12月素质拓展游等,使人们对古东景区有了更深刻的认识,为品牌的塑造奠定了基础。

案例分析:

古东景区的旅游产品层次设计优劣势有哪些?

第二节 旅游产品组合策略

海洋牧场旅游产品开发策略

海洋牧场作为一种新型的现代海洋渔业生产方式,不仅可以有效修复海洋生态环境、滋养海洋生物资源,而且可以促进海洋渔业科学生产,为社会持续提供优质安全的海洋食品。旅游产业和海洋牧场的融合发展,不仅能拓展旅游发展空间,而且能催化现代海洋渔业新业态,提升其发展水平和综合价值。

1.海洋牧场概念及建设内容

海洋牧场是指在特定海域,基于区域海洋生态系统特征,通过海洋生物栖息地养护与优化技术,有机组combine增殖与养殖等多种渔业生产要素,形成海洋环境与渔业产业的生态耦合系统;通过科学利用海域空间,提升海域生产力,建立生态化、良种化、工程化和高质化的渔业生产与管理模式,实现陆海统筹、三产贯通的海洋渔业新业态。

2.海洋牧场旅游资源类型

1)自然风景旅游资源

海洋牧场的自然风景从陆地到海洋,涵盖了地文景观、水域风光、生物景观、天象与气候景观等,如岸滩的地质地貌现象、海面涌潮和击浪现象、海洋水生动物栖息现象和海上日出日落现象等。

2)人文景观旅游资源

海洋牧场的人文景观主要涉及各项渔业生产活动,涵盖了建筑与设施、旅游商品、人文活动等,如牧场配套设施、海洋渔业产品、海洋捕捞活动等。

3.海洋牧场旅游产品策划

1)休闲观光旅游产品体系

海洋牧场休闲观光旅游产品主要是借助自然风景资源特色,以注目观赏形式进行消费的产品,如观海岸地质和独特植被、观辽阔蓝色海面、观潮涌、观日出日落、观珊瑚和观鱼群等。

2)体验活动旅游产品体系

海洋牧场体验活动旅游产品主要是根据渔业生产活动,以参与互动式活动进行消费的产品,如投饵喂养活动、海洋垂钓活动、拉网捕鱼活动、贝藻采摘活动、海洋潜水活动和增殖放流活动等。

3）渔业购物旅游产品体系

海洋牧场渔业购物旅游产品主要是结合海洋牧场有形产出物进行产品设计，如海鲜产品、贝艺纪念品、渔业器具和观赏生物等。

4）科普教育领域产品体系

海洋牧场科普教育产品主要是围绕海洋科技、海洋环保知识开展产品设计，如海洋展览馆、海洋环境调查检测、海洋生物培育、水产品加工和海洋专题会议等。

5）牧场度假旅游产品体系

海洋牧场度假旅游产品主要是为长期居留游客提供全面综合性服务设计，如海洋主题酒店、现代特色渔村、民俗表演等。

4.海洋牧场旅游产品开发策略

海洋牧场旅游产品开发目标一方面要最有效地利用其独特的旅游资源，另一方面要最大限度地满足旅游市场需求。海洋牧场旅游产品开发目标的实现、开发策略的选取至关重要。

1）产品市场测试

市场满意度是检验产品质量的尺度，只有被市场认可的产品才能实现其价值。因此，在海洋牧场旅游产品开发中，需要将策划后的产品在目标市场上开展试销，根据试销情况评估调整产品形态。

2）产品优化组合

旅游市场往往带有综合性消费特点，涵盖吃、住、行、游、娱、购各个要素。因此，根据不同旅游目标市场，将各个单项海洋牧场旅游产品进行优化组合，形成链条式产品形态，在提高游客满意度同时，提高经济效益。

3）产品更新换代

旅游市场需求容易受到社会环境的变化而频繁变化，因此海洋牧场旅游产品开发中需要及时关注市场需求调整变化趋势，在产品内容和形式上及时进行更新换代，并做好环境营造、服务设施的人性化设计、人员服务态度和行为的亲善等方面的管理。

（资料来源：李奎.海洋牧场旅游产品开发策略.）

一、旅游产品组合及其相关概念

（一）旅游产品组合、产品线及产品项目

旅游产品组合（Tourism Product Combination）是指旅游企业通过对不同规格、不同档次和不同类型的旅游产品进行科学的整合，使旅游产品的结构更趋合理、更能适应市场的需求，从而以最小的投入尽可能地占领市场，以求实现旅游企业最大的经济效益。

旅游产品线（Tourism Product Line）是指旅游企业提供的能满足某一类顾客需求的一组产品，这一组产品之间存在一定的联系。例如饭店提供的餐饮服务，就是饭店的一条产品线。因此,无论提供的是中餐、西餐还是快餐等,都是为了满足顾客饮食方面的需求。同样,旅行社经营的观光旅游产品,也是它的一条产品线。

旅游产品项目(Tourism Product Item)是衡量旅游产品组合各种变量的一个基本单位,指旅游产品线中不同的品种及同一品种的不同品牌。

了解旅游产品组合的概念,首先必须弄清产品线和产品组合的广度、长度、深度、关联度等几个与旅游产品组合密切相关的概念(见表 6-2)。

表 6-2　某一旅行社产品线的广度、深度和关联度

	产品线组合的广度		
产品线的深度	自然风光游	历史文化游	户外娱乐游
	山水游	文物古迹游	国家公园
	瀑布游	民俗风情游	森林狩猎
	峡谷游	博物馆游	垂钓
	温泉游		

(二)旅游产品组合的四个维度

1. 旅游产品组合的广度

旅游产品组合的广度指旅游企业经营产品线的数量。如饭店通常经营餐饮、客房、娱乐、购物等多种服务。企业经营产品线的数量越多,产品组合的宽度越广,否则越窄。

2. 旅游产品组合的长度

旅游产品组合的长度是指产品线中产品项目的总数。表 6-2 中产品项目总数是 10 个。产品线的长度是指一条产品线中产品项目的数量。如表 6-2 中自然风光游产品线中包含了 4 个产品项目。

3. 旅游产品组合的深度

旅游产品组合中不同等级、规格的产品数量的多少,称为产品组合的深度。如饭店经营的客房服务产品中,分为标准间、豪华间、普通间和总统套房服务等。一般情况下,较深的旅游产品组合,能在旅游市场细分化的基础上扩大旅游市场,满足多种类型旅游者的消费需求,提高市场占有率,在生产上实现批量少、品种多。而较浅的旅游产品组合,便于旅游企业发挥自身特色和专长,以塑造品牌吸引旅游消费者,增加销售量,可进行批量生产以求得规模效益。

4. 旅游产品组合的关联度

旅游产品组合的关联度指企业经营的各种产品在生产条件、销售渠道及其他方面的联系程度。一致程度高则产品关联度就大,反之,则关联度小。关联度大的产品组合可以使旅游企业精于专业,使旅游企业与产品的市场地位得到提高,使旅游产品的整体形象得以突出,从而有利于经营管理水平的提高。对中小型旅游企业而言,比较适宜关联度大的产品组

合;而对于那些综合实力强的大型旅游企业集团来说,关联度较小的产品组合具有一定的垄断性,采取这种组合尽管成本昂贵,但足以保持其在该种产品领域的强势地位。

二、旅游产品组合类型

上述旅游产品组合的四种维度,为旅游企业确定产品战略提供了依据。旅游产品的组合原则应以最有效地利用资源、最大限度地满足市场需要和最有利于竞争为标准。常见的旅游产品组合有四种类型。

(一)全面全线型组合

全面全线型组合即针对全部旅游市场的各种旅游需要的旅游产品组合,包括各种类型的旅游线。

(二)市场专业型组合

市场专业型组合即向某一特定的市场提供其所需要的产品。

(三)产品专业型组合

产品专业型组合即经营一种类型的旅游产品来满足多个目标市场的同一类需求。

(四)特殊产品专业型组合

特殊产品专业型组合即针对不同目标市场的需求提供不同的旅游产品。

实训项目

走访市内校企合作旅行社,了解该社的旅游产品的分类,了解该社的市内游、省内游、国内游和出国游旅游线路,了解该社的常规旅游线路、精品旅游线路和新开发的旅游线路。

三、旅游产品组合开发的影响因素

组合开发旅游产品时,需考虑众多背景因素的制约和影响。概括来说,主要包括以下一些因素。

(一)旅游市场的需求倾向

不论何种市场,其需求总是在时间和空间上不断变化的,旅游市场需求也不例外,在不

同的时代和地区,旅游消费者的需求倾向各有特点。这些多样化的旅游需求是旅游企业组合开发旅游产品的重要依据,由于需求是变化的,因而产品的组合也应该是动态的。

（二）旅游企业的目标市场

进行旅游产品的组合开发,就是要使经过组合后的旅游产品系列更具竞争力,更加适销对路,更能以最快的速度占领目标市场,因而对目标市场的准确定位成为旅游产品组合开发的先期工作,并对旅游产品的组合开发产生重要影响。

（三）旅游企业的发展规划

以长远的眼光来看,旅游产品的组合开发不能仅停留在对现时旅游市场的过度迎合上,而应符合旅游企业的发展战略,在既定的规划框架内着手开展,重在使旅游产品结构愈益科学化、合理化。

（四）竞争对手的现实状况

"知己知彼,百战不殆",在进行旅游产品的组合开发时,还必须对市场上的主要竞争企业有较为深入、透彻的了解,借鉴其成功的经验模式,全面比较双方的优势和劣势,扬长避短,才能组合开发出合理而科学的旅游产品。

此外,影响旅游产品组合开发的其他要素还有旅游企业的生产能力、旅游产品生产技术的变动、旅游基础设施状况、政府的态度与政策、其他旅游产品的市场销售情况等。

四、旅游产品组合开发的具体策略

旅游产品的组合开发策略实质上就是针对目标市场,对产品组合的广度、深度以及关联度进行选择和决策,以使组合达到最优化。

（一）扩大产品组合的开发策略

扩大产品组合的开发策略即扩大旅游产品组合的广度,依据市场需要适当增加旅游线路的数量,尤其要具备敏锐的市场洞察力,注意及时推出那些在市场上已经预热但还未普遍化的旅游新线。该策略可以使旅游企业的经营范围得到延伸,但同时也对其业务能力和服务水平提出了更高的要求。

（二）缩小产品组合的开发策略

缩小产品组合的开发策略即缩小旅游产品组合的广度,减少旅游产品的数量以使之成为较窄的产品组合。该策略较适合中小型的旅游企业,在业务范围上只求精专,不求广博,注重旅游产品的特色与质量,专业化程度相对较高。在旅游旺季,旅游企业普遍需采取此种策略以确保产品的质量与企业的声誉。

（三）深化产品组合的开发策略

深化产品组合的开发策略即促使旅游产品组合向纵深方向发展,根据旅游者的偏好及特殊需要增加旅游线路中旅游活动项目的类型与数量,或改变旅游的方式,使产品以新的形式出现在市场上。该策略可以扩大旅游消费者的参与面,并能够增强其体验程度和满意度,从而提升旅游企业的市场形象和经济效益。

(四)产品组合差别化的开发策略

这里的差别化具有多重内涵,既指与竞争对手产品的形式差别,又指产品系列间的档次差别。对于相同的一些旅游吸引物,可以有众多不同的组合方式,该策略要求旅游企业在组合开发旅游产品时,要注重设计与同类产品的差别特征,并以之为卖点,增强其市场竞争力。此外,该策略还要求旅游企业能够根据实际需要在其产品系列中适当增加高档或低档旅游产品,一般而言,增加高档产品项目,可以提高同类旅游产品的知名度和企业的形象,而增加低档产品项目则可使旅游产品日益大众化。

同步案例

墨江旅游产品组合设计

墨江县位于云南省南部,普洱市东北部,地处东经101°08′—102°04′,北纬22°51′—23°59′,北回归线从县城穿过。东及东南与红河州红河县、绿春县接壤,南与江城县为邻,西与宁洱县隔江相望,西北与镇沅县连接,北及东北与玉溪市新平县、元江县交界,素有"思普门户"之称。交通区位优势明显,距昆明273公里,普洱179公里,景洪294公里,国道213线和省道218线(楚江公路)在县城交会而过,是昆曼国际大通道通往西双版纳、东南亚、南亚的交通要塞和旅游黄金线上的中转线。

1.墨江旅游资源特色

1)墨江历史文化源远流长

墨江在商周时为"古车里",秦汉时属"西南夷",东汉时属"永昌郡",三国、西晋属"益州郡",东晋南北朝属"梁水",南诏时属"银生节度使",大理时属"威楚俯",乾隆二十九年属普洱府。

2)墨江民族文化交相辉映

墨江是中原文化与边疆少数民族文化的结合点和交融点,两种文化的碰撞,既容纳了中原文化的先进思想,又保留了完整的哈尼文化体系,其哈尼文化主要表现在迁徙文化、梯田文化、茶马文化、文学艺术及建筑、服饰、饮食、民风民俗等方面。北回归线上的哈尼族是追赶太阳的民族,与太阳有着深远的文化源溯。

3)墨江自然条件得天独厚

北回归线穿境而过,境内有0.8万亩连片数量达6万余株的国家一级保护珍稀植物桫椤林,有万燕聚集、双峰插云、龙泉滚珠等自然奇观。

2.墨江旅游产品优化组合

1)宗教文化旅游产品组合

滇南"杏坛"——墨江文庙览胜游,载体景观为墨江文庙古建筑及其历史文化。

2)历史文化旅游产品组合

(1)红色墨江游,载体景观为毛泽东、朱德同志题词的忠爱桥、墨江革命烈士纪念碑塔。

(2)历史文化游,载体景观为名人名居名镇——碧溪古镇。

(3)古镇历史游,载体景观为石板通幽、茶埠古镇——金马通关。

(4)古道探秘游,载体景观为茶马古道、南方丝绸之路遗迹。

(5)马帮文化游,载体景观为碧溪古镇、通关古镇及茶马古道南丝路遗迹。

3)休闲度假旅游产品组合

(1)县城休闲游,载体景观为"墨江小翠湖"普益公园、太阳广场。

(2)周末休闲游,载体景观为特色生态饮食村——双龙烧烤。

(3)探秘度假游,载体景观为神秘村落的神奇古井——河西双胞井。

4)参与体验旅游产品组合

(1)天文科普体验游,载体景观为北回归线标志园、墨江太阳广场。

(2)洞穴探险游,载体景观为墨江把边江上的鹦鹉塘。

(3)民风民俗参与游,载体景观为享受淘金快乐的哈尼山寨——癸能。

5)风光览胜旅游产品组合

(1)生态风光游,载体景观为龙泉滚珠、曼吉野芒果林。

(2)山水风光游,载体景观为阿墨江、忠爱桥、阿墨江大桥。

(资料来源:白娜.墨江旅游产品组合设计[J].思茅师范高等专科学校学报,2010(4).)

实训项目

旅游产品组合策划

实训目标:

1.帮助学生了解和掌握开展旅游产品组合策划的程序和方法。

2.训练学生掌握旅游产品组合策划所必须具备的市场调查能力、资料整理分析能力、创造性思维能力、方案设计能力、方案评估能力、产品组合能力等。

3.锻炼学生撰写策划报告的能力和技巧。

实训任务：

确定目标企业，组织市场调查，进行资料分析，开展小组讨论、设计、沟通策划方案，完成实训报告——为本市某四星级以上饭店企业撰写一份约 5000 字的"旅游产品组合策划报告"。

格式要求：

一份规范的策划报告常见的结构和格式，包括五个部分。

（1）封面。封面上需要标明策划项目名称、策划日期、策划者姓名、所述单位等信息。

（2）目录。除非策划报告的页数很少，否则不要省略目录的内容。

（3）前言。在前言中应该说明设计的背景、目的、要求、时间、对象以及设计的主题、特点等。

（4）正文。正文部分是策划书的核心所在，在正文中应说明策划的背景、目的、要求，提出方案设计的各种分析依据、各种方案设计的具体内容和要求。

（5）附件。策划报告中有些很具体的方案、较大的表格及需要附加说明的材料都可以作为附件，可以独立成为一个文件，阅读和操作起来都比较方便。

同步案例

上海龙柏饭店婚宴组合策划书
"这里——您的爱情伊甸园"
策划单位：上海龙柏饭店
策划时间：××××年××月××日

目录

一、任务概述

二、市场环境分析

三、饭店状况分析

四、婚宴目标顾客分析

五、竞争对手分析

六、婚宴产品组合方案

七、广告策划

八、营业推广活动

一、任务概述

龙柏饭店位于上海著名的虹桥高级商住区。饭店以商务客人、会议客人作为主要的目标市场。在森林般茂盛的花园里，标准的网球场上，可以看到悠闲散步、运动健身的客人，幽静中充满了生命的活力。这是两个较为成熟的市场。

为了充分利用饭店现有的资源，进一步拓宽经营市场，拟开发婚宴组合产品。婚宴市场的需求量足以成为该饭店的一个经营热点，预计能给饭店带来百分之十五的销售收入。

二、市场环境分析

据不完全统计，目前上海四、五星级饭店餐饮生意中的百分之三十的营业额来自婚宴。饭店所以对婚宴客人具有吸引力，主要有以下一些优势：① 饭店环境优雅，够派头，上档次；② 有客房，可供客人闹新房；③ 配套服务内容多，节省了客人的精力。

如今，人们对婚礼很看重。新人们采购化妆品、服装、床上用品等大多喜欢到东方商厦、巴黎春天、华庭伊势丹，往往是手拎大大小小的包装袋满载而归。而到大卖场去买家电、家用消费品，其品种多、花色多，价格又比商店便宜，很实惠。

到婚庆公司买喜糖也成为上海的一大时尚。沪上50多家婚庆公司、喜糖公司生意普遍兴旺。据玫瑰婚典喜糖公司反映，一天的喜糖销售能达到一万多元，不少年轻人看中的是婚庆公司的喜糖品质多、口味好、包装新，新人还可以根据自己的需要定做喜糖，时髦又有个性。

结婚一定要风风光光地拍套结婚照。维纳斯淮海店每天要接待10对新人，婚纱照的价格从3000元到上万元不等。

结婚要有鲜花、名车相伴，据沪上一家租车公司统计，每月出租凯迪拉克、林肯、宝马、别克这样的名车达三十辆次，尽管价格不菲。

总之，新人们的心理是：一辈子一次，该隆重些。但他们很忙，不想为此花费太多的精力。显然，婚宴市场的需求，饭店大多给予了满足。在占饭店餐饮收入30%的喜宴中，大多价格在1000多元，如果婚宴策划更有些情调、内容更丰富些、服务更周到些，相信有一部分客人愿意出更高的价格来购买更值的产品。上海五星级饭店中，花园饭店的婚宴起价每桌为1888元，他们有别于一般的饭店婚宴。这一层次顾客的需求尚未完全满足。

三、饭店状况分析

龙柏饭店位于虹桥路，而虹桥路是上海西区的一条重要通道，周围集中了世贸商城、国际贸易中心、国际展览中心、友谊商城等高级商住场所。

此外，这里也是上海最主要的高级住宅区、外籍居住中心区，如古北新区、龙柏花园、锦江经纬、皇朝别墅等。虹桥路是高级的象征。

饭店的面积是其他任何竞争者不可比较的，拥有上海商务饭店中最大的花园。森林般自然、安静、怡人，品种达几百种之多的花卉，把园地装扮得分外娇艳。园内神奇地点缀着几块湖面，你可以在湖边欣赏倒影或是垂钓，在你不经意时，会有小鸟过来与你对话。在这里你会有一种世外桃源的感觉。

饭店的客房淹没在树林之中。客房内有电视、小酒吧、电话、七国语言的电视频道、机场的即时航班信息频道、电热水瓶、吹风机等,可享受免费送报、擦皮鞋等服务。

四季厅是宴会厅,可以容纳250人同时用餐,供应中色菜点。营业时间为上午11:00到晚上11:00。

茉莉厅装潢华丽,环境优美,南方风情格调高雅、秀丽,令客人陶醉。主要供应南方菜肴,可容纳100人宴请。营业时间为上午11:00到晚上10:00。

莲花厅是一个点菜厅,有餐位150个,经营上海菜为主。营业时间为7:00到21:00。

沙逊花园餐厅是一个西餐厅,德国厨师主理。营业时间为7:00到24:00。

此外,饭店还提供野外烧烤,可供千人举办野外冷餐会。

饭店的综合部是沪上设施最好、项目最齐全的综合部。拥有室外标准网球场,室内标准游泳池、壁球、桌球、保龄球、健身房等数十个健身娱乐项目。

四、婚宴目标顾客分析

饭店的主要客源市场来自外籍职员、社会名流、外资商社、银行及证券机构等,这些人层次高、消费额大,对饭店产品服务质量要求高,对环境也比较挑剔。所以,婚宴客人的层次也要高一些。根据饭店的特色,通过设计独特的婚宴包价,将目标市场定位在月收入3000元以上的白领阶层是有可能的。每桌宴席的最低价为1588元加5%的服务费。

五、竞争对手分析

这一目标市场的竞争者是花园饭店的"花园婚典"。

花园饭店推出的主题是:锦绣婚宴在花园。一年举行四次婚宴发布会,请有关婚宴公司协助,展示婚宴模拟程序。

主要产品:1888元/桌、2888元/桌、3888元/桌。

主要享受项目:每桌精美菜单,主桌精美鲜花,嘉宾签名册,新娘换衣室1间,婚宴当晚免费停车券2张,婚礼程序车策划,提供红地毯、音响、音乐、灯光,提供婚礼附属商品服务。

凡惠顾8桌以上可享受有:新婚当晚蜜月标准间1间、新人次日玫瑰餐厅早餐、新房内鲜花1盆、新娘手捧花制成的卡贝艺术画1幅。

凡惠顾12桌以上可享受有:新婚当晚蜜月标准间1间、新人次日玫瑰餐厅早餐、新房内鲜花1盆、新娘手捧花制成的卡贝艺术画1幅、新人午夜喜点、新婚次日饭店专车送新人(限市区内)。

六、婚宴产品组合方案

根据上述分析,龙柏饭店应利用独特的资源优势,设计竞争对手所没有、所无法模仿的产品,就有可能取胜。

(一)婚礼形式

1.中西式婚礼仪式

在美丽的花园草地上,乐队在演奏着欢快的乐曲,迎宾小姐、先生穿着中式(或西式)盛装,按中式(或西式)程序欢迎新人们。

绿色的草坪、嫣红的地毯、专业的服务,让您倍感与众不同的温馨爱恋,纯洁的纱裙飘拂在草地浪漫的微风里。

让新人们记住这花、这天、这气氛、这日子(饭店提供迎宾小姐、先生和经验丰富的司仪,代请乐队)。

2.焰火晚会(价格视婚宴规模商议)

当宴席完后,夜色中星星闪闪、灯火点点的花园里,喜庆的焰火在空中缤纷。人们拥着新人,这样的情景,使婚宴进入高潮(饭店位于内环线之外,允许放焰火,这是一个有利条件)。

3.浪漫同心结仪式

在花园里,有许多高大的树木,新人们可以把心爱的物品挂在树上,佳偶天赐、眷属终成,爱的坚定与永恒在此同心留住(饭店提供精心设计的升降台)。

4.水上婚礼(价格视婚宴规模商议)

饭店的室内游泳池宽敞、气派,在蓝色的水波上搭一舞台,上面铺上红地毯,婚礼仪式就在这里举行。蓝色代表永恒,爱情是蓝色的。

5.花好月圆宴

经典欧陆风尚的花园自助餐(每人 200 元起),是上海滩唯一的户外草地餐厅,留下人生中最美的一首永存真挚的诗篇。

(二)婚宴产品组合

1."龙凤呈祥宴"(每桌 1588 元加 5%服务费)

凡惠顾 10 席以上,可获赠:蜜月房一晚(或提供豪华行政房一晚,补差价 800 元)。

(1)客房内精美鲜花篮和鲜果篮各一份。

(2)次日沙逊花园西餐厅欧式自助早餐两份。

(3)婚宴中雪碧、可乐、青啤畅饮(限时 2 小时)。

(4)提供主桌鲜花布置。

(5)提供音响设备。

(6)提供大巴士一辆接送客人(30 公里内)。

(7)提供来宾泊车车位。

2."玫瑰双人行"(每席 1888 加 15%服务费)

凡惠顾 10 席以上,在获赠(1)—(7)项服务的基础上再增加或升级,享受以下服务。

(8)第(1)项中蜜月房升级为豪华行政房。

(9)第(3)项升级为次日早餐送房服务。

(10)提供隆重婚礼仪式(视当日天气而定)。

(11)提供迎宾花门 1 个。

(12)提供香槟塔。

(13)主桌赠送张裕大香槟 1 瓶。

(14)赠送三层喜庆蛋糕1只。

(15)嘉宾签名册1本。

(16)举行浪漫同心结仪式(视当日天气而定)。

(17)制作婚礼录像。

3."豪华连理宴"(每席2388加15%服务费)

凡惠顾10席以上,在获赠(1)—(17)项服务的基础上再增加或升级,享受以下服务。

(18)第(9)项中蜜月豪华行政房两晚。

(19)入住期间,综合部所有项目(美容、按摩除外)免费开放(限新婚夫妇)。

(20)每桌赠送鲜橙汁两桶。

(21)主桌赠送龙凤立雕1座。

(22)每桌赠送王朝干红1瓶。

(23)主桌赠送进口香槟1瓶。

(24)赠送天然精美佳画1副。

4."宝贵同心宴"(每席2888加15%服务费)

凡惠顾10席以上,在获赠(1)—(24)项服务的基础上再增加或升级,享受以下服务。

(25)第(19)项中蜜月豪华行政房升级为豪华套房两晚。

(26)提供婚宴前花园婚礼仪式的迎宾饮料(雪碧、可乐、青啤)。

(27)每桌赠送王朝干红2瓶。

(28)赠送量身定做的主题漫画、饭店婚房布置。

(29)奉送价值1000元的饭店消费券。

七、广告策划

(一)广告创意和策略

主题:这里——您的爱情伊甸园。

表现:(1)强调森林花园。

(2)特色自然之美。

(3)花园别墅前铺着红地毯,延伸至绿色的草地深处。这是典型的东方色彩,烘托喜庆气氛。

(4)蓝色的湖面,庭轩楼阁,曲桥潺水,象征爱的永恒。

(5)白领、著名球星等的婚礼。

(6)树上挂着同心结纪念品。

(7)阳光从窗口进入婚房,桌上放着精美的早餐。

策略:(1)让顾客知晓婚宴产品。

各媒体发广告、策划球星的广告、邀请沪上白领人士参加辅导游园会。

(2)加深对饭店婚宴的印象。

利用电视台密集播放广告,从而加深对饭店婚宴的印象。

(3)提示顾客:"爱情牵手"专栏开始每月一次广告,每季一次形象推广活动。

(二)媒体策略

1.《上海新娘》杂志

这是一本面向沪上婚宴市场的杂志,针对性很强。阅读本刊物的读者面很广。作全年广告。

广告内容:饭店婚宴形象、饭店婚宴产品、新人在饭店办婚宴的专访。

费用预算:37800元。

2.《在上海》《上海趣谈》杂志

这是两份面向在沪外籍人士和白领阶层的杂志,而这些读者是饭店婚宴的重要客人,他们对浪漫婚宴的向往及消费能力,决定了他们会在阅读刊物的休闲阶段,有兴致看饭店的婚宴广告。作全年广告。

广告内容:饭店婚礼形象、完善的婚宴设施、自然之美的环境。

费用预算:53000元。

3.《申江服务导报》《新闻报》

这是沪上多数年轻人喜欢的两份报纸,一份以休闲为主,另一份以经济信息为主。

广告内容:饭店婚宴产品。

费用预算:70000元。

八、营业推广活动(见表6-3)

表6-3 营业推广活动

时间	活动内容	邀请对象	费用预算(元)
5月	著名球星婚宴(婚礼仪式、同心结仪式等)	由新人确定新闻界的人士	新人支付宴席成本,其余费用由饭店负责,约20000
6月	龙柏游园会(观赏、游戏、抽奖等)	沪上白领阶层(有影响的30家企业)	30000
8月	游泳比赛	与50家大企业合作	20000
9月	龙柏音乐节	爱情俱乐部会员	10000
	龙柏啤酒节	境内外青年	售票
10月	赏月晚会	情人们	售票
	烟火晚会	情人们	售票
11月	桂花节	情人们	售票
	爱情相约联谊活动	红娘公司选择100对寻觅者	10000
12月	圣诞节晚会	情人优惠6折	15000

(资料来源:王怡然.现代饭店营销策划书与案例[M].沈阳:辽宁科学技术出版社,2001.)

第三节 旅游产品生命周期策略

案例引导

打造特色品牌农庄延长"生命周期"

对于农业大县澄迈而言,如何立足当地丰富的品牌农业资源,将共享农庄建出特色、建出水平十分关键。有多年品牌咨询传播经验的澄迈县休闲农业协会会长戴甄对此建言献策。

"在澄迈,规模大、产业支撑强劲的农庄不在少数,仅协会摸底了解到的便有近30家。"戴甄介绍,以获评省级共享农庄的福山荔枝共享农庄为例,其占地面积达1520亩,在种植、采摘、包装等环节都需要大量劳动力参与,给农民增收致富提供了优质渠道,"另一方面,相比易于复制、短期出成效的基础设施建设,优质农产品的打造绝非一朝一夕之功,这使得澄迈的这些农庄在发展共享农庄时有天然优势"。

"近几年,体验经济正成为旅游经济的一个新兴增长点,其中共享农庄包含的闲时土地资源共享、闲时劳动力共享等内容,就是体验经济的重要部分。"戴甄说,越来越多的城市居民愿意到农村感受采摘、耕种、收获的乐趣,对于农庄发展是重大机遇。

"但直至今日,不少共享农庄仍存在品牌定位模糊甚至缺失等问题。"戴甄认为,共享农庄本质上是一个产品,打造出独特的品牌才能延长农庄的"生命周期","只有先完成品牌梳理、品牌定位,其商业模式才能长久运行,农庄才能在接下来激烈的市场竞争中站稳脚跟"。

对于如何打造和经营品牌,戴甄建议,一方面,澄迈的农庄要通过调研策划明确品牌定位,思考"我是谁""我有什么""我面向谁"等关键问题,走差异化竞争之路;另一方面,澄迈的农庄要继续发挥其农业优势,花时间培育、改良自身的农产品,不断夯实品牌基础,同时积极了解和拥抱新的发展模式。

(资料来源:陈卓斌.打造特色品牌农庄延长"生命周期"[N].海南日报,2018(11).)

旅游产品生命周期理论是旅游学中的一个重要理论,它对于旅游企业或有关部门在激烈的市场竞争中,根据现代旅游消费的特点,有效利用旅游资源、开发具有特色的旅游产品、制定营销策略具有重要的指导意义。所以,对旅游产品生命周期理论的内涵必须有一个深刻的认识。

一、旅游产品生命周期理论的主要观点

(一)旅游产品生命周期的概念

产品生命周期原是市场营销学中的一个重要概念,它是指一种产品从投入市场到被淘汰退出市场的过程。20世纪80年代初,该理论被引入旅游研究领域从而形成了旅游产品生命周期理论。

旅游产品生命周期理论认为旅游产品的发展过程要经历投放、发展、繁荣、衰退四个阶段。这是客观规律,任何一项旅游产品的吸引力都会随时间的推移而发生变化,其市场需求也会发生变化,都有一个发现与开发、成长与巩固、衰退和淘汰的过程,只不过这个过程所经历的时间长短不同而已。只有了解旅游产品生命周期的变化趋势,了解市场需求的变化,采取正确的策略和措施,才可能延长产品的生命周期。

(二)旅游产品生命周期划分

旅游产品的生命周期可以分为四个阶段:投入期、成长期、成熟期和衰退期。其相应的销售和利润的生命周期也各不相同,如表6-4所示。

表6-4 旅游产品生命周期概述

阶段	销售和利润情况
投入期	旅游者对产品还不了解,销售量很低;销售额增长缓慢,企业不但不到利润,反而可能亏损
成长期	旅游者对产品已经熟悉,市场逐步扩大;企业的销售额迅速上升,利润也迅速增长,达到利润量高点
成熟期	市场需求趋向饱和,销售额增长缓慢直至转而下降;竞争逐渐加剧,企业利润下降
衰退期	将使旅游者的消费习惯发生改变,转向其他产品,从而使原来产品的销售额和销售利润迅速下降

旅游产品生命周期曲线图如图6-2所示。

旅游产品生命周期种类示意图如图6-3所示。

旅游产品生命周期与企业利润曲线图如图6-4所示。

旅游产品生命周期现象给我们如下启迪:① 多数旅游产品的市场生命是有限的,虽然有的长一些,有的短一些,但总体上有缩短趋势。② 旅游产品生命周期的每一阶段对企业经营者提出了不同的机会和挑战,企业应相应采取不同的营销措施,使旅游产品周期朝有利的方向发展。③ 旅游产品生命周期不同阶段的销售额和利润有升有降,旅游企业需要把握好这些升降,适时开发旅游新产品和调整产品组合。④ 不同旅游产品生命周期曲线的走向与变化并不都是规范的,会呈现出明显的个体特征。

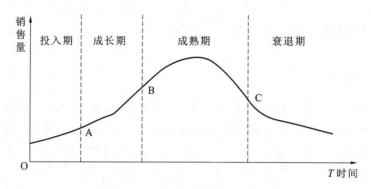

图 6-2 旅游产品生命周期曲线图

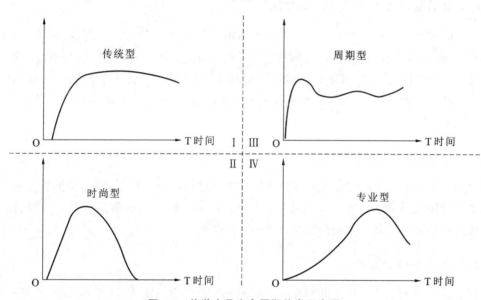

图 6-3 旅游产品生命周期种类示意图

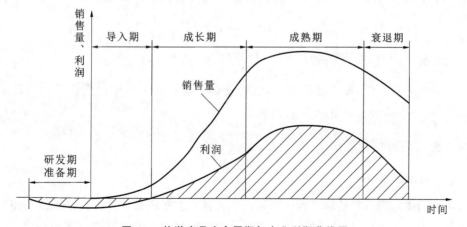

图 6-4 旅游产品生命周期与企业利润曲线图

二、影响旅游产品生命周期的主要因素

(一)旅游产品的吸引力

旅游产品的吸引力即旅游吸引物的吸引力。一般来说,吸引力越大,其生命周期越长。如中国悠久的历史和秀丽的山河对海内外游客具有很大吸引力,一些具有深厚文化底蕴的人文景观和自然景观长盛不衰。而一些近几年刚建成的"宫""庙""城",由于雷同和缺乏特色,相互间地理位置相距太近而门可罗雀。

(二)目的地的自然环境与社会环境

因为旅游产品的吸引力不仅来自产品本身的吸引力,而在更大程度上依赖于目的地的自然环境和社会环境,如居民的友好态度、优美的环境、安全、卫生、便捷的交通等。正是从这个意义上说,目的地政府必须树立大旅游的观念,用系统工程的方法来统一规划,不仅要重视旅游景点的物质文明建设,更要重视精神文明建设,这样才可能使本地区旅游业可持续地高速发展。

(三)消费者需求的变化

消费者的需求可能因时尚潮流的变化而发生兴趣转移,从而引起客源市场的变化,导致某地旅游资源吸引力的衰减。消费观念的变化、收入的增加、新的旅游景点的出现、目的地的环境污染或服务质量下降都会影响消费需求的变化。

(四)正确的经营策略和方针

在旅游业市场竞争日趋激烈的今天,改变经营观念,加大促销与宣传力度,实施正确的产品组合策略和市场细分战略,才可能保持可扩展的客源市场,才能延长旅游产品的生命周期。

三、旅游产品生命周期各阶段的营销策略

为了增强营销效果,提高经济效益,旅游企业必须针对产品生命周期各阶段的不同特点,采取不同的市场营销策略。

(一)投入期的营销策略

1.快速撇脂策略

快速撇脂策略即以高价格高促销费用的方式使旅游新产品快速进入市场。运用此策略必须具备以下三个条件:第一,潜在市场上的大部分旅游消费者还不知道该产品;第二,了解该旅游产品的消费者十分渴望得到该产品并有足够的支付能力;第三,旅游企业面临潜在的竞争,必须尽快培养"品牌偏好"。

2. 缓慢撇脂策略

缓慢撇脂策略即以高价格和低促销费用的方式把旅游新产品推向市场。运用此策略必须具备以下四个条件：第一，市场规模有限；第二，市场上大部分潜在消费者了解这种旅游产品；第三，潜在旅游消费者愿意出高价；第四，潜在竞争对手的威胁较弱。

3. 快速渗透策略

快速渗透策略即以低价格高促销费用的方式推出旅游新产品的策略。采用这一策略必须具备如下四个条件：第一，市场规模大，存在众多的潜在旅游消费者；第二，大部分旅游消费者对产品价格敏感；第三，消费者对旅游产品不了解；第四，存在强大的潜在竞争的威胁。

4. 缓慢渗透策略

缓慢渗透策略即以低价格和低促销费用推出旅游新产品的策略。采用此策略必须具备以下四个条件：第一，市场庞大；第二，旅游产品的知名度较高；第三，市场对该旅游产品的价格弹性较大，市场开拓空间较大；第四，存在潜在竞争对手。

（二）成长期的营销策略

成长期一般应采取四项策略：① 改进旅游产品，提高产品质量；② 开拓并采用新的销售渠道；③ 开拓新市场；④ 加强旅游促销。

（三）成熟期的营销策略

成熟期一般应采取下列四项策略：① 市场改进策略；② 产品改进策略；③ 营销组合改进策略；④ 旅游新产品的研制和开发。

（四）衰退期的营销策略

衰退期一般有三种策略可供选择。

1. 立即放弃策略

立即放弃策略即果断决定撤出市场，不再生产原有的旅游产品。

2. 收获策略

收获策略即旅游企业不主动放弃某一产品，继续用过去的市场、渠道、价格和促销手段，直至旅游产品的完全衰竭。

3. 逐步放弃策略

逐步放弃策略指对那些仍有一定潜力可挖的旅游产品，旅游企业不是盲目放弃，而是分析产品销售量下降的原因。对症下药，扩展产品用途，提高产品质量，以期产品销售量的回升。

课堂讨论

广西柳州三江侗族自治县拥有丰富的民族风情及程阳侗族风雨桥与马胖古楼等重要人文旅游资源。但是三江地处偏僻的大山之中,交通不便,缺乏知名度,以至于旅游不旺,外宾罕见。

思考并讨论:
1. 该旅游产品属于生命周期的哪个阶段?
2. 针对其所处阶段分析应采取的营销策略。

四、对旅游产品生命周期理论的几点认识

(一)旅游产品的概念及其特性

对旅游产品概念的认识正确与否将会影响到对旅游产品生命周期理论的理解和应用。旅游产品生命周期理论中的旅游产品可以是一个综合旅游产品的概念,如一项旅游资源的开发利用,也可以是组成综合旅游产品的单一旅游产品,如一条旅游线路、一项服务项目。旅游产品一般具有综合性、无形性、不可转移性、易折性、不可贮存性等特点。

(二)不同的产品其生命周期是不同的

不同的产品其生命周期是不同的,其生命周期所经历的阶段也可能不同。一些自然景观、人文景观,由于其特定的文化内涵以及不可复制性等特点,其生命周期可能较长;而一些人造景观其生命周期可能相对较短;有些旅游产品、服务项目由于种种原因甚至未经历繁荣阶段就被淘汰。

(三)旅游产品生命周期是客观存在的

旅游产品生命周期是客观存在的,但不是固定不变的,人们可以通过采取各种措施来延长其寿命。旅游产品,特别是一些自然景观和人文景观,由于其独特的文化内涵而无法被完全仿制,具有垄断性特点。如到一些缩微景观游览和现实地旅游的感觉是不同的。加上人文景观或自然景观在美感主观体验上具有客观的稳定性,绝大多数优秀的精神和文化产品具有恒定的审美价值,使得一些旅游产品,特别是一些名胜古迹,年代越久其吸引力越大。但这并不能证明旅游产品生命周期理论是错误的。通过开发新的旅游项目、更新改善旅游设施、扩大宣传促销的范围、重新包装产品、开拓新的市场则可延长旅游产品的生命周期。

(四)要重视市场这个因素

生命周期是指旅游产品投入市场到淘汰的过程,其生命周期的长短不仅受产品本身吸引力大小的影响,还受到竞争、经济状况、时间、季节、质量、价格、服务项目等因素影响。研究旅游产品生命周期理论不只是要求我们了解旅游产品生命周期、产品何时淘汰,更重要的是要求我们根据旅游产品所处的发展阶段,根据市场需求制定正确的经营策略。

总之,旅游产品生命周期理论对于企业改善经营管理、制定经营策略、自觉地不断创新和避免经营的盲目性具有重要的指导意义。

实训项目

黄鹤楼景区生命周期状况分析

在长江南岸、蛇山西端耸立着一座楼阁,它重檐翼舒,四望迤敞,背倚万户林立的武昌城,面临汹涌浩荡的长江水,相对古雅清俊的晴川阁,尽会山川城郭之胜,这便是享有"天下江山第一楼"美誉的黄鹤楼。黄鹤楼景区是国家首批5A级旅游风景区之一,从三国至隋唐,经宋元到明清,黄鹤楼已走过1700余年的沧桑历史。1985年新黄鹤楼的落成,使黄鹤楼的面貌迭获改观,胜于往昔。如今,黄鹤楼景区已经形成以楼为中心、颇具规模的中国古典式园林,被国家旅游局(现为中华人民共和国文化和旅游部)评为"中国旅游胜地四十佳",列为国家首批5A级旅游景区。

一个景区发展到一定程度时难免会出现一些问题,黄鹤楼景区也是如此。从黄鹤楼景区历年旅游人数变化及入境旅游人数、外汇收入等数据分析可知:景区内游客增长率虽然下降,但是总游客量继续增加并超过了常住居民数量。并且景区大部分经济活动均与旅游业有着紧密联系,同时为了扩大市场范围和延长黄鹤楼的旅游季节,景区广告无处不在。对于黄鹤楼景区内的常住居民,尤其是没有参与旅游业的常住居民,对大量游客的到来和为游客服务而修建的设施产生反感和不满,因为这一切可能限制他们的正常活动。

实训要求:借助互联网查阅相关资料,了解黄鹤楼景区经营现状,分析其处于生命周期的哪个阶段?应采取什么营销策略?

第四节　旅游新产品策略

餐饮和饭店的新产品思路

机场饭店开发"飞行食品"。因为人们对飞机上提供的食品没有好印象,所以,许多饭店通过给乘飞机的客人提供外卖食品而从中获利。里兹·卡尔顿玛德饭店距离洛杉矶国际机场不到10分钟的路程,它为旅游者开发了"飞行食品",这些食品由格兰诺拉麦片、新鲜水果、果仁巧克力饼和苏打水组成。其他的"飞行食品"还包括欧式早餐、清淡的午餐和晚餐。休斯敦的四季饭店还以每份14.50美元的价格提供名为"飞行美食家"的食品。亚特兰大、迈阿密和芝加哥等地的希尔顿饭店针对这一市场提供有竞争力的产品。

解决外币兑换问题的技术。纽约的Milford Plaza饭店的外国客人绝不少于国内客人,但饭店不愿开设外币兑换业务。开设这项业务意味着饭店必须培训员工,设置控制系统,在高峰期增加前台员工的工作难度,所以饭店每天都要送20—30个客人在外面兑换外币。饭店管理者选择了一种可以兑换10种货币的机器,汇率每天都相应地调整。饭店经理说,这个机器让他们的客人更加方便。用这种自助服务机器,饭店能够在不增加前台员工负担的情况下给客人提供货币兑换业务。

阅读并思考:
1.以上两个旅游新产品分别属于什么类型?
2.这些企业的经营行为给我们什么启示?

一、旅游新产品的概念和种类

(一)旅游新产品的概念

旅游新产品是指由旅游生产者初次设计生产,或者在原产品基础上做出重大改进,使其在内容、服务方式、结构、设备性能等方面更为科学合理的产品。这种新产品更加符合旅游经营者的意图,且与原产品存在着显著的差异。

旅游新产品更多的指对一个经营者来说是新的,而在市场上已经出现了的相对新产品。旅游经营者主要依靠增加服务项目、模仿竞争者的旅游项目、改进产品质量等方式进行旅游新产品的开发。

(二)旅游新产品的种类

1. 创新型新产品

创新型新产品是能够满足消费者一种新的需求的全新产品。对于旅游企业或者消费者而言,它都是新的,可以是新开发的旅游景点,也可以是新开辟的旅游线路,或者是新推出的旅游项目。例如,漂流、探险等旅游项目的出现,在旅游产品的开发上带来了一场新的革命。绿色旅游、森林旅游等专项旅游产品的开发,也解脱了人们日常生活的压抑,使人们能完全、彻底地回归大自然。但这种新旅游产品的开发周期较长,所需投资较多,而且风险较大。

2. 换代型新产品

换代型新产品是对现有旅游产品进行较大改革后生成的产品。例如,我国在原有观光型旅游产品的基础上,推出了红色旅游、乡村旅游和民族风情游等主题观光旅游产品。之后,又陆续推出了主题旅游年,如 2016 年以"丝绸之路旅游年"为年度旅游宣传主题,中文宣传口号为"漫漫丝绸路,悠悠中国行";"游丝绸之路,品美丽中国";"神奇丝绸路,美丽中国梦"。2017 中国旅游日主题是"旅游让生活更美好",宣传口号"爱旅游、爱生活"。

3. 改进型新产品

改进型新产品是指在原有旅游产品的基础上,进行局部形式上改进的旅游产品。这种旅游产品可能是在其配套设施或者服务方面的改进,也可能是旅游项目的增减或服务的增减,但旅游产品的实质在整体上没有多大的改变。例如长江三峡旅游,最初的旅游设施只有两艘豪华游轮,为了适应旅游市场需求,在游船的数量、等级、规模、路线等方面做了改进。现在的三峡游又加进了小三峡及小小三峡等内容,以此来延长游客的逗留时间,提高综合服务的档次规格。

4. 仿制型新产品

仿制型新产品指对市场上已有的新产品在局部进行改进和创新,但保持基本原理和结构不变而仿制出来的产品。如对于多数中小型旅行社来说,经常性地开发新产品往往在财力和人力方面成为一个沉重的负担。基于这种现实,它们可以采取仿制其他旅行社已经投放市场的新产品的办法来开发自己的新产品。这种做法的优点是:投资少,见效快,省时省力。其缺点是:采用这种方法的旅行社总是步其他旅行社之后尘,难以创造出本旅行社的特色形象。

相关链接

中国第一辆会飞的自行车,三亚再添"网红"旅游新产品

相信很多朋友都看过由宫崎骏导演的《魔女宅急便》,记得小男孩载着自己的好友魔法少女琪琪,骑单车奔向天空的场景真是令人神往;还有经典电影《ET外星人》,艾里奥特载着ET,骑车奔月。很羡慕他们吧。那么告诉你们一个好消息:中国第一台空中单车即将落地海南三亚。

空中单车是一款面向大众娱乐的无动力低空骑行气球,气球内充有氦气,系有保护绳,可使游客在不高于50米的升限范围内(室内、室外不限)独自进行空中骑行体验,可用于各大旅游景区、主题公园和城市广场的旅游观光项目和运动游乐项目。从外形上看,空中单车配有螺旋桨、大气球、方向舵和升降舵。

升空前,工作人员会进行一系列安全检查,比如测风速、称重、调节操作等,游客通过骑行使螺旋桨转动,产生提供满足空中单车运行速度要求的推力,配合操纵杆操纵舵面,控制气球的前行、上升和转弯。当你蹬车时,身后的螺旋桨会跟着加速旋转,身体开始缓慢离开地面。那种脚下的景物变得越来越小,而视野却变得越来越大的慢悠悠升空的 feel 就是一种真实的飞翔感。

空中单车的安全性要远高于其他所有的飞行类设施,为什么呢?产品在设计之初就考虑到乘坐人员的安全,从安全带、安全帽、系留绳等几乎所有细节都做了充分的高安全性配置。球体本身采用"多囊体"设计,囊体材质是防弹高分子复合材料,内部为提供上升力的氦气囊体,外面是提供保护的空气囊体,即使外层囊体被刺破,内部氦气囊体仍能提供充足的上升力,不会出现类似坠落、侧翻等现象;系留绳的材质是一种锦丝绳,有弹性,伸缩自如,保证了乘坐者往返过程中的速度可控;安全带扣在单车座椅下方,且由工作人员扣上,小孩子不容易自己摘掉。

现如今,世界上只有欧洲一些国家和地区,有这种类似的空中单车。由中国自主研发的这款空中单车,是国内唯一特种飞行器研究所研发的一款军工民用产品。

(资料来源:海南岛生活网微信公众号.)

二、旅游新产品开发策略

旅游新产品的开发,是旅游业存在发展的必要条件,是企业保持活力和竞争优势的重要途径。旅游企业通常采用以下几种策略实行新产品的开发。

(一)资源重组策略

首先,以旅游者的需求为基础组合旅游资源。旅游资源是旅游产品的载体,是吸引游客的主要吸引物。在了解市场需求的基础上,对旅游资源进行重新整合,有利于激发旅游者的旅游动机,重新创造旅游需求。

其次,以文化为纽带组合旅游资源。旅游对于旅游者来说,是获得一种经历、一种感受的过程。这种经历与感受,一方面来自对大自然奇观的欣赏,另一方面则来自对文化差异的感悟。因此,通过文化来组合旅游资源和开发新产品,有利于创造出旅游产品的新卖点。

最后,从经济效益的角度组合旅游资源。开发旅游业,最主要的目的是获得一定的经济收益。对于旅游资源实行组合,不仅要有利于资源价值增值,更要提高产业贡献率。

(二)层次结合策略

层次结合策略是指同时推出多种不同档次的旅游新产品。由于消费者经济实力的影响,旅游者的消费水平有一定的层次性,所以企业在开发产品的时候应注意高、中、低档次产品序列的结合,从而有利于提高旅游企业经营的覆盖面。例如开发一条新的旅游线路,应该体现豪华、标准和经济等差异,并作为一个整体推出,以便于不同层次消费者进行选择。

(三)超前开发策略

旅游企业要获得长远发展,必须有一个长期、中期和短期的发展策略,这样才能获得长期、持续、稳定等的发展。一般来说,企业都需储备四种类型的产品:① 企业已经生产完成,并进入销售环节的产品;② 已经开发成功,等待适当时机投放市场的产品;③ 正在研究设计过程中,具备雏形的旅游产品;④ 处于产品构思、创意阶段的产品。

三、旅游新产品开发程序

旅游新产品开发是一个从搜集新产品的各种构思开始,到把这些建议转变为最终投入市场的旅游新产品为止的前后连续的、有计划、有目的、有系统的过程。这个过程一般经历七个阶段。

(一)构思的搜集

发展旅游新产品首先需要有充分的创造性构思,才能从中发掘出最佳的可供开发的项目。旅游新产品构思的来源是多方面的,包括旅游者、旅游中间商、旅游营销人员及其他人员、市场竞争对手、行业顾问、管理顾问、广告公司等。依照市场营销观念,顾客的需求和欲望是寻找新产品构思的合乎逻辑的起点。旅游业得以生存和发展的条件就是满足旅游者的需要,所有旅游者的意见及建议,应成为旅游经营者必须高度重视的新产品构思来源。

(二)构思的筛选

经过上一阶段所搜集到的对新产品的大量构思并非都是可行的,筛选的目的是尽快形成有吸引力的、切实可行的构思,尽早放弃那些不具可行性的构思。对新产品构思的筛选过程包括以下几个方面。

(1)对资源进行总体评价,分析设备设施状况、技术专长及生产和营销某种产品的能力。

(2)判断新产品构思是否符合组织的发展规划和目标。

(3)进行财务可行性分析,分析能否有足够的资金发展某项新产品。

(4)分析市场性质及需求,判明产品能否满足市场需要。

(5)对竞争状况和环境因素进行分析。

通过以上各方面的分析判断,剔除不适当的构思,保留少量有价值的构思进入下一个阶段。

Gaggan 餐厅:一份只有 Emoji 表情的菜单

在 2017 年出炉的"Asia's 50 Best Restaurants 2017"榜单中,印度主厨 Gaggan Anand 开设的特色餐厅 Gaggan,2017 年再夺榜首,连续三年获封"亚洲最佳餐厅"。

Gaggan Anand 素以大胆和有创意闻名,被称为"厨师中的杰克船长",最近他将各色菜品所带来的视觉体验转化成了趣味 Emoji 表情,推出了一份个性十足的 Emoji 表情菜单。菜单上只有 22 个 Emoji 表情,每一个表情对应一款产品。如嘴唇 Emoji 对应的是用柚子和荔枝制作的唇形果冻,命名为"吻我";而坚果 Emoji 是用形似塑料的米纸包裹的芥末扁豆,称之为"塑料坚果"。面对这份菜单,顾客只能靠简单的推测或干脆仅凭直觉点单。

脑洞大开的创意,再加上富有玩味又新鲜有趣的点餐体验,让这间 2010 年开办的餐厅迅速获得了世界各地年轻人的喜爱,并成为食客们的热门选择。

从百事可乐的 Pepsi Emoji 罐,到肯德基的 K-emoji 表情包,再到这份 Emoji 表情菜单,作为一种符号语言的 Emoji,被越来越多的品牌运用到营销推广中,并产生价值。这也再次证明,在无所不化的商业逻辑中,与时代同步的想象力很重要。

(资料来源:柳芙可君. Gaggan 餐厅:一份只有 Emoji 表情的菜单[J].销售与市场(管理版),2017(4).)

(三)产品概念的发展和测试

一个构思可能形成几个产品概念。如某地要开发水上旅游,这是一个产品构思,它可以转化为水上泛舟、滑水、赛船、垂钓等几种产品概念。概念测试就是和合适的目标消费者一起测试这些产品概念。新产品概念可以用文字、图片、模型或虚拟现实软件等形式提供给消费者,然后通过让消费者回答一系列问题的方法(如调查问卷),使经营者从中了解消费者的购买意图,以便确定对目标市场吸引力最大的产品概念。

(四)商业分析

所谓商业分析,就是要测试一种产品概念的销售量、成本、利润额及收益率,预测开发和投入新产品的资金风险和机会成本,预测环境及竞争形势的变化对产品发展潜力的影响,预测市场规模,分析消费者购买行为。

例如,建一座旅游饭店,应当分析市场对何种等级饭店的需求已达到饱和状态,目标市场规模的大小,何时能收回投资,经营风险如何等等。在我国,由于饭店业缺乏充分的商业分析,各地纷纷盲目建设高档饭店,致使其供求出现不平衡状况。同样,开发旅游景点,也必须进行商业分析,以避免近距离的重复建设。

(五)产品的研制和开发

在进行产品的设计与开发时,要考虑新产品的功能和质量两方面的决策。例如,建一座旅游饭店,要考虑其地理位置、交通条件、饭店的设计与建筑、设施设备的布局、职工的招募等多方面因素。同时,饭店并非修建得越豪华,利润越多。从目标市场的需求出发,使可能的总收入与总成本的差额达到最大值的投资,才是最为经济的。

旅游产品在研制开发过程中需要进行反复测试。例如,无锡近年开发的横渡太湖旅游新产品,第一次从无锡到杭州实地试航,船程需 8 个小时,时间太长。后改经太湖,在浙江湖州上岸改乘汽车,2 小时到杭州。这样,湖上只需 5 个多小时。然后再邀请一批日本客人试航,在船上又增加了风味餐、饮酒赋诗等活动,产品很受欢迎。

同步案例

麦当劳:做一支有"故事"的吸管

麦当劳曾推出一道巧克力三叶草奶昔,为了突出该奶昔的特色——巧克力和薄荷双重口味,麦当劳不惜花重金请来了 Google Project Ara 项目团队成员,为其设计了一个钩状吸管——Straw。

借助流体力学知识,该吸管对常规吸管进行了反问设计,并在下方开设了 3 个孔,让消费者能同时吸到巧克力和薄荷两种口味。为了介绍这一"高科技"吸管,麦当劳还拍摄了一则恶搞广告,并一本正经、夸大其词地告诉受众这一创意的构思来源、设计理念、研发过程,最后自嘲"非常没有必要的产品就此诞生了",让人感受到麦当劳追求极致的态度,同时又不免会心一笑。Straw 限量 2000 支,只在部分美国门店搭配新品奶昔赠出。

该吸管看似有些喧宾夺主,实则妙哉,不仅与新产品密切挂钩,而且能通过制造噱头的方式吸引关注,勾起消费者的好奇心。更重要的是,这看似无聊的设计却解决了人们喝双重口味奶昔时的苦恼,让受众看到了麦当劳为提升消费者体验所做出的努力。一支吸管就能引发话题,可见,再小的环节也有不断思考和改进的空间。

(资料来源:王芸虹.麦当劳:做一支有"故事"的吸管[J].销售与市场(管理版),2017(4).)

(六)试销

试销是把开发出来的新产品投放到经过挑选的具有代表性的市场范围内进行试验性营销,了解旅游者的反应,从而使新产品失败的风险达到最小化。试销的主要目的在于以下几个方面。

(1)了解新产品在正常市场营销环境下可能的销售量和利润额。

(2)了解产品及整体营销计划的优势及不足,及时加以改进。

(3)确定新产品的主要市场所在及其构成。

(4)估计新产品的开发效果。

如旅游饭店不可能先建好让旅游者试住一段时间,发现问题再重建或重新选址或拓宽客房等设施的面积,即便可能也存在相当大的难度。所以只有事先做到充分的市场调研,根据市场需求去进行饭店的选址、设计、建造和布局,试营业后在服务项目、服务内容和方式、服务质量等"软件"上不断改进,才能确保新产品成功地全面投入市场及未来的顺利发展。

(七)商品化

新产品通过试销取得成功后,就可全面投入市场,产品即进入生命周期的投入期阶段。在这一阶段,旅游经营者应注意投入新产品的时间、目标市场、销售渠道等方面的决策,即何时、何地、用什么方法投入什么市场的问题。旅游经营者需要制订一个把新产品引入市场的实施计划,在营销组合要素中分配营销预算,同时正式确定新产品的各种规格和质量标准、新产品的价格构成、新产品的促销和销售渠道。旅游新产品投放到市场后,还要对其进行最终评价。旅游经营者要搜集旅游者的反映,掌握市场动态,检查产品的使用效果,为进一步改进产品和市场营销策略提供依据。

拓展阅读

泰国创意旅游产品开发的经验与启示

1.泰国创意旅游产品开发的经验

泰国是亚太地区较受欢迎的旅游目的地之一,其成功经验除了好客氛围、资源禀赋、优质服务、规范管理、持续推广之外,产品开发无疑是重中之重。经过多年的探索,泰国在海滨度假、山地生态、户外运动、遗产体验、城市娱乐、乡村休闲、特色购物、浪漫主题旅行等旅游产品开发方面积累了丰富的经验,值得其他国家和地区借鉴。在创意旅游开发方面,泰国各旅游地重视文化展示与人员解说,并设立了泰餐烹饪学校、古法泰式按摩学校、布料彩绘DIY教室等基于深度参与的技能提升型旅游项目。

泰餐烹饪学校是专门面向外来游客、旨在传授泰国特色美食制作技艺的短期培训课程,一般包括到酒店迎接客人、到菜市场认识和采购原料、选择自己想做的菜品、学习制作香料和酱料、学习自选菜品的制作过程、品尝大家自己完成的菜品、赠送食谱、送客人回酒店等环节。

这些泰餐烹饪学校顺应了体验经济、创意经济、真实经济的发展趋势,迎合了游客自己制作美食、短时间内成为"烹饪大师"、实现"转变"的需求,整合农贸市场、自家庭院(或农场、酒店)、厨师(或其他具有厨艺才能的人员)等社会资源,形成了从迎客、认识和采购原料、学习烹饪技艺到品尝劳动成果、提供延伸服务、送客的基本流程。

这一创意旅游产品的特点主要有以下四点。一是新奇感:平时很少下厨房的游客自己做精美复杂的泰餐。二是真实感:跟着烹饪老师逛当地的菜市场,到烹饪老师的家里学习,体验当地人的"慢生活",是"挖掘真正的泰国""原汁原味的泰国之旅"的支撑。三是参与感:在老师示范和指导下学做泰国菜,投入自己的劳动、情感和创意,成为新型的"生产者"。四是成就感:展示、品尝自己亲手做成的泰餐,部分学校还提供具有纪念意义的结业证书。游客因自身深度参与而获得了丰富的真实体验,因学习烹饪技能而释放了创造欲、产生了常规参观游览无法替代的成就感,因而普遍对这一创意旅游产品给予了较高的评价。在一些泰国旅游指南或攻略中,"学做泰国菜"已被列为在清迈必须体验的十种活动之一。

2.对我国非物质文化遗产旅游化利用的启示

总结泰国的成功经验,从旅游产品层面来看,创意旅游开发中应注意四个要点,即Participation(参与)、Learning(学习)、Creativity(创意)、Development(发展)。

"参与"强调的是对旅游地文化活动的深度体验,这是创意旅游的基础和前提。只有身临其境、参与到各类活动当中、与社区居民和其他游客进行深度交流,才有可能真正了解旅游地的文化,也才能为"学习""创意""发展"奠定基础。

"学习"是创意旅游的基础,强调具有增加知识、开阔视野的愿望,并积极主动地接受信息、深入了解旅游地的文化。"学习"是21世纪REAL旅游(Rewarding、Enriching、Adventure-some、Learning,即有益的、丰富的、冒险性的、学习性的)的基本要素,是获得真实体验的重要途径,是深度旅游的内在要义。

"创意"是创意旅游的关键,重点在于强调掌握某种技能、发挥自身创意潜力、促进创造力的提升。创意旅游产品开发中应为游客发挥创造力提供条件,包括包容的氛围、必要的信息、及时的激励,允许游客打破原来的"规则",根据自己的文化背景和偏好对旅游地文化进行重新解读和创新,让游客成为旅游产品的共同生产者。

"发展"是创意旅游的目标,主要指的是游客掌握某一技能,满足自我超越的欲望和自我实现的需求,实现自我完善和全面发展。从旅游者创意旅游的需求来看,旅游者不再满足于传统的观光形式和内容,对多元性、娱乐性、符号性、实用性和虚拟性的需求逐渐成为文化创意旅游体验过程中"自我发展"的重要特征。

在具体操作上,优先选择区位条件优良、庭院环境优美、表达能力较强并具有一定跨文化沟通能力的非物质文化遗产传承人进行试点,在组织培训、外出考察、个别指导的基础上,鼓励他们依托自身和自家庭院,才能争取文化、体育、旅游部门或志愿者的支持帮助,完善关于非物质文化遗产的文化解说、流程展示与接待服务设施,设

计接待流程和产品套餐,制定服务标准和收费政策,并通过网络面向社会公众发布信息,实行预约式接待和定制化服务。接到预订之后,在了解游客需求的基础上,提出服务内容、方式和价格,达成一致后按协议提供服务。接待服务过程中,传承人应树立文化自信与文化自觉意识,解答游客的疑问,为游客参与搭建舞台,鼓励游客发挥自己的创造力,对非物质文化遗产进行创新,并从中吸收合理的成分。游客的作品可以作为个性化的旅游纪念品带走,也可以放在橱窗中进行展示。

（资料来源：李庆雷,徐磊.泰国创意旅游产品开发的经验与启示[N].中国旅游报,2017-06-06.）

课堂讨论

搜集旅游新产品案例,讨论旅游产品设计与开发的趋势。

实训操练

为本市某五星级酒店设计亲子旅游产品。

第五节　旅游产品品牌策略

案例引导

玉龙雪山与"印象丽江"情缘

玉龙雪山,这座全球少有的城市雪山,是丽江旅游的核心品牌。玉龙雪山景区在2007年成为全国首批66家5A级景区之一,升级后的第一个动作是整合周边六个景区的经营权,做大丽江旅游核心品牌景区。

从景区营销角度看,玉龙雪山的这种做法,本质上是一种品牌扩展策略。所谓品牌扩展,是指景区在成功创立了一个高品质的知名品牌后,将这一品牌覆盖到其他景区产品,形成共同拥有一个家族品牌的旅游产品集群。为此,玉龙景区特邀张艺谋导演及其创作团队以丽江山水实景演出大型舞台剧《印象丽江》捆绑"玉龙景区"品牌。

第一,《印象丽江》实景演出成功探秘。

大型山水实景演出《印象丽江》自2004年3月20日正式公演之后,引起了巨大轰动。根据玉龙雪山景区的统计,《印象丽江》自2006年7月23日公演以来,2007年接待观众23.64万人,2008年接待观众60万人,2009年接待观众140万人,全年演出927场,每天演出3—4场,门票收入超过1.5亿元,净利润7300万元。《印象丽江》为什么能取得这样优异的市场业绩呢?就节目本身而言,主要是三个结合:丽江品牌与张艺谋品牌的结合、民间生活元素与实景演出艺术的结合、少数民族文化与雪山特殊环境的结合。

第二,《印象丽江》营销管理方面最棘手的是两个问题及解决办法。

1.价格策略:如何制定门票价格政策

这既要调动旅行社的积极性,又不能让利太多而减少演出收益。对此,《印象丽江》独辟蹊径,采取了一种超强势的、也是非均衡的门票价格政策。其基本思路是"抓大放小",门票优惠政策和销售奖励措施向战略合作旅行社大幅度倾斜。比如,大型地接社全年团队人数超过5万人,就能享受逐级累进的门票优惠和销售奖励;中小旅行社全年团队人数低于5万人,就很少或不能享受门票优惠。这种把鸡蛋放在少数几个篮子里的做法,看似具有很大的市场风险,但却成就了《印象丽江》的市场成功。

2.渠道控制,如何选择渠道分销模式

《印象丽江》在市场营销过程中的渠道模式是"有选择的分销"。所谓"有选择的",是指景区并不针对所有旅行社实行分销,而是抓住旅游分销链上的某些关键环节,跟少数旅游代理商合作,逐步建立多层次的分销渠道。景区之所以这样做,是为了改变旅游市场的游戏规则,加强对客源市场的营销控制力。玉龙雪山景区的这种做法,并不是为了建立垂直分销的渠道体系,而是抓住旅游分销链上的关键环节,加强对客源市场的营销控制。限于国内旅游市场的发展水平,景区目前还不具备建立垂直分销渠道系统的企业能力和市场条件。事实上,玉龙雪山景区也没有放弃水平分销的传统模式,但对原有的渠道模式做了修正,收窄了分销渠道的水平宽度,减少了代理商数量和分销层次,并通过直接促销客源地市场,开展与大型组团社和地接社的战略合作,加强了景区对旅游分销链的营销控制,进而延伸了渠道分销的纵向深度,使之具有了垂直分销的某些形态特征。

(资料来源:http://www.tc800.net/marketing/shownews.php? lang=cn&id=214.)

一、旅游品牌

(一)旅游品牌的概念及构成要素

旅游品牌,是指旅游产品的名称、标记、符号、图案或是它们的组合,用以标识一个旅游企业的产品或者服务,并使之与竞争对手的产品或服务区别开来。

品牌是一个集合的概念,包括品牌名称和品牌标志两部分。总体来讲品牌是企业的无形资产。

(二)旅游品牌的特征

1.整体性

旅游产品品牌首先具有明显的整体性,这是由旅游产品的综合性决定的。因此,旅游企业在开展品牌营销时,尤其应重视品牌各构成要素的有机统一,应注重品牌建设的连续性和完整性。品牌各构成要素中的某一部分或品牌建设的某一环节出现失误,对品牌都会带来灭顶之灾。

2.服务性

旅游产品是由有形产品和无形服务共同构成的,其中,服务是产品的主体部分,而服务质量的好坏取决于顾客的感受。因此,旅游企业在开展品牌营销时,应突出强调品牌的服务性。这种服务代表企业能带给消费者的真实利益和效用。

3.人本性

既然旅游企业向旅游者提供的产品是以人的服务劳动作为主体,且它是直接面向旅游者提供的服务,这就要求企业在品牌气质的构建上凸显其"人本"内涵。这种人本内涵一是针对旅游者而言,应体现出企业对旅游者无微不至、无所不在的一种人文关怀。二是针对企业从业人员而言,应体现企业对从业人员体贴入微、真心实意的一种人本管理理念。

4.创新性

较之一般消费者,旅游者对产品和服务有更迫切的创新渴望。"故地"只有实现创新才能吸引旅游者"重游"。因此,对于旅游企业而言,首要关注的问题是如何在确保品牌相对稳定的基础上,赋予旅游产品品牌新的内涵。

5.扩散性

作为一种综合性服务企业,旅游产品具有较强的风险性。外部环境的任何变化都可能给企业、产品带来不同程度的影响。尤其是外部宏观环境出现较大异常波动时,旅游产品甚至会面临灭顶之灾。为有效规避风险,或将这种风险降到最低,旅游企业在确保主业品质的前提下应有效推进多元化经营战略,向相关行业进行扩张。

(三)旅游品牌在旅游市场营销中的作用与意义

1.旅游品牌对于旅游企业的重要作用

旅游品牌有助于树立企业形象,促进产品销售;有利于保护品牌所有者的合法权益;造就强势品牌能使企业获得较高的利润;品牌有助于建立顾客偏好,吸引更多的品牌忠实者,从而使企业保持稳定的销售额;品牌有利于监督、约束企业的经营行为,保持和提高旅游企业产品的质量。

2.旅游品牌给旅游消费者带来的益处

旅游品牌的首要功能是在于可以方便消费者进行产品选择,缩短消费者的购买决策过程;有利于维护消费者的权益;品牌有助于促进产品的改良,可以给消费者带来更多的利益。

二、旅游品牌策略

(一)多品牌策略

多品牌策略是在同一个产品品类中有意识使用多个品牌的品牌战略。目的在于深度细分市场,充分满足多种品类需求。有助于建立侧翼品牌以防止价格战冲击主品牌,但这意味着更高的成本,单个品牌市场份额也较小,并有可能造成旅游企业品牌间的内部竞争。如雅高、洲际等饭店集团就拥有多个国际知名的饭店品牌。多品牌策略的成功不仅靠的是品牌的创建,更重要的是品牌的保持,使产品在顾客心目中具有明确的差异性。

同步案例

1.雅高集团及旗下酒店品牌设计

雅高集团总部设在巴黎,成立于1967年,是欧洲最大的酒店集团。雅高在世界范围内约有4000家饭店,从经济型到豪华饭店,雅高提供了全系列不同档次的饭店服务,满足了不同需求层次顾客的需要。雅高精神是一门综合的艺术,它融合了历史的传统与现代的创新,增添了宽容、纪律、想象和热情,从而促使我们的工作达到一种高超的水准。在雅高中国酒店体验雅高的精神,及由法兰西气息燃起的欢乐火花。

2.索菲特酒店品牌:奢华酒店重现法式优雅

雅高酒店集团旗下奢侈品牌索菲特酒店,是法式"生活艺术"的代表。在全球,索菲特酒店以满足独特要求的特权方式再次赋予了豪华酒店食宿招待的新定义。在世界最优异的豪华酒店里体验法式风格、能力才干、精致高雅的魅力所在。无论您是否计划去巴黎、纽约、伦敦或者曼谷旅行,在任何一家四星或者五星级酒店进行预订,就能享受其口碑载道的室内环境、美食餐馆、水疗和高尔夫设施。

3.铂尔曼酒店品牌:专为商务旅行者打造的高档酒店网络

铂尔曼是雅高旗下高档酒店品牌,专为满足商务旅行人士的需求而打造。酒店均坐落于全球各大地区及国际都市的中心地段。铂尔曼酒店旨在为高端商务旅行人士提供全方位的卓越服务、尖端科技以及"铂尔曼创新会议",是一种商务会议与奖励项目的全新组织方式。在铂尔曼酒店,商务旅行者们既可选择独立自由的旅居方式,也可放心依赖酒店员工的全天候贴心服务。我们的目标是在全球拥有超过 300 家铂尔曼酒店。

4.诺富特酒店品牌:领导商务酒店住宿潮流

诺富特在 58 个国家提供近 400 家酒店和度假村,位于主要国际城市、商业区和旅游目的地的中心。无论在什么地方,品牌都坚持其现代性、良好的设计、简洁和高效的基本价值观。

5.美爵酒店品牌:提供带有地方特色的豪华酒店住宿

美爵酒店是雅高酒店旗下五星级酒店品牌,其设计采用法国与中国传统文化相结合。酒店大堂有身着旗袍的员工;在每个客房里都有一份小礼品,曾经是专供法国国王的甜点马卡龙。美爵酒店在中国已建有 8 家酒店,分别位于北京、上海、深圳、西安、济南、大连。

6.美居酒店品牌:城市真貌,异曲同工

美居品牌的特色是让酒店能够体现当地特色。从旅游胜地的豪华度假村酒店到便利经济的美居经济酒店,为客人展现了各个美居品牌酒店不同的精粹和风格。美居酒店特别注重将当地民俗风情、饮食和本土员工的融合,并以此来贴切地反映出美居的精华:城市真貌,异曲同工。

7.宜必思酒店品牌:物超所值,国际享受

宜必思是法国雅高酒店集团旗下的经济型酒店品牌。宜必思酒店遍布世界四十个国家和地区,有 900 多家连锁酒店。宜必思在极具竞争力的价格下提供高标准的高质住宿与服务。精心设计全装修卧室套间,7 天 24 小时全天候的主要酒店服务以及现场饮食选择。宜必思的新的酒店 VI 设计形象,根据酒店品牌快捷酒店的定位,用一个枕头的形象来代表着宜必思的酒店品牌定位特征,使观众一目了然。

(资料来源:三竹品牌设计.三竹分享:雅高集团及旗下酒店品牌设计学习研究[EB/OL].)

(二)统一品牌策略

统一品牌策略指对旅游企业的全部产品均使用一个品牌。采用这一策略的好处在于能够减少品牌的设计和广告费用,有利于新产品在市场上较快较稳定地立足,并能壮大企业声势,提高其知名度。如日本东芝家用电器公司,其全部的产品均采用"Toshiba"。使用统一品牌有利于企业统一产品形象,便于公众识别、记忆企业,尽快提高企业知名度,有利于新产品进入市场,同时还可节约品牌与商标的设计和广告促销费用。但缺点是某个产品的声誉不好会影响整个企业的形象。

(三)延伸品牌策略

延伸品牌策略是将现有成功的品牌,用于新产品或修正过的产品的一种策略。品牌延伸的好处主要有:可以加快新产品的定位,保证新产品投资决策的快捷准确;有助于减少新产品的市场风险;有助于强化品牌效应,增加品牌这一无形资产的经济价值;能够增强核心品牌的形象,提高整体品牌组合的投资效益。这种策略的实施有一个前提,即扩展的品牌在市场上已有较高的声誉,扩展的产品也必须是与之相适应的优良产品;否则,会影响产品的销售或降低已有品牌的声誉。

旅游品牌塑造的实施路径有哪些?

品牌整合和品牌营销经典案例:好客山东·仙境海岸

1.山东率先提出品牌战略,仙境海岸建设如火如荼

早在2007年,山东省便提出了品牌发展战略,而"仙境海岸"正是山东省重点打造的十大文化旅游品牌之一。依托自身厚重的道家文化底蕴,青岛、烟台、威海、日照等城市纷纷围绕"过神仙日子"这一旅游主题,在建设休闲、养生、养老型目的地这一目标上下足功夫。

2.品牌提炼背景

以青岛、烟台、威海、日照等城市为主体构成的胶东半岛,海岸线绵延3000多公里,岛、滩、礁、湾、角千姿百态,蔚为壮观,道教文化、海洋文化底蕴厚重。其中,昆嵛山是道教全真派的发源地,闻名遐迩的蓬莱仙境、海上仙岛——长岛,"海上第一仙山"的崂山更是道教所追求的"得道成仙"的最高境界。打造"仙境海岸"旅游目的地品牌,就是按照"道法自然""我命在我,不在天地""天人合一",养生养心的理念,依托优美的滨海自然环境和独特的道教文化,营造沐浴阳光、畅游大海、品尝海鲜、愉悦身心、放飞心情、逍遥自在的"人间仙境"休闲度假氛围,凸现山东半岛滨海旅游的独特韵味和魅力。

3.品牌释义

"仙境海岸"旅游目的地品牌,依托青岛、烟台、威海、日照等海滨旅游城市群,以提升蓬莱阁、刘公岛、崂山、好运角、大乳山旅游区的服务、管理、配套水平和新建长岛休闲度假岛、蓬莱旅游度假综合体、全真道教祖庭栖霞太虚宫、昆嵛山仙道文化旅游度假区、好运角祈福文化旅游区、崂山道宫、日照太阳城等重点项目为龙头,以"海上丝绸之路"、莱州东海神庙、栖霞古镇等项目为支撑,打造胶东渔家、岛上人家、森林人家、仙居、道饮、逍遥游、养生修学等产品品牌,将"仙境海岸"打造成与澳大利亚黄金海岸、西班牙太阳海岸、地中海蓝色海岸相媲美的世界著名滨海度假旅游目的地品牌。

4.设计理念

"仙境海岸"LOGO 标志以书法字体为设计元素,具有浓郁的东方文化气息。丰富色彩的鲜活性,流露出天高云淡的仙家气质,翻涌的海浪似弥漫的云雾,烘托出闲云野鹤般的脱俗意境,犹如伸展好客的臂膀,欢迎五湖四海的游客。中英文字体与图形符号组合,将"仙境海岸"的品质内涵予以形象化表达,营造出从容、独特的审美意境,使人印象深刻。

(资料来源:百度百科整理.)

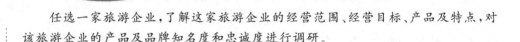

实训操练

任选一家旅游企业,了解这家旅游企业的经营范围、经营目标、产品及特点,对该旅游企业的产品及品牌知名度和忠诚度进行调研。

本章小结

本章从旅游产品的基本理论、旅游产品组合策略、旅游产品生命周期策略、旅游新产品策略等几个方面对旅游产品策略进行了阐述,分析了旅游产品的含义及特点,阐明了旅游产品组合的广度、长度、深度和关联度等四个维度,解释了旅游产品生命周期的四个阶段及特点,论述了旅游新产品开发的策略和程序,分析了旅游产品品牌策略。

关键概念

整体旅游产品(Overall Tourism Product)
旅游新产品(New Tourism Product)
旅游产品生命周期(Tourism Product Life Cycle)
旅游产品组合(Tourism Product Portfolio)
旅游品牌(Tourism Brand)

复习思考

1.旅游产品分为几个层次？
2.旅游产品生命周期各阶段的表现特点及其营销措施有哪些？
3.什么是旅游产品组合？旅游产品组合的策略有哪些？
4.旅游新产品策略有哪些？
5.如何塑造旅游品牌并有效实施品牌策略？

相关链接

推荐进一步阅读资料：
1.任朝旺,谭笑.旅游产品定义辨析[J].河北大学学报(哲学社会科学版),2006,(6).
2.吴建安.市场营销学(精编版)[M].北京:高等教育出版社,2012.
3.菲利普·科特勒,等.营销管理[M].何佳讯,等,译.15版.上海:格致出版社,2016.
4.郑毓煌.营销:人人都需要的一门课[M].北京:机械工业出版社,2016.

第七章

旅游产品定价策略的运用

学习目标

通过本章的学习,使学生明确有哪些因素影响旅游产品价格的制定;掌握旅游产品定价的一般方法;掌握旅游新产品的定价策略,并能够针对竞争对手价格的调整进行应对。

能力目标

能够根据市场营销有关价格原理和方法进行市场分析,设计旅游产品价格策略;能够运用恰当的营销组合策略,进行旅游产品的价格营销。

第一节 认识旅游产品价格

案例引导

"燕雀"安知"鸿鹄"之志？

鸿鹄逸游是携程旗下顶级旅游品牌，2012年3月由三家知名企业联合创立，包括携程旅行网、香港永安旅游、台湾易游网。同年4月携程战略投资北京太美旅行，进一步奠定了国内高端旅游市场的领先地位。鸿鹄逸游集合了各地领先企业的品牌优势、研发服务能力、精英团队、资源网络，全面覆盖了国内甚至世界华人在内的庞大市场，2010年起连续三年成功推出"顶级环游世界"产品，积累了丰富的高端旅游经验和客户群体。除了"顶级环游世界"系列产品，鸿鹄逸游还有北京、上海、台北三地出发共近200条针对高净值人群的高端旅行常规线路。价格高达10万到200万元之间。

携程网利用其庞大的会员体系、遍布全球的旅游资源、强大的品牌影响力、台湾易游网在顶级旅游方面的专业人士和运作经验及太美旅游服务高端游客的丰富经验，即使价格高昂，还是受到了部分消费者的青睐，相关数据显示如下。

(1)2011年环游世界60天50万9分钟爆满。
(2)2012年环游世界66天66万30秒秒杀。
(3)2013年环游世界80天101万17秒秒杀。
(4)2014年环游世界80天118万15秒秒杀。

(资料来源：舒伯阳.旅游市场营销案例实训[M].北京：清华大学出版社，2015.)

一、旅游产品价格的概述

(一)旅游产品价格的概念

旅游产品价格，就是旅游者为满足自身旅游活动的需要而购买的旅游产品的价值形式，它是由生产同类旅游产品的社会必要劳动时间决定的。

旅游业涉及吃、住、行、游、购、娱等很多部门，因此旅游产品的价格与很多部门的价格有关。例如，上海瑞金洲际酒店一间客房的价格、麦当劳的一款香辣鸡腿汉堡套餐的价格、武当山门票的价格、神州客运公司的旅游大巴的租车价格等。

(二)旅游产品价格的构成

从旅游产品经营者的角度看,旅游产品价格由成本和盈利构成;从旅游者的角度看,旅游产品价格由基本构成加自由选择组成。

(三)旅游产品价格的特点

1. 综合性与协调性

旅游产品要满足旅游者食、住、行、游、购、娱等多方面需求,旅游价格必然是旅游活动中吃、住、行、游、购、娱各种产品价格的综合表现,或者是这些单个要素价格的总体显示。同时,由于旅游产品的供给方分属于不同行业与部门,因而必须经过科学的协调,使之相互补充、有机搭配,因此旅游价格又具有协调性,以协调各有关部门的产品综合地提供给旅游者。

2. 垄断性与市场性

旅游产品的基础是旅游资源,而独特个性是旅游资源开发建设的核心,这就决定了旅游价格具有一定的垄断性,它表现为一方面在特定时间和特定空间范围内旅游产品的价格远远高于其价值,高于凝结于其中的社会必要劳动时间。另一方面,旅游产品又必须接受旅游者的检验,随着旅游者的需求程度及其满足旅游者需求条件的改变,旅游产品的垄断价格又必须做相应的调整,从而使旅游价格具有市场性,即随着市场供求变化而变化。

3. 高弹性与高附加值

旅游者的需求千差万别、千变万化,而旅游供给却相对地稳定,于是这种供求之间的矛盾造成相同旅游产品在不同的时间里价格差异较大,从而使旅游价格具有较高的弹性。旅游产品的档次越高,服务越好,旅游者愿意支付的旅游价格也会越高,其中便蕴含了较高的附加值。

4. 一次性与多次性

旅游产品中,餐厅的食品、旅游纪念品等商品,是使用权与所有权一起出售,其价格是一次性的;而旅游景点、旅游交通和客房等产品只出售使用权而不出售所有权,从而造成不同时间的价格有所不同,因而又存在多次性价格。

(四)旅游产品价格的分类

1. 基本旅游产品价格和非基本旅游产品价格

这种分类是按照旅游者在旅游活动中对旅游产品需求程度的差异而分类的。基本旅游价格是旅游活动中必不可少的旅游需求部分的价格,包括食宿价格、交通价格、游览价格等。非基本旅游价格是指旅游活动中对每个旅游者来说可发生也可不发生的旅游产品价格,如纪念品价格、通信服务价格、医疗服务价格、娱乐服务价格等。

2. 一般旅游产品价格和特种旅游产品价格

这种分类是按照旅游产品构成内容的不同而分类的,一般旅游价格是指以旅游产品价值为基础来确定的旅游产品价格,如餐饮价格、住宿价格、交通价格、日用生活品价格等。特种旅游价格是价格与价值背离较大的旅游产品价格,如旅游购物品中的古玩、名画的价格,名人故居的价格,这些旅游产品在特定的时间和空间内具有独占性,其价格也可以视作垄断价格,其价格制定不受成本高低的影响,而主要取决于市场的供求状况。

3. 国际旅游产品价格和国内旅游产品价格

这种分类是按照旅游者的国籍不同而分类的。国际旅游价格是向海外游客标明的价格,国内旅游价格是向本国旅游者标明的价格。由于不同国家的经济发展水平不一样,不同国籍的旅游者的购买力客观上有差异,因此,区分国际旅游价格与国内旅游价格不仅符合旅游经济活动的实际,而且有助于经济相对落后的国家或地区吸收更多的外汇。

4. 包价旅游产品价格和单项旅游产品价格

这种分类是按照旅游者购买旅游产品的方式划分的。旅游包价是旅行社为满足旅游者的需要所提供的旅游产品基本部分和旅行社服务费的价格,是旅游者一次性支付的价格。单项价格是旅游者按零星购买方式所购买的旅游产品的价格,如客房价格、餐饮价格、交通价格、门票价格等。

(五)旅游产品价格的特殊表现形式

1. 旅游差价

旅游差价是指同种旅游产品由于时间、地点或其他原因而引起的不同价格。一般情况下,旅游差价主要有地区差价、季节差价、质量差价、机会差价和批零差价五种。

2. 旅游优惠价

旅游优惠价是指在旅游产品的基本价格基础上,给予旅游产品购买者一定的折扣价格。一般情况下,旅游优惠价主要有对象优惠价、常客优惠价、支付优惠价和购买量优惠价四种情况。

课堂讨论

请以你所在城市的旅行社、饭店、景区等旅游企业为例,每组选择一类旅游企业,讨论它们的旅游产品定价情况。

要点:(1)阐述旅游产品价格的概念和构成。

(2)分类举例说明该类旅游企业旅游产品价格的特点。

(3)比较不同旅游企业的旅游产品价格类型的异同。

二、影响旅游产品定价的因素

旅游产品定价影响因素如图7-1所示。

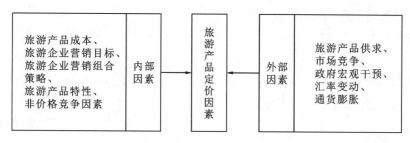

图 7-1 旅游产品定价影响因素

（一）内部因素

1.旅游产品成本

成本是旅游企业产品定价的底线,只有价格高于成本时,企业才会盈利。

2.旅游企业营销目标

旅游企业对自己的营销目标越清楚,制定价格就越容易。通过定价,旅游企业可以完成如下营销目标。

(1)维持生存。

维持生存是企业的短期目标。面对激烈的市场竞争,或者消费者的需求发生变化时,企业可以将维持生存作为主要目标。只要产品的价格能够弥补可变成本和一部分固定成本,旅游企业就可以生存下去。

(2)利润最大化。

有些企业制定价格时将利润最大化作为主要目标。实现这个目标,可能会牺牲企业的长远发展目标,而且这种定价往往忽略其他营销组合变量、竞争对手的反应和法律对价格的约束等问题。

(3)市场占有率最大化。

有些旅游企业想通过价格使得市场占有率最大化。这些企业认为,选择市场占有率最大化,通过大量生产降低成本,并且会获得较高的长期利润。所以,企业尽可能压低产品的价格。

(4)产品质量领先。

旅游企业为了保证高端产品和服务质量,投入大量资金,使得这些企业以高定价来维持企业营销目标。

3.旅游企业营销组合策略

价格策略与4P策略中的其他策略相比是最灵活的一个,旅游营销人员可以在短时间内比较迅速地制定、调整或变更产品和服务的价格,但旅游产品的价格决策不能与其他营销策略相分离而单独进行。

4.旅游产品特性

若某种旅游产品的替代性较强,旅游企业为了强化销售的目的,可能实行削价竞争;此外,旅游产品价格的高低经常与旅游目的地形象相联系,若旅游产品价格过低,就有可能引起旅游者的怀疑而不愿购买。

5.非价格竞争因素

旅游者在做出购买决策时,不仅注重旅游产品的价格,还要考虑旅游企业提供的服务质量、获得的额外利益等因素。因而,旅游企业为了实现较高价格的销售,一般都要提供较高水平的服务,同时还要提供一些免费的服务项目。

(二)外部因素

1.市场竞争

旅游市场竞争的激烈程度对产品的定价有很大的影响,竞争越激烈,对定价的影响就越大。企业一旦了解了竞争对手的产品和价格,就可以将这些信息作为制定自己产品价格的基点。

2.其他环境因素

旅游企业在制定产品价格时还要考虑外部环境中的一些其他因素,如通货膨胀、汇率变动、政策法规等。物价水平的变化会带来旅游企业生产和经营成本费用的变化;汇率变动对出入境旅游影响较大;任何旅游企业在制定产品价格时都必须遵守政府的相关政策和法律法规。

请以你熟悉的旅行社、饭店、景区等某一旅游企业为例,分析其为什么会进行价格调整。

要点:(1)分别阐述影响该类旅游企业旅游产品定价的主要因素。

(2)找出影响该类旅游企业产品定价的最主要因素。

(3)总结该类旅游企业产品价格调整的原因。

春节期间出境游火热,节后旅游价格大幅跳水

在过去的春节里,无锡旅游出境游热情相比较于往年同期都有所增长。春节刚结束,整个旅游行业基本进入一个传统淡季。面对淡季,恰恰是节后错峰旅游的一个最佳时期。

记者登录旅游网站,查看机票价格不难发现,年后不少热门旅游目的地的机票价格大幅跳水,和春节相比基本降幅在40%—60%。不过旅游部门统计,即便春节期间价格高,依然挡不住无锡人出境游的热情。

动辄上万的海岛线路旅游报价,在春节期间依然是"一票难求"。不过区别于往年,今年长线如美国、欧洲线路普遍较冷,业内人士分析,这和整体经济形势有一定关联。年后海岛游依然受到游客追捧,价格也是降幅很大。

目前,无锡苏南硕放国际机场已经开通了多条旅游航班,不少旅行社也是整年包机,为了保证淡季不冷,整体价格将持续偏低。除此之外,今年的春节期间无锡人对国内游的贡献整体一般,不过2016年旅行社国内游业绩上涨,预计今年会继续保持态势。去年备受关注的上海迪士尼乐园,在春节期间也是一度爆满。

价格跳水、节后错峰旅游正当时,不过业内人士提醒,这段时间也最容易出现旅游乱象,消费者在选择旅游线路产品时,切忌不要太过贪图便宜。

(资料来源:http://news.jstv.com/a/20170207/139000.shtml。)

案例启示:

供求关系影响着旅游产品的定价,供不应求时,旅游价格趋向于上涨,供大于求时,旅游价格趋向于下降,说明旅游产品淡旺季应采用不同的定价策略。

知识链接 我国首部《旅游法》严抓旅游价格

我国首部《旅游法》于2013年10月1日起正式实施,旅游法在遵循价格管理体制、定价权限、定价原则基础上,提出"严格控制价格上涨"的基本原则,强调门票价格的公开性、公益性和时效性。根据《旅游法》规定:利用公共资源建设的景区的门票收费和景区内的游览场所、交通工具等的收费,实行政府定价或政府指导价。其他景区门票实行市场定价,其价格应当向价格主管部门备案。此外,景区提高门票价格应当提前六个月公布。《旅游法》还规定:若景区违反规定,擅自提高门票或另行收费项目的价格,由相关主管部门依照有关法律、法规处罚。此外,公益性的城市公园、博物馆、纪念馆等,除重点文物保护单位和珍贵文物收藏单位外,应当逐步免费开放。

三、旅游产品定价的目标及程序

(一)旅游产品的定价目标

定价目标是旅游企业营销目标的基础,是企业选择定价方法和制定价格策略的依据。

1.以反映提高产品质量为目标

可细分为:一是以反映旅游产品特色为目标,二是以反映旅游产品垄断为目标,三是以提高旅游者满意度为目标。

2.以保持和扩大市场占有率为目标

可细分为:一是以稳定市场价格为目标,二是以有助于市场推销为目标,三是以符合市场行情为目标。

3.以稳定和增强企业竞争力为目标

可细分为:一是以增加当前利润为目标,二是以一定的均衡收益为目标,三是以平均利润为目标。

课堂讨论

请以你熟悉的旅行社、饭店、景区等某一旅游企业为例,研讨面对竞争对手的提价或降价,该类旅游企业应如何面对。

要点:(1)阐述旅游产品价格制定的目标。

(2)对照旅游产品价格制定的目标,分析该类旅游企业面对竞争对手的价格变动是否会做出回应。

(3)简单举例证明你的判断。

(二)旅游产品的定价程序

旅游产品的定价程序如图 7-2 所示。

图 7-2 旅游产品定价的程序

实训项目

　　主题餐厅是透过一系列围绕一个或多个历史或其他的主题为吸引标志,向顾客提供饮食所需的基本场所。它的最大特点是赋予一般餐厅某种主题,围绕既定的主题来营造餐厅的经营气氛:餐厅内所有的产品、服务、色彩、造型以及活动都为主题服务,使主题成为顾客容易识别餐厅的特征和产生消费行为的刺激物。相对于其他餐饮企业,主题餐厅的顾客更加追求顾客体验价值的实现。

　　请同学们以小组为单位,寻找城市中的一家主题餐厅,问卷调查消费者的用餐体验,依据调查结果,分析主题餐厅是否通过提供额外特色而让消费者觉得价有所值。就主题餐厅的定价谈谈自己的看法和建议。

第二节　旅游产品定价方法和策略

案例引导

出国旅游价太高?按揭游让你想游就游

　　上航旅游(上航假期)携手兴业银行推出新潮旅行方式,随着旅游法的出台,推出无购物无自费的产品,出境游价格普遍有所上涨,0手续费分期付费为家庭的享受型消费减轻了负担。

　　团费超5000元可申请分期,如德法意瑞4国12天,11800的价格,在游玩尽兴后只需每月偿还983元即可(11800/12≈983),无须先省钱后消费,想游就游,轻松自由!上航假期热门产品享·悦榕泰一地产品,5680元/人,一人出行,每月只需还约473元,三口之家一起出行,每月只需付约1420元,这对于月光的朋友们和想把大额资金用于投资理财的家庭来说是利好消息。据了解,兴业银行还有旅游消费贷款等业务,想到国外"血拼"的,也不用担心爆卡危险,最高可享受10万元的消费贷。

　　(资料来源:高玉宇.出国旅游价太高?按揭游让你想游就游.http://news.163.com/13/1018/04/9BENOU2700014Q4P.html.)

案例启示：

现代市场竞争中,价格手段成为一种有效直接的竞争手段,旅行社经营目标对旅游产品价格的制定具有相当大的影响,心理定价的应用在旅游行业屡见不鲜。

一、常用的旅游产品定价方法

旅游产品定价方法是旅游企业在特定定价目标指导下,根据企业的生产经营成本,面临市场需求和竞争状况,对旅游产品价格进行计算的方法。通常,旅游产品定价方法可依据产品成本、市场需求和市场竞争归纳为三类。

(一)成本导向定价(Cost-based Pricing)法

这是以旅游产品的成本为基础制定旅游产品价格的方法。具体又可分为以下几种方法。

1.成本加成定价法

成本加成定价法是指在旅游产品成本的基础上,加上一定比例的加成来确定旅游产品价格的方法。加成的含义就是一定比例的利润。一般又可分为总成本加成定价法和变动成本加成定价法。

(1)总成本加成定价法。

旅游产品总成本包括固定成本和变动成本。单位产品成本加上一定比例的利润,就是单位产品的价格。用公式表示为:

$$单位旅游产品价格 = \frac{总成本 \times (1+利润率)}{预计销售量}$$

$$= \frac{(总固定成本+总变动成本) \times (1+利润率)}{预计销售量}$$

(2)变动成本加成定价法。

变动成本加成定价法也称边际贡献定价法,就是在定价时只计算变动成本,不计算固定成本,在变动成本的基础上加上预期的边际贡献。由于边际贡献会小于、等于或大于变动成本,旅游企业就会出现盈利、保本或亏损三种情况。在市场竞争激烈,产品必须降价时,对旅游企业的定价有重要的指导意义。

$$单位旅游产品价格 = \frac{总变动成本}{预计销售量} \times (1+利润率) = 单位变动成本 \times (1+利润率)$$

如果考虑税率,

$$单位旅游产品价格 = \frac{单位产品成本 \times (1+利润率)}{1-营业税率}$$

例:某宾馆有客房600间,全部客房年度固定成本总额为3000万元,单位变动成本为80元/(间·天),预计全年客房出租率为70%,成本利润率为30%,营业税率为5%,试确定客房的价格。

$$P = \frac{\frac{(30000000 + 80 \times 600 \times 360 \times 70\%)}{600 \times 360 \times 70\%} \times (1 + 30\%)}{1 - 5\%} \approx 381(元)$$

2. 盈亏平衡定价法

该定价法是指旅游企业在既定的固定成本、平均变动成本和旅游产品预计销量的条件下,实现销售收入与总成本相等时的旅游产品价格。也就是旅游企业不赔不赚时的产品价格,又称为保本定价法,是市场不景气时采用的定价方法。

$$单位旅游产品价格 = \frac{固定成本总额}{预计销售量} + 单位变动成本$$

例:某饭店有客房 400 间,每间客房分摊固定成本为 150 元,单位变动成本为 40 元,饭店年均出租率为 70%,问饭店房价定为多少才能使饭店盈利?

$$P = \frac{150 \times 400}{400 \times 70\%} + 40 \approx 254(元)$$

因此,房价高于 254 元,才能使饭店盈利。

3. 投资回收定价法

该定价法指旅游企业为确保投资按期回收,并获得预期利润,根据投资生产地产品的成本费用及预期生产的产品的数量,确定能实现营销目标价格的定价方法。

投资回收定价法一般为静态计算方法,没有考虑资金的时间价值等动态因素,所计算的结果只能供旅游企业确定产品价格时参考,而不能做唯一依据。

例:某旅游城市新建三星级饭店 1 座,共投资 8000 万元,拥有标准客房 350 间,预计投资回收期为 6 年。预计在 6 年中,年平均客房出租率最好状况可至 70%,最差也可达 60%,每一客房分担的服务管理费为每年 8000 元,同类饭店标准客房的日销售价为 220 元/(间·天)。试计算能保证投资按期收回的单位客房日收费标准。

$$单位客房每年经营费用 = \frac{投资总费用}{客户数 \times 回收期} + 单位客房年追加营销服务费$$

$$= \frac{80000000}{350 \times 6} + 8000 \approx 46095.24(元)$$

$$单位客房日收费 = \frac{单位客房年经营费用}{年日历数 \times 客房平均利用率} = \frac{46095.24}{360 \times 60\%} \approx 213.4(元)$$

验证:

该饭店年收入 = 213.4 × 350 × 360 × 60% = 16133040(元)

该饭店年净收入 = 16133040 − 8000 × 350 = 13333040(元)

该饭店 6 年内净收入 = 13333040 × 6 ≈ 80000000(元)

计算表明,该饭店 6 年内净收入约为 8000 万元,恰好等于饭店建设投资的 8000 万元。因为所计算出的日收费标准低于同类饭店的水平,且客房出租率以最差状况做保守计算,故该饭店单位客房日收费平均标准为 214 元,可保证如期收回投资。

4. 目标收益定价法

根据旅游企业的总成本和估计的总销售量,确定一个目标收益率,作为定价的标准,这种定价方法用公式表示为：

$$单位旅游产品价格 = \frac{总成本 + 目标利润}{产品数量}$$

例：某三星级饭店有客房400间，一年应由客房负担的固定费用为600万元，每间客房出租一天的可变成本为25元，目标利润为276万元，客房出租率为60%，则客房价格应为多少？

$$P = \frac{6000000 + 25 \times 400 \times 360 \times 60\% + 2760000}{400 \times 360 \times 60\%} \approx 126(元)$$

（二）需求导向定价（Buyer-based Pricing）法

这是指以旅游产品的市场需求状态为主要依据，综合考虑旅游企业的营销成本和市场竞争状态而制定或调整产品、服务的营销价格的方法。

1. 差别需求定价法

差别需求定价法指在旅游产品成本相同或差别不大的情况下，根据旅游者对同一旅游产品的效用评价差别来制定差别价格。包括同一旅游产品对不同旅游者的差别定价、在不同地点的差别定价、在不同时间的差别定价、在增加微小服务的差别定价等。

2. 习惯定价法

这是旅游企业按照旅游市场上长期被消费者接受和承认的、已形成习惯的价格定价的方法。如，地方土特名产、名小吃以及旅游纪念品等。

3. 理解价值定价法

这是旅游企业依据消费者对旅游产品价值的感觉和理解程度来决定产品价格的一种方法。其关键在于旅游企业对消费者理解的旅游产品"价值"有正确的估计。如特色酒店、旅游手工艺品等价格的确定。

4. 可销价格倒推法

可销价格倒推法又称反向定价法，是指旅游企业依据旅游消费者能够接受的最终销售价格，计算自己从事经营的成本和利润后，逆向推算出旅游产品的价格。如旅游线路价格的制定。

这种定价方法的优点在于有利于加强与中间商的良好关系，保证中间商的正常利润，使产品迅速向市场渗透，并可根据市场供求情况及时调整，定价比较灵活。缺点在于容易造成产品质量的下降和旅游者的不满。

5. 价格需求弹性定价法

若用Q代表需求量，P代表价格，其中Q_1、Q_2分别为价格变动前后的需求量；$P_1 P_2$分别代表需求变动前后的价格，价格需求弹性系数为E，可用以下公式表示为：

$$E = \frac{\Delta Q/Q}{\Delta P/P} = \frac{(Q_2 - Q_1)/(Q_2 + Q_1)}{(P_2 - P_1)/(P_2 + P_1)}$$

其中：

|E|>1，富有弹性，价格↓，销售收入↑；反之亦然。

|E|<1,弱(无)弹性,价格↑,销售收入↑;反之亦然。

|E|=1,价格和需求量成比例变动,最好维持原价不变。

例:某风景区门票价格为30元,日容载游客量为50000人,但实际每天接待游客40000人。根据历史资料知该门票价格需求弹性系数为0.9,为促使接待游客数上升,拟通过调整门票价格刺激游客前来游览。试确定该门票价格调整的水平。

根据价格需求弹性系数计算公式和上述资料所给条件,则

$$0.9 = \frac{(40000-50000)/(40000+50000)}{(P_2-30)/(P_2+30)}$$

计算可得 $P_2 \approx 23.4$ 元。可近似取为24元。

因而从题中可知,该门票价格由30元降为24元,才能使公园的客源量达满负荷状态。

(三)竞争导向定价(Competition-based Pricing)法

这是指以旅游产品的市场供应竞争状态为依据,以竞争对手的价格为基础的定价方法。这种方法是以竞争为中心,同时结合旅游企业自身的实力、发展战略等因素的要求来确定价格。

1.率先定价法

这是一种主动竞争的定价方法,一般为实力雄厚或产品独具特色的旅游企业所采用。这种方法所确定的旅游产品的价格若能符合市场的实际需要,率先定价的旅游企业会在竞争激烈的市场环境中获得较大的收益,居于主动地位。

2.追随核心定价法

这是根据旅游市场中同类产品的平均价格水平,或以竞争对手的价格为基础的定价方法。在许多同行相互竞争的情况下,每个旅游企业都经营着类似的产品,若价格高于别人,就可能失去大量销售额;若价格低于别人,就必须增加销售额来弥补降低了的单位产品利润,而这样做又可能迫使竞争者随之降低价格,从而失去价格优势。

3.排他性定价法

这种定价方法是指以较低的价格排挤竞争对手、争夺市场份额的定价方法。如果说追随核心定价法是防御性的,那么排他性定价法则是进攻性的。这种定价方法又可以分为绝对低价法和相对低价法。

同步案例

经济型酒店又称为有限服务酒店,是以大众旅行者和中小商务者为主要服务对象,以客房为唯一或核心产品,价格低廉,服务标准,环境舒适,硬件上乘,性价比高的现代酒店业态。其主要特点如表7-1所示。

表 7-1　经济型酒店的主要特点

项目	描述
目标客户	一般商务人士、普通自费旅游者
提供服务	客房(洗澡、睡觉、上网)＋早餐
价格	价格低廉,每房每日 150—400 元
入住率	大多在 85% 左右
区位特点	人口流动快、密度高、交通方便、市政设施成熟的地段
代表性酒店	如家、锦江之星、七天、汉庭等

相对于高星级酒店,经济型酒店的固定成本以及后期追加成本少,保本点低,同时管理和服务成本也较低,管理和服务费率远远低于高星级酒店的水平。我国经济型酒店的消费价格,能够迎合我国一般商务旅客等大众旅游消费者的实际消费需求,具有较强的价格竞争优势。

实训项目

近年来,旅行社价格战愈演愈烈。旅行社行业进入门槛较低,企业和从业人员的激增,以及一些消费者盲目追求低价,造成了市场竞争的惨烈。甚至一些旅行社的定价行为并不一定符合定价的基本要求,是一种非理性的定价。

请同学们以小组为单位,走访当地一家大型旅行社,与企业负责人进行深度访谈,了解其是如何为旅游线路定价的并针对其定价方法谈谈自己的看法和建议。

二、常用的旅游产品定价策略

酒店价格逆向拍卖能否山寨成功

2011年11月初,全球最大的中文在线旅行网站去哪儿网宣布,逆向定价模式酒店预订"越狱"频道正式上线。

去哪儿网"越狱"以"酒店价格你来定"为口号,使用消费者出价,酒店方竞拍的方式。简单来说,就是用户主导价格,去哪儿提供交易平台,酒店方如果觉得价格合适,双方一拍即合的C2B逆向拍卖模式。

去哪儿网酒店业务高级总监表示,当初选择这个有趣的名字,是因为其实每一个人内心都隐藏着打破规矩的情绪,自由、平等、开放,互联网平台为我们打造了这样一个世界。去哪儿网"越狱"频道就希望实现这样一个使命,让网友实现"酒店价格你来定"的心愿,"花最少的钱,享受最好的服务",并且让整个预订过程变得有趣。其实不仅仅是酒店,旅游本身就是一场越狱。

(资料来源:鄢光哲.酒店价格逆向拍卖能否山寨成功[J].中国青年报,2011(11).)

旅游产品定价策略与定价方法是有区别的。一般来说,定价方法用于具体地确定产品的价格,而定价策略则是提供了一种思想,或者是一种技巧。常见的定价策略有新产品定价策略、心理定价策略和折扣定价策略等。

(一)新产品定价(New Product Pricing)策略

1.撇脂定价策略

撇脂定价策略也称高价策略,指旅游企业在新产品上市之初,把价格定得尽可能高,力求在短期内获取高额利润,尽快收回成本。

这种定价策略,可使旅游企业在短时间内获得高额利润,也为今后的降价留下空间;高价还可树立产品高品质的形象。但定价过高会抑制市场需求,影响市场拓展,同时由于竞争者的参与,可能会使产品生命周期缩短。

这种定价策略作为一种短期的价格策略,适用于具有独特的技术、不易仿制、生产能力不太可能迅速扩大等特点的新产品,同时市场上存在高消费或时尚性的要求。

2.渗透定价策略

渗透定价策略也称低价策略,是指在旅游新产品投入市场时,以较低的价格吸引消费

者,从而很快打开市场。

这种定价策略,可使旅游企业在短时间内迅速打开销路,扩大市场销量,增加盈利;能有效阻止竞争对手介入。但低价不利于尽快收回投资,影响后期进一步调价,而且遇到强大竞争对手时可能遭到重大损失。

这种定价策略适用于产品的需求价格弹性大、市场容量可观、潜在竞争者多的情况。

3. 满意定价策略

这是一种折中定价策略,指旅游企业将新产品价格定在高价与低价之间,既能保证企业获得一定的利润,又能为消费者所接受。

这种定价策略适用于产品的需求价格弹性适中、市场销量较为稳定、企业不愿引发价格战,也不愿以高价吸引潜在的竞争者加入的情况。

(二)心理定价(Psychological Pricing)策略

1. 尾数定价策略

尾数定价策略指旅游企业为刺激和迎合旅游者的求廉心理,给旅游产品定一个零头数结尾的非整数价格的定价策略。一般中低档旅游产品常采用此定价策略。如定价99.8元会使消费者产生还不到100元的感觉,如果价格从99.8元调整为100元,尽管变化只有0.2元,但感觉上却提高了很多。

2. 整数定价策略

整数定价策略指旅游企业为满足旅游者显示自己地位、声望、富有等心理需要而采取整数价格的定价策略。一般高档旅游产品常采取此定价策略。如租金为2000元一天的豪华套房不宜改为1995元。

3. 分级定价策略

分级定价策略是把某一类旅游产品按不同品牌、不同规格、不同型号划分为若干档次,对每一档次的旅游产品制定一个价格的定价策略。

4. 声望定价策略

声望定价策略是指旅游企业有意识地把某种旅游产品的价格定得高些,以此来提高旅游产品和旅游企业的档次与声望的定价策略。这种策略可以满足消费者对声望产品的需求;有利于树立良好的产品形象;有利于取得超额利润。一般适用于老字号的、声望高的旅游企业,以及独家经营的产品、知名品牌的产品和特色产品。

5. 招徕定价策略

招徕定价策略是指特意将某几种产品的价格定得非常高或非常低以招徕顾客的定价策略。如餐厅每天推出几款特价菜,吸引客人就餐。需要注意的是招徕定价的降价产品必须是品种新、质量优的适销产品,而不能是劣质、过时的产品;降价的产品品种和数量要适当。

(三)折扣定价(Discount Pricing)策略

1.现金折扣策略

现金折扣策略指对旅游产品购买者在规定时间内提前付款或用现金付款给予一定价格折扣的策略。目的是鼓励购买方尽早付款,加速资金周转,降低销售费用,减少财务风险。采用这一策略需要考虑三个因素:折扣比例、给予折扣的时间限制和付清全部款项的期限。

2.数量折扣策略

数量折扣策略指根据消费者购买产品数量的多少,分别给予不同折扣的策略。购买数量越多,折扣越大。数量折扣又分为累计数量折扣和一次性数量折扣。

3.季节折扣策略

季节折扣策略指旅游企业根据消费者购买旅游产品时间的不同而给予相应折扣的策略。对于淡季购买产品的顾客给予一定的折扣,可以调节供求矛盾,使旅游企业的生产和销售在一年四季保持稳定。

4.功能折扣策略

功能折扣策略也称为同业折扣策略,指旅游产品的生产企业根据各类中间商在市场营销中所担负的不同职责,给予不同价格折扣的策略。这种折扣有利于稳定和拓宽销售渠道,调动中间商的积极性。

三、旅游产品的价格调整

旅游企业所处的市场环境不断变化,为了自身的生存和发展,有时候需要主动降价或提价,或需要对竞争对手价格变化做出适当的反应。

(一)旅游产品降价与提价的原因与方式

1.旅游产品降价与提价的原因

旅游产品降价与提价的原因如表7-2所示。

表7-2 旅游产品降价与提价的原因

↓降价↓	↑提价↑
产能过剩→P↓→扩大销售	通货膨胀→P↑→保证盈利
竞争压力→P↓→保持份额	供不应求→P↑→限制需求
成本优势→P↓→控制市场	

2.旅游产品降价与提价的方式

(1)旅游产品降价的方式。

最直接的方式是将产品的价格或标价绝对下降;采取各种折扣形式降价;馈赠物品,实行有奖销售;改进产品品质,增加额外服务;允许消费者分期付款或赊销;给中间商提取推销奖金等。

(2)旅游产品提价的方式。

为了把提价的不利因素降到最低程度,除了要选择适当的提价时机外,还要选择合适的方式,尽可能多地选择间接提价方式。如提价的同时赠送物品或增加产品的分量等。

(二)旅游企业对竞争者改变价格的反应

旅游企业对竞争者改变价格的反应如图7-3所示。

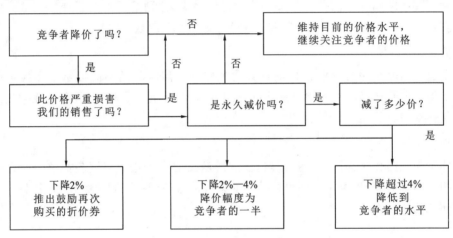

图7-3 旅游企业对竞争者改变价格的反应

编制旅游企业产品价格分析报告

以小组为单位,应用所学知识,利用网络调研、资料收集或实地访谈等形式,分析某一旅游企业的产品价格,并提出针对性建议。

建议操作步骤:① 对所处行业外部环境因素进行分析;② 对该旅游企业产品价格走势及影响因素进行分析;③ 根据产品价格波动的特点及影响因素确定产品现有定价策略;④ 重点竞争对手产品价格分析;⑤ 产品定价预测及改进策略建议。

本章小结

价格是旅游产品或服务价值的货币表现。旅游产品价格有综合性与协调性、垄断性与市场性、高弹性与高附加值、一次性与多次性的特点。旅游企业的定价决策受到内部因素和外部因素的影响。

基本定价方法有三种：成本导向定价法、需求导向定价法和竞争导向定价法。常用的旅游产品定价策略有新产品定价策略、心理定价策略和折扣定价策略。

关键概念

旅游产品价格（Tourist Product Price）
旅游差价（Tourism Price Difference）
旅游优惠价（Preferential Price for Tourism）
成本导向定价（Cost-based Pricing）法
需求导向定价（Buyer-based Pricing）法
折扣定价（Discount Pricing）策略
竞争导向定价（Competition-based Pricing）法
新产品定价（New Product Pricing）策略
心理定价（Psychological Pricing）策略

复习思考

1. 成本、需求和竞争因素是通过怎样的方式来影响旅游产品定价的？
2. 举例说明尾数定价法和声望定价法在什么情况下适用？
3. 什么是旅游差价？旅游差价在旅游产品定价中的作用如何？
4. 常见的新产品定价方法有哪些？旅游企业应如何运用这些方法？

案例解析

凤凰古城的得失

印象中的凤凰古城,在沈从文的文字里,在黄永玉的书画里,在谭盾的琴音里,在罗洗河的棋局里……如今,它却飞入了那张被炒的火烫的148元的门票里。

2013年4月10日起,湖南省凤凰县凤凰古城实施一票制,游客进入景区须支付148元门票。免费参观凤凰古城的时代终结。过去,游客游览沈从文故居等9大景点才要购买套票。

从免费参观,到收取148元的通票,门票新政策饱受各界的争议与质疑。凤凰县政府的官方微博"湖南凤凰"给出的收费原因是:由于过去景区无序开放,由此衍生各种乱象,严重影响游客的合法权益,危机凤凰旅游产业的生命力。收费目的在于切断违规操作链条,堵住管理漏洞,规范旅游市场秩序,保护古城,维护游客合法权益。

至于门票为何定价148元,"湖南凤凰"称:经物价部门核算,凤凰古城景区门票成本为131.27元,其中运营成本73.64元,特许经营权摊销单位成本12.76元,建设维护成本21.76元,发展成本23.11元。定价已经省物价局批复。

涨价的初衷是为获得更多的收入,这一点无可厚非,当局也不必有所掩饰。但是将人头费提升就一定能提高景区的整体收入吗?这可就未必了,或者适得其反。

凤凰古城自收取门票以来,原本游人如织的古城游客锐减,店铺生意惨淡,很多店铺可以用门可罗雀来形容。4月10日是一个明显的分水岭,之前赚钱,之后赔钱。"现在街上走动的游客,不到以前的十分之一;真正的散客很少,入夜以后游客更少,而酒吧主要靠年轻的散客,所以门票新政最受冲击的主要是酒吧、客栈还有饭店。"这是凤凰古城从事经营的部分业者感受到的最大变化。

收费的凤凰,既没有给其带来当前利益,也看不出有什么长远利益。现在凤凰的命运,恰如沈从文的感叹:"美丽,总是令人忧愁。"

(资料来源:点评凤凰门票:触动利益比触及灵魂更困难.http://cul.china.com.cn/2013-04/23/content_5897095.html.)

案例分析:

暂不谈论涨价的正当性,仅从涨价的可行性上分析,显然凤凰县政府并没有充分评估游客对价格的感知,没有预测到景区涨价对需求量的巨大抑制作用。一般情况下,产品成本决定了产品价格的底线,消费者对产品价值的认知决定了产品价格的上限,市场竞争状况调节着价格在上限和下限之间不断波动的幅度,并最终决定产品的市场价格。在给旅游产品定价时,必须充分考虑影响定价的内外部因素,并尽量充分评估这些内外部因素影响程度的大小。

发展旅游不能指望"门票经济",要谋求凤凰旅游的发展,要谋求凤凰经济的发展,能以大凤凰的理念去思考,靠创意去做产业,打造和提升能被游客所看重的产品的特色品质和价值,发展多元业态,满足多元需求,或者走出一条新路来。

相关链接

推荐进一步阅读资料:
1. 菲利普·科特勒,等.营销管理[M].何佳讯,等,译.15版.上海:格致出版社,2016.
2. 吴建安.市场营销学(精编版)[M].北京:高等教育出版社,2012.
3. 艾·里斯,杰克·特劳斯.22条商规[M].寿雯,译.北京:机械工业出版社,2009.

第八章

旅游分销渠道策略的运用

学习目标

通过本章的学习,使学生了解分销渠道的类型;掌握渠道的影响因素和基本策略;了解渠道冲突的内涵,并能够掌握分销渠道的管理方法。

能力目标

能够利用渠道影响因素和基本策略,识别某一旅游产品渠道类型;能够为某一旅游产品设计分销渠道;能够利用渠道的管理方法,处理旅游产品的渠道冲突。

第一节 认识旅游分销渠道

有趣的相遇

某一天,湖南武陵源黄龙洞的游客群中传来一阵笑声,只见三位日本游客紧紧地拥抱在一起。经一位懂日语的人与他们交谈才得知,三位先生曾经是日本东京大学篮球队的主力队员,自大学毕业后已有多年没有谋面了,然而,对中国世界自然遗产的热爱和向往,使他们不约而同地来此旅游,意外惊喜地欢聚于黄龙洞。那么,他们是怎样购得旅游景区景点产品,梦想成真的呢?佐藤正男先生是因为工作业绩突出而受到公司奖励,与同仁们一起来中国观光的;田中光太郎及其妻子是参加由日本观光旅游社组织的全包价团队来旅游的;而田中信一先生则是背包旅游爱好者,通过互联网预订到机票和旅馆,孤身一人来华旅游的。

这说明张家界各旅游景点在日本市场的销售渠道是非常广泛的,已为广大日本消费者所知晓,说明它的渠道策略是成功的。

(资料来源:http://wenku.baidu.com/view/2f0b1a8bb52acfc788ebc95d.html。)

一、旅游分销渠道的概述

(一)旅游分销渠道的概念

旅游分销渠道,又称为旅游产品的销售渠道,是指旅游产品从生产企业向旅游消费者转移的过程中所经过的路线和环节,这个路线和环节是由一系列取得使用权或协助使用权转移的市场中介机构或个人所组成的。所以,又可以说,一切与旅游商品转移相关的中介机构或个人共同组成了旅游产品的分销渠道。

理解这一概念应注意以下几点。

(1)旅游产品是一切与旅游活动相关的吃、住、行、游、购、娱等实物与服务产品。在本章主要指旅游景区、酒店、飞机票等。

(2)旅游分销渠道主要是指从旅游产品生产至消费者的所有中间参与主体。各环节具体包括批发商、代理商、经纪人、零售商、营销门店等。

(3)这里的渠道不包括旅游产品生产者和辅助部门。
(4)渠道中的相关主体不能取得旅游产品的所有权,只有使用权。
(5)旅游分销渠道可以是单一的渠道,也可以是多种渠道的组合。

(二)旅游分销渠道的功能

1.研究作用——信息提供和反馈

企业要获得可持续的成功,必须了解自己的顾客和相关利益方,掌握顾客的真正需求,而获得需求信息的重要途径就是分销渠道。旅游企业在营销过程中直接面对顾客,通过顾客提出的诉求、意见、建议,可以收集到顾客的需求,从而为旅游企业制定有效的营销策略提供重要的信息。

2.促销作用——联合营销

旅游产品仅依靠自己的力量分销很难获得较好的知名度,游客对旅游产品的了解也会较差,而通过不同的渠道去分销,建立由众多的个人与组织构建的"利益同盟"可以更好整合各类营销机构的力量,联合营销,更好地把旅游产品销售出去。通过渠道营销使拥有旅游产品的企业和营销机构都能获得较好的收益。

3.组合加工——包价旅游产品

现在国内外很多旅游批发商通过大批量购买航空公司、饭店、旅游景点等项业务,然后将它们巧妙组合,设计出许多迎合旅游市场消费者需求的包价旅游产品,通过旅游零售商或自设旅游网点进行销售,效益非常看好。

4.接洽/谈判

寻找可能的购买者与之进行沟通,并就其价格及相关条件达成最后的协议。

5.融资/财务

与普通商品营销渠道一样,旅游产品的分销渠道兼有融资功能。

6.风险承担

例如,民间旅行社是豪生酒店的销售渠道之一。为了在旅游旺季酒店房间有保证,民间旅行社和豪生酒店签订协议,每天承担40—50间房的销售。如果没卖出去,损失由民间负责。这在一定程度上民间就帮助豪生承担了风险。

课堂讨论

旅游营销渠道还有哪些作用?

二、旅游分销渠道的类型与选择

旅游分销渠道长度类型如图 8-1 所示。

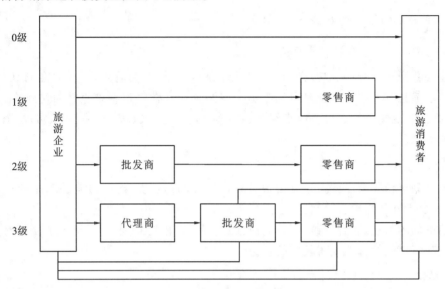

图 8-1　旅游分销渠道长度类型

（一）直接渠道与间接渠道

根据旅游企业的销售是否通过中间商来看，可以把销售渠道分为直接渠道和间接渠道。

1. 直接渠道

直接渠道又叫零阶渠道、直销，是指旅游生产企业营销过程中，不经过任何其他机构而把旅游产品直接卖给游客的销售渠道。例如，游客直接到旅游景点购买门票、旅行者直接到酒店订购房间。这是一种最方便的、简单的营销渠道，也是最短营销渠道。

直接渠道的优点有以下几个方面。

第一，由于没有中间环节，旅游企业节省了营销费用，从而获得更高的收益。例如，旅游景点门票直接在景区销售所获得的价格比卖给旅行社要高。

第二，旅游企业对市场信息有更多的掌握。通过直接销售旅游产品，旅游企业直接接触旅游消费者，可以直接了解他们的喜好，准确了解市场变化，从而进行有针对性的营销活动。

第三，旅游企业易于控制旅游产品的价格。由于销售过程中没有中间商的介入，旅游企业对自己旅游产品享有更大的定价权，可以根据旅游市场行情调整旅游产品的价格策略。

第四，网络营销为旅游产品的直销提供了可能。由于网络信息技术的发展，网上消费已经成为一种最便捷的购物形式，旅游企业通过网络咨询、订购、支付等业务，极大地为游客的出行提供了方便，提高了旅游企业的经济效益。

直接渠道虽然有很多优点，但也存在不足：与市场的接触面小，如果想扩大市场，需占用公司大量人力物力去做销售,而企业的实力可能不能满足直销的需要。另外,由于旅游企业可能擅长的是旅游产品的生产和规划,而对销售可能并不能很好地把握,从而给直销带来风险。

2.间接渠道

间接渠道是指旅游企业通过不止一个中介组织或个人将旅游产品出售给游客,是目前旅游企业最主要的渠道策略,它是旅游企业通过借助中间商的辐射能力把旅游产品传递到消费者手中的方式。例如,酒店把客房出租给旅行社作为旅游产品的一部分,由旅行社把产品整合后卖给游客。

按照中介机构的多少,间接营销渠道可以分为一阶渠道、二阶渠道、三阶渠道等类型。其中,有两个或两个以上中介机构的营销渠道统称为多阶营销渠道。

(1)一阶渠道。

一阶渠道指旅游产品生产者和消费者之间只有旅游零售商这一个中间环节。旅游生产者把旅游产品交给零售商代售,需向旅游零售商支付佣金或手续费。

(2)二阶渠道。

二阶渠道指旅游产品生产者和消费者之间有两个中介机构的渠道。在这个渠道中旅游产品生产企业把产品交给旅游批发商,批发商再委托零售商或者通过自己开设的零售网点将旅游产品出售给旅游者。例如,现在很多旅行社购买大量的飞机票、酒店客房、旅游景点门票进行组合,设计出多条旅游线路以满足消费者多样化的旅游需求。但是旅行社并不自己销售这些产品,而是把它们卖给零售商或者开设旅游网点进行销售,取得了不错的收益。

(3)三阶渠道。

三阶渠道指旅游产品生产者与消费者之间有三个中介机构的渠道。通常适用于一些地域偏远、规模不大,又需要广泛推销的旅游产品。旅游产品生产者把旅游产品销售给旅游代理商,旅游代理商再将产品销售给旅游批发商,旅游批发商再转售给旅游零售商,最后再通过旅游零售商将产品出售给消费者。在此渠道中的代理商通常是一些区域代理商或经纪人,他们经营规模较大,一般不直接向零售商销售,需要通过批发商转手。

此外,还有层次更多的旅游渠道,但较少见。旅游渠道的层次表示了旅游渠道的长度,层次越高,中介机构越多,旅游渠道越长,企业就越难控制。在以上论述中的代理商和经销商的区别是:代理商对旅游商品没有所有权,只是帮助旅游企业出售商品,以获得佣金或销售费用;批发商则对旅游产品取得所有权,对产品实现了占有,对产品有较大的处置权,而代理商又包括批发商和零售商。

间接渠道的优点有如下几个方面:第一,由于借助了中介组织力量,旅游产品的覆盖面大,更多的游客被吸引过来,销售数量也较大;第二,客户数量相对稳定,间接渠道与中间商在销售数量上有较为稳定的约定,有利于旅游企业的生产经营;第三,针对性强,间接渠道与众多中间商合作,这些中间商是旅游企业精心挑选出来的,对企业有较深的理解,这样中间商在开发客户时针对性就较强,营销的效果也较好。

但同时间接渠道也存在缺点:销售过程复杂、销售成本高、利润低、对客户反应慢、与客户关系相对差。

(二)长渠道和短渠道

旅游渠道长度是指旅游产品从生产出来直至消费者购买所经历的中间环节的多少。中间经历的环节越多渠道越长,按照中间商层次的多少,可以分为长渠道与短渠道。渠道长短是一个相对概念,但是一般来说零阶渠道与一阶渠道是短渠道,二阶以上的渠道相对较长。营销渠道短,可以直接面对客户,销售成本低,对渠道控制能力强,对信息反映更加迅速;营销渠道长,信息传递慢,销售成本高,对渠道控制能力弱,但是可以辐射的区域更大,获得的客户更多。

(三)渠道宽度

分销渠道的宽度是根据经销某种产品的中间商的数量来确定的(见图8-2)。按同一层次的中间商数量,分为宽渠道与窄渠道。如果一种产品通过尽可能多的销售点供应尽可能宽阔的市场,就是宽渠道,否则就是窄渠道。一般来说,渠道的宽度主要有三种类型:密集分销、选择分销和独家分销。

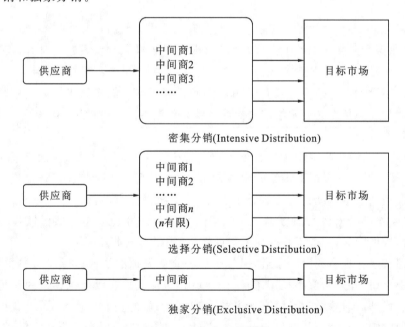

图8-2 中间商宽度类型

密集分销是指供应商选择尽可能多的中间商分销产品,对中间商的数目没有限制。密集分销的好处有以下几个方面:市场覆盖面大,扩展市场迅速;顾客接触的多,提高销售业绩;分销支持度强,充分利用中间商。密集分销的缺点是:渠道控制难;生产企业的促销费用高;中间商之间竞争激烈;中间商促销不尽力。

选择分销是指旅游产品生产企业根据一定标准对中间商进行选择,以形成高效、合作型的营销渠道。在此种渠道中中间商的数量是有限的,对中间商的选择是有标准的,其一定要符合旅游企业的经营理念。对中间商的选择标准主要有资金、销售额、销售能力、信誉度、信息处理能力等。选择分销的好处是控制渠道较容易;市场覆盖能力较大;顾客接触的多。选择分销存在的问题主要有中间商竞争激烈;选择中间商难。例如,企业产品的销售仅靠少数中间商存在一定风险,企业不能完全控制中间商。

独家分销是指旅游产品仅靠一家中间商来分销,中间商是独一无二的,和旅游产品的生产企业存在着紧密的合作关系。独家分销的好处是:控制渠道容易;中间商竞争程度低;促销费用省。采用独家分销不利的一面是:市场辐射区域小;顾客接触到的少;过分依赖中间商,风险大。

(四)渠道的广度

分销渠道的广度是宽度的一种扩展和延伸,是生产企业选择几种类型的渠道进行分销的活动。按采用渠道类型的多少,分为单渠道与多渠道。单渠道是指旅游产品的生产企业仅利用一条渠道进行某种产品的分销;多渠道是生产企业利用多条不同渠道进行某种产品的分销。在实际分销过程中,厂商大多数建立多渠道系统。例如一家旅游生产企业不仅通过代理商分销产品,还通过批发商分销产品,这就是几种分销类型的分销渠道。

航空公司的销售渠道有售票厅窗口、公司网站、公司订票电话、自动售票、旅游中介网站,如携程网。

问题:航空公司的机票还有其他的销售渠道吗?

要点:(1)了解旅游分销渠道的类型。

(2)能分析旅游产品可适用的分销渠道。

第二节 旅游分销渠道设计

旅游产品进社区家门口订便宜机票

《旅游法》实施后,传统旅行社采取直接进入社区营销的策略。四川省中国国际旅行社、四川商旅国际旅行社正式与利安信息传播签订《战略合作协议》,依托300多个"利安社区电超市"营业网点,将旅游产品预订、机票预订等作为便民服务向市民推广。

据介绍,"利安社区电超市"具有缴费、购票、物流配送等众多功能,其一站式经营模式在全国尚属首家。四川国旅、商旅将通过其"智慧社区——便民电子商务平台",采用线上电子商务与线下实体门店相结合的方式,深入社区、街道、物管的"社区电超市",向社区群众提供更加便捷的旅游自助服务。省国旅总经理龚凡表示:"我们将在各营业点开辟专门的区域为市民提供旅游咨询、旅游产品预订、机票预订、景区门票预订等服务,年内全面完成资源配置。"

（资料来源：王晓鸥.旅游产品进社区家门口订便宜机票.）

一、影响分销渠道选择的因素

（一）顾客因素

所有产品的营销都必须掌握顾客的消费特征,只有了解顾客的消费需求,才能设计出合适的营销体系。目标顾客的分布特点、顾客的数量、顾客的购买习惯、消费水平等内容都会影响分销渠道选择。一般来说,顾客分布集中选择短渠道,顾客数量大渠道需要较长,顾客购买较规律渠道可以相对较窄,顾客消费水平较高渠道可以较短等。

（二）产品因素

旅游产品因素包括旅游产品的性质、种类、档次、服务、易毁及易腐程度、价格、季节性以及旅游产品所处的生命周期的阶段等,都直接影响营销渠道的选择。例如酒店的菜品、容易坏的手工品、高档旅游产品及新产品,可以选择较短的营销渠道,以减少风险。季节性较强的旅游产品,且购买能力小,最好采用既长又宽的营销渠道,以使产品能接触到更多的顾客。旅游产品处于生命周期尾端的时候可以采用较长的营销渠道。

（三）企业因素

企业自身的实力对渠道的选择有较大的影响,企业的因素主要包括企业的规模、市场目标、资金实力、人才状况、管理水平、市场影响力等。正常情况下,企业的规模越大、目标越明确、人财物实力强、市场开拓能力强,一般可选择的自由较大,往往偏好短且窄的渠道,甚至自己建立分销网点。而那些综合实力较弱的企业,可能更多借助中间商的力量拓展市场,以更好地减少市场风险。

（四）中间商因素

中间商的数量、市场开拓能力、终端覆盖能力、资源配置能力、对本公司产品的认可度、热情和激情等因素都将影响旅游企业的营销渠道设计。对中间商的深入了解将有利于企业后续对他们的管理,设计适合中间商特征的分销渠道类型,有利于激发他们的积极性和创造性,提高旅游产品的市场收益。

(五)竞争因素

市场的竞争情况对渠道选择有重要影响,市场竞争对手数量、竞争对手的营销策略、竞争对手的人财物实力、竞争对手对现有渠道的占有情况等因素,都是在我们设计营销渠道时必须考虑的因素。比如企业处于行业领导地位,在营销渠道选择上相对灵活;如果在竞争中实力较弱,还是应避开竞争者的主要营销渠道,另辟蹊径选择营销渠道。

(六)环境因素

环境因素主要包括的经济、政治、法律法规、文化教育、科技等因素都对旅游企业选择营销渠道有很大的制约作用。例如,当国家经济处于下降时,消费者会对价格较为敏感,旅游企业应选择较短、较窄的营销渠道以减少成本,从而提高竞争力;现在互联网技术的发展使得我们可以更多地选择较短的营销渠道;我们的文化也对营销渠道的选择产生一定的影响,如果文化较为开放,渠道的选择可以相对较长,反之较短。

二、渠道设计的程序

渠道设计可以分为 7 个步骤(见图 8-3)。

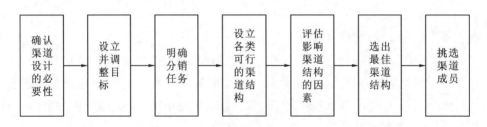

图 8-3 渠道设计的程序

(一)分销渠道设计原则

根据最佳分销渠道的特征,要使本企业的旅游分销渠道达到最佳,旅游企业在选择分销渠道时,应本着以下原则综合考虑各方面因素。

1.经济原则

鉴于分销渠道对旅游企业有着重要作用,是旅游企业提高经济效益的主要手段,旅游企业所选择的分销渠道一定要保证能有较高的销售收入和较低的销售成本。要做到这一点,企业就必须要缩减渠道环节,同时,渠道一经确定要保持相对的稳定性,尽量减少不必要的开支。

2.时间原则

时间是金钱,效率是生命。旅游企业选择渠道必须要以时间短、效率高为中心,在最短的时间内,以最短的距离将产品送到消费者手中。

3.游客导向原则

与其他行业营销基本原则一样,旅游企业也要坚持以旅游消费者的需求为企业生产经营活动的出发点,在选择旅游渠道上,要本着方便消费者购买的原则,让消费者在适当的时间、适当的地点都能购买到企业的产品,这样,才能扩大本企业产品的销售量,给消费者更大的选择空间。

4.不断变化原则

当今的旅游行业竞争十分激烈,旅游产品层出不穷。如何能够使旅游企业在竞争中取得竞争优势,在渠道选择时,要顺应市场的变化,渠道中的每一个环节都应具备较强的适应市场的能力。同时,分销渠道要根据企业目标市场的变化、竞争对手的战略、企业经营规模的大小、销售实力的增强以及中间商的合作情况等变化适时地加以调整。

(二)渠道设计的程序

第一步是要确认渠道设计是否必要。在有以下情况时才需要进行渠道设计:在开发新产品或产品系列时,为现有产品确立新的目标市场,对其他营销组合的组成部分做出重要变革,从头开始建立新的企业,中间商发生变化,开拓新的市场营销区域,主要环境发生变化等。

第二步是设立并调整分销目标。

第三步是明确分销任务。分销目标设立并已协调后,为达到此目标,就必须执行一系列的分销任务。例如某旅游景区的分销目标仅仅是服务大型客户,他的分销任务可能就是销售、沟通、风险承担、融资、获取市场信息等;如果服务的是小客户,除了上述分销任务可能还会提供各种服务、各种问题分析与处理、技术支持等。

第四步是设立各类可行的渠道结构,具体包括渠道的长度、宽度、中间商种类。长度就是渠道的层次,例如旅游产品从生产商到游客就是最短的层次,还可以是两阶渠道,从生产商到批发商再到零售商,企业可以根据自己的实际需要选择。渠道宽度就是各层次中的中间商数量,是选择独家分销、选择分销还是密集分销类型。中间商种类是指渠道的各个层次中应分别使用何种中间商。

第五步是评估影响渠道结构的因素。这些因素主要包括顾客因素、产品因素与公司因素、竞争因素等,在上节已经有了详细论述。

第六步是选出最佳渠道结构。这一结构应该能在最低的成本基础上有效地完成各种分销任务。

第七步是挑选出合适的渠道成员。根据一定的条件选择适合公司发展的渠道成员,是最后一步工作。

实训项目

某酒店是一家新开的温泉酒店,集温泉度假、会务、游乐、休闲、居住、商务于一体。在这里,酒店居民和旅游者可以常年享受温泉。作为酒店的一名营销人员,你该如何向销售经理提出有效建议,建立起酒店的销售渠道体系?

工作要求:

1.查阅相关资料,了解酒店销售渠道的相关资料。

2.以小组为单位联系在酒店从事营销工作的师兄、师姐。

3.访谈后,小组成员共同讨论、分析,为该酒店选择合适的销售渠道体系。

同步案例

香格里拉虎跳峡

香格里拉虎跳峡是云南旅游中较为尴尬的一个景点,处在丽江和香格里拉之间。2010年景区花费了4亿元重金对整个景区进行了硬件的建设、软件的升级之后,快速地聚揽人气吸引更多的顾客成为景区工作的重点。

深度旅游策划协助客户解决了品牌、产品、形象的问题后,最后一道门槛摆在我们的面前:如何有效宣传、规模集客?

渠道1:"借鸡生蛋"。做好不同的线路和报价以及一整套完整的宣传物料之后,铺向精选地区的地接社、组团社,以及一些入境游接待社等,通过这些同行的渠道,增加集客能力。

渠道2:"化散为整"。在丽江、大理、昆明等地,聚集着大量的散客,他们是各大景区所力争的游客资源。深度旅游策划建议虎跳峡景区做好丽江、大理、昆明等地的散客集散中心客栈和酒吧等处的渗透式宣传营销,努力争取这部分游客资源。

渠道3:网络营销。针对消费者的特性,深度旅游策划建议虎跳峡做好户外网络、徒步网络、自驾车网络、摄影网络、旅游网络(包括在线预订网站)和国内知名大型网络的宣传推广。

渠道4:联合营销。借助深度旅游策划在旅游行业的渠道资源,做联合营销。

(1)由深度旅游策划将虎跳峡案例编入到实战提升营的课程中,直接影响全国几千名深度学员各大旅行社老总群体。

(2)参与深度全国巡展,直面全国各地的知名组团社,对景区进行营销宣传。

阅读并分析:

1.影响香格里拉虎跳峡分销渠道选择的因素有哪些?

2.该景区还可以借助哪些渠道分销?

3.评估各个分销渠道的效果。

第三节 旅游分销渠道管理

在渠道设计完成后,必须对渠道科学管理,才能发挥渠道的作用,是企业的营销目标实现最重要的内容之一。渠道管理的内容主要包括渠道成员选择、渠道成员培训、渠道成员激励、渠道成员评估、渠道成员调整。

一、渠道成员选择

公司在发展过程中经常需要对渠道成员进行筛选,有的是为了扩大公司规模而发展新成员,或者是为了弥补渠道成员的流失,还有的是为了提高渠道成员的工作效率。当然,并不是所有的公司都需要选择渠道成员,采用直销模式的公司不需要选择渠道成员,因为他们的营销任务不涉及任何中间环节。对于大部分公司来说,都会用到营销中间环节,就必须会挑选渠道成员。

(一)确定渠道成员的选取标准

1.渠道成员的市场辐射能力

这是选择渠道成员最重要的因素,首先要考虑中间商的经营范围所辐射的区域与本企业的预期销售区域是否一致。例如,如果企业计划开发华中地区市场,中间商的经营范围就必须包括这个地区。其次,确定中间商的目标顾客是否是企业计划的潜在顾客。因为企业都希望自己能快速接触到目标顾客,并让其购买企业的产品。

2.渠道成员的声誉

中间商的声誉不仅直接影响回款情况,还会关系到公司分销网络的建设。如果中间商中途出现不遵守合作协议的情况,企业就会出现进退两难的局面:继续合作会影响企业的利润和渠道成员关系的平衡;停止合作又会影响市场布局,可能不得不放弃已经开发的市场;重新开发代价更大。所以企业在选择中间商时一定要深入考察他们的信誉,以免造成重大损失。

3.渠道成员的经营管理能力

中间商的市场开发能力、管理经验、人才队伍建设等方面将直接影响到与企业合作的程度。例如,中间商的市场开拓意识和能力对辐射区域的市场开发有非常大的影响。如果中间商对市场较为敏锐,就能快速准确找到客户、接近客户,从而提高开发的效率。这样企业与其合作也能和谐深入。如果中间商的促销能力强,那么广告的制作、人员推销、营业推广等工作将做得较为有效,能快速得到响应。

4.渠道成员的经济实力

企业一般愿意选择资金实力强、财务状况优秀的中间商,因为这样分销商能保证及时回款,还可以分担公司的资金压力,如提供预付款、顾客的分期付款等,从而有利于企业的经营发展。

5.渠道成员的合作意愿

如果中间商的合作意愿较强,双方更容易达成一致;如果中间商只是在看企业给的优惠条件,合作很难达到预期;如果中间商是竞争对手的忠实成员,基本不用考虑合作。

旅游企业要对上述几个要素进行综合分析,全面考察,最终确定中间商。

对旅游中间商的评价包括:中间商历年的销售指标完成情况和利润大小;中间商为企业提供的利润额和费用结算情况;为企业推销产品的积极性;中间商为企业的竞争对手工作的情况;中间商对本企业产品的宣传推广情况;中间商对客户的服务水平、满足需要程度;与其他中间商的关系及配合程度;中间商占企业产品销售量的比重的大小。

(二)确定选择渠道成员的途径

要想找到合适的渠道成员,渠道经理可以从以下几个渠道入手:地区销售组织、商业渠道、中间商咨询、顾客、广告、商业展览等。

企业首先可以利用本公司在各地的销售人员来挑选合适的批发商和零售商,因为公司的销售人员与这些中间商有密切的往来,对这些人员较为了解。一些商业组织、出版物、电话簿、商业展览会等都可能提供潜在的渠道成员。公司也可通过对咨询公司产品的中间商进行挑选,选择合适的渠道成员。同时公司可以通过对顾客的调查了解到其认同的中间商,刊登广告寻找加盟商,还有一些商业展览会也是寻找渠道成员的途径。

(三)渠道成员选择的方法

对渠道成员选择最常用的方法是评分法。具体也就是对拟选的中间商从评选的各个标准进行打分,并赋予一定的权重,然后计算得到渠道成员的总得分,选择得分较高的中间商作为合作对象。

渠道成员选择的评分方法如表 8-1 所示。

表 8-1 渠道成员选择的评分方法

评价因素	权重	中间商 1		中间商 2		中间商 3	
		打分	加权分	打分	加权分	打分	加权分
市场辐射能力	0.3	90	27	70	21	80	24
声誉	0.3	70	21	80	24	84	25
经营管理能力	0.2	70	14	80	16	70	14

续表

评价因素	权重	中间商1		中间商2		中间商3	
		打分	加权分	打分	加权分	打分	加权分
经济实力	0.1	80	8	60	6	75	7.5
合作意愿	0.1	75	7.5	80	8	75	7.5
合计	1	385	77.5	370	75	384	78

从以上得分情况来看,中间商3的得分最高,公司应当考虑选择他作为本地的中间商。

二、渠道成员培训

加强对中间商的培训,提高其在市场上的销售能力、信誉度、管理能力等。例如,在渠道中的较多的中间商,可能在资金、销售等方面表现优良,但是对公司的管理并不擅长,旅游生产企业就可以对其进行有针对性的培训。

三、渠道成员激励

旅游生产企业不仅要选好中间商,还要激励中间商使之尽职尽责,需要对中间商不断地监督、指导与鼓励。

当旅游生产企业给予中间商的优惠条件超过其提供的服务条件时,就会出现激励过多,引起渠道冲突,使生产企业的利润下降;但是如果给中间商的条件过于苛刻,激励不够,渠道成员动力不足;激励成为渠道管理中的双刃剑。首先,要维护中间商的尊严,尊重中间商的利益;其次,要帮助中间商增加收入;最后,优惠中间商的形式要多样,方法要灵活。

在对渠道成员激励的方式选择上可以多样化,尽量满足不同渠道成员的需求。激励可以是物质的,也可以是精神的,还可以是帮助其提升能力的。具体的可以有下列这些激励:返利,荣誉,联合促销,帮助发展管理信息系统,公司参观、旅游、培训,对中间商家庭的长远支持,如子女教育等。当然也可以根据实际情况创造性地安排,只要符合生产企业的激励原则即可。

四、渠道成员评估

旅游生产企业必须定期对中间商的任务完成情况进行评估,以考察其整体绩效情况。如果完成任务情况较差,就需要帮助其分析原因,找出提高绩效的方法。如果经过努力后中间商不能提高绩效,可考虑更换中间商;但是如果没有办法更换中间商时只能暂时容忍,等待合适的机会替换。对于渠道成员的评估,我们可以通过以下几个标准来测量。

(1)中间商历年的销量指标完成情况和水分大小。

(2)中间商为企业提供的利润额和费用结算情况。

(3)为企业推销产品的积极性。

(4)中间商为企业的竞争对手工作的情况。

(5)中间商对本企业产品的宣传推广情况。

(6)中间商对客户的服务水平、满足需要程度。

(7)与其他中间商的关系及配合程度。

(8)中间商占企业产品销售量的比重的大小。

值得注意的是在对中间商评估时不仅要看绝对值,还要看不同中间商所面临的环境,以及中间商对企业的重要程度。

五、渠道成员调整

渠道成员的调整包括:增减营销渠道中的旅游中间商,增加某一旅游营销渠道,改变整个旅游营销渠道。

哪些情况下要调整旅游中间商呢?

第一,中间商无可挽回的财务危机;第二,中间商在可接受时间内无法完成销量和网络建设目标;第三,中间商的合作态度极差,无法进行下一步工作;第四,中间商间的冲突无法平衡且调整后不影响长期生意。

渠道成员的调整代价是比较大的,必须谨慎,旅游生产企业只有在没有办法实现企业目标或者中间商对企业造成了严重不良影响的情况下,才考虑调整渠道成员。

知识链接 旅游中间商管理的难题与应对

1.资金不足

① 帮助制订收款计划,协助加快客户回款周期;② 合理安排促销活动,加快资金流转;③ 多批次、少批量;④ 设立专用资金;⑤ 鼓励其集中资金于主要品牌,放弃无生命力的产品;⑥ 建议其他货款方式筹集资金或银行提供担保;⑦ 把区域或渠道缩小,由另一个经销商做;⑧ 加强/改善客情关系;⑨ 在合理情况下,提供适当的信用额度。

2.不愿冒信贷风险

① 坦白讨论问题所在;② 如果"资金不足",以"第一情况处理";③ 如其他因素,必须给予合理解释;④ 找出对方不愿冒哪类商业风险;⑤ 再找一家代理商给予压力。

3.价格太高

① 讲明利害,告知其可能的后果,如冲货;② 制定最高价位并达成共识;③ 建议双方共同投入。

4.削价竞争

① 进行区域划分,限制发展一定的销售网点;② 制定市场最低价格并确保各方面赞同;③ 说服克服短期观念,着眼长远并列举削价造成的弊端;④ 落实区域管

理,执行处罚。

5.代理品牌太多

① 提出选择我们这个品牌的好处;② 分析公司能给予的支持;③ 协助其开发网点、收款等;④ 经常提供公司发展计划、信息以提高其信心;⑤ 安排老板拜访,建立友好关系;⑥ 提供达标奖励计划并协助其完成。

6.代理竞争品牌

① 表明我们的态度,进行说服;② 提出选择我们品牌及公司的好处,以行动及业绩来强化公司的地位;③ 尽量搞好客情关系;④ 提供达标奖励计划,协助其完成;⑤ 保留我们选择中间商的主动权。

7.提出无理要求和条件

① 聆听他的诉说,找出可推翻的要点;② 分析盈利状况;③ 让他充分了解公司的制度和规定;④ 展望长期合作计划,强调双赢局势;⑤ 提供可能合理的交替方案。

8.要求更高利润

① 分析售卖公司产品的盈利状况;② 制订合理的销售目标及奖励计划;③ 鼓励其多做销量以提高利润,而不是专注于单位利润;④ 协助开拓其他渠道或领域以改善利润;⑤ 协助改善管理如提高销量、降低成本等等。

9.难以获取信息

① 先认清对方是"不能"还是"不为";② 制定相关政策,说明立场;③ 积极商量,讲明益处;④ 加强与内外提供信息人员的关系;⑤ 帮助分析信息,共享反馈成果;⑥ 如"不为",必要时可拒绝提供支持。

10.对方内部不协调

① 了解对方情况,找出问题的症结;② 列举出哪方面不规范,告诉他不规范所带来的负面影响;③ 利用客情关系来解决对我方不利的因素;④ 提供培训,提高规划管理意识;⑤ 提供成功的管理模式作为参考;⑥ 协助他建立管理制度系统。

11.管理思路/观念不同

① 真诚地沟通,分析不同思路的差距及利与弊;② 以较新的观念来引导并举适当的成功例子;③ 说明不能解决的后果。

12.处理客户投诉不当

① 处理投诉手续及负责人员;② 培训对方人员有关处理方法及整体的意识;③ 告知处理不当的负面影响;④ 定时与有关人员讨论投诉的事件及处理方案。

13.业务人员素质差

① 指出差的表现并说明什么才算是好的表现;② 针对性地提供培训;③ 加强陪同走访;④ 制定奖罚制度;⑤ 建议及提供征聘标准;⑥ 研究及调整待遇问题;⑦ 建立绩效评估系统;⑧ 协助培训新进业务人员;⑨ 优胜劣汰的局面。

第四节　旅游分销渠道冲突管理

一、旅游渠道冲突含义与类型

(一)旅游渠道冲突含义

旅游渠道冲突是指某一渠道成员认为另一成员从事的活动阻碍或者不利于自身目标的实现,进而发生的紧张、焦急、不满、抵触甚至决裂的现象。由于分销渠道的设计是渠道成员在不同角度、不同利益和不同方法等多因素的影响下完成的,因此,渠道冲突是不可避免的。

(二)旅游渠道冲突的分类

按照不同的划分标准,渠道冲突有以下分类。

1.按渠道成员的关系进行分类

垂直冲突(纵向冲突):指渠道内不同层次之间的冲突。表现为生产商与批发商的冲突、批发商与零售商的冲突、生产商与零售商之间的冲突,具体为回款、折扣率、信贷条件、淡旺季产品供应、市场推广支持、渠道调整等方面的矛盾。例如,一些旅行社会抱怨酒店在房间价格上给的折扣太紧,给自己的利润空间过低;旅游景区对旅行社的回款情况不满意等。

水平冲突(横向冲突):指渠道内同一层次中的成员之间的冲突。表现为价格差异、产品供应、促销差异、跨区域销售等。例如,某地区的中间商1会认为同一地区的中间商2在某一旅游产品的价格、广告、服务等方面对他们的经营产生了威胁,侵犯了他们的利益。

多渠道冲突(交叉冲突):指两条或两条以上渠道之间的成员发生的冲突。表现为价格差异、区域划分不清(串货)。例如,某航空公司既向游客直接出售机票,同时又把机票委托给旅行社销售,当二者为同一对象时,就产生了多渠道冲突,也就是交叉冲突。

2.按冲突具体内容的不同进行分类

利益冲突:制造商或渠道成员各自从自己的利益出发而产生的冲突。

服务冲突:上游成员为服务提供者,下游成员为服务受惠者。

关系冲突:渠道成员能力差异或渠道成员代表个人能力差异,导致厚此薄彼、另眼相看的情况。

价格冲突:渠道不同导致价格不同;为争夺顾客进行价格战。

促销冲突:企业对渠道促销支持差异;渠道成员自主开展促销的差异。

策略冲突:难以对不同渠道制定合理的策略并保持配合。

政策冲突:渠道政策倾斜却未能做出良好的说明和沟通掌控力度冲突。

3. 按冲突的不同性质进行分类

按照渠道冲突是否阻碍或促进企业的渠道管理和营销目标的实现,可分为良性渠道冲突与恶性渠道冲突。

如果对渠道管理起到积极作用就被称为良性冲突,良性冲突可激发渠道成员的竞争意识,产生创新,如"放水",增加固定区域内的经销商数量;人为制造内部竞争,降低总经销或独家代理的反控制力;适度倒货可以促进市场尽早进入火爆状态,对提高市场占有率有帮助。

当渠道系统中出现相互交叉的努力,渠道成员的资源部分浪费以及渠道成员利用各自的资源来增加冲突而不是解决冲突时,便是恶性冲突。

二、渠道冲突原因

产生渠道冲突的原因有很多,为了能更好地区分渠道冲突产生的原因,我们把它分为直接原因和根本原因。

(一) 直接原因

1. 价格冲突

影响商品价格的因素是比较多的,而旅游产品又是较为特殊的一种商品,它的需求弹性很大。渠道成员对于定价考虑的因素差异较大,例如,生产商希望价格稳定维持形象,中间商希望冲击销量、稳定利润。所以在淡季时就会出现中间商降价促销,生产企业保持价格稳定,这样价格冲突就产生了。

2. 目标市场争夺的冲突

旅游企业在开发某旅游市场时,可能既选的有代理商,还选的有批发商,这样就会出现二者同时争夺同类顾客的现象,矛盾自然就产生了。

3. 合作条款的冲突

旅游企业与中间商的关系一定有合同的制约,双方在交易、回款、促销、服务等方面达成了一定共识。但是当在旅游旺季时,都希望对方多努力,投入更多的人财物,这样就形成了冲突。例如,在回款方面,旅游生产企业希望中间商在游客报名后就付款,而中间商则要求在顾客旅游结束后一段时间内付款,这样就产生了回款冲突。

4. 中间商经营竞争对手品牌的冲突

旅游企业为了树立自己的品牌形象,希望中间商只经营自己的旅游产品,但是中间商从自己利益角度考虑,则希望经销更多的旅游产品,丰富旅游产品吸引游客,从而降低自己的风险。这样就形成了中间商经营竞争对手品牌的冲突。例如,某中间商同时在上海卖民间、康泰、椰晖3家旅行社的"海南游"产品。

5. 传统渠道与互联网等新型渠道的冲突

互联网出现之后,旅行社、酒店、景区等可以通过网络直接和旅游者联系。这样,对于旅游企业来说,直接接洽旅游者变得更加方便。因此,现在很多的旅游生产企业都纷纷在网上建立旅游产品的直接销售渠道,这样的行为损害了其固有的分销商的利益,因此二者产生冲突。

(二)根本原因

1. 利益冲突

渠道冲突产生的根本原因就是各个渠道成员都有自己的经营目标,都从自己的利益出发,希望获得最大的收益,而不考虑其他成员的利益,所以产生冲突。

2. 目标差异

不同渠道成员的目标可能不一致,而且这些目标不可协调。例如旅游产品生产企业希望旅行社作为唯一的品牌大力推销自己的产品,但是旅行社则希望自己的产品丰富;酒店希望房间价格稳定以提高自己的形象,而旅行社则可能降低价格卖出更多的房间服务。

3. 沟通问题

沟通问题是指渠道成员间缓慢或不精确的信息传递。例如,游客的需求更早被中间商掌握,生产企业由于对信息掌握不充分,双方在沟通过程中就会出现冲突,对市场的理解和反应也有较大的差异。

4. 分工不明确

旅游产品渠道成员之间会产生服务、促销、争夺大客户等冲突,其根本原因是渠道成员之间市场划分不明确,各自分工、责任和权利划分不明确。

5. 资源稀缺

这是指由于稀缺资源分配引起的冲突。例如,旅游生产企业的促销费用是有限的,如何在批发商和零售商之间分配,可能很难完全达成共识;大客户作为稀缺资源,生产企业想要采用直销的方式销售,但是当地的批发商也想要获得大客户资源,这样二者就产生了冲突。

三、解决旅游产品营销渠道冲突的方法

(一)以共同的利益确立长期目标,实现合作共赢

当企业面临对手竞争时,树立超级目标是团结渠道各成员的根本。超级目标是指分销渠道成员共同努力,以达到单个所不能实现的目标。渠道成员有时会以某种方式签订一个他们共同寻找的基本目标的协议,其内容包括渠道生存、市场份额、高品质和顾客满意。从根本上讲,超级目标是单个公司不能承担,只能通过合作实现的目标。一般只有当分销渠道一直受到威胁时,共同实现超级目标才会有助于冲突的解决,才有建立超级目标的必要。通过超级目标的建立,可以使渠道成员的利益取得一致,从而团结合作实现共赢。

(二)科学合理确定渠道成员的角色分工与权利分配

渠道冲突产生的根本原因之一是市场划分不明确而产生的争夺客户,所以通过明确渠道成员的市场范围,明确对各类客户的归属以减少对市场争夺的渠道冲突。一些咨询、服

务、促销等方面的工作,谁负责谁受益,使权利和责任对等。例如,某旅游批发商负责当地的促销任务,相应的促销费用就归其所有。

(三)加强渠道成员的沟通

由于渠道成员对市场信息掌握的不一致,导致的一些渠道冲突就可以通过建立完善的信息沟通体系来减少。首先,可以建立一个信息平台,使市场信息可以及时被所有渠道成员了解;其次,定期组织渠道成员在一起交流,还可以实行岗位互换制度,使渠道成员可以互相理解。

(四)清理渠道成员

对于不遵守游戏规则、屡犯不改的渠道成员,有可能是当初对其考察不慎,该成员的商业道德、资信规模和经营手法都未达到成员的资格标准。此时就应该重新审查,将不合格的成员清理出联盟。如对那些肆意跨地区销售打压价格进行恶性竞争的中间商、长时间未实现规定目标的分销商都可以采取清理的方法。

同步案例

酒店促销遭携程封杀　误会还是野心

昨天,世博会指定订房业务承办方、德尔与锦江集团的合资在线预订企业——汇通天下(HUBS1)指责携程不正当竞争,其本月初启动的世博酒店促销活动合作酒店被携程施压甚至一度被携程关闭房态,导致汇通天下的促销受影响。

"我们在本月1日起与42家涉及经济型至五星级的酒店进行'震撼世博开盘价'活动,参加活动的酒店在20—25天内通过我们出售的世博会期间房价很便宜。但活动开展的第一天,有28家参加活动的酒店被携程关闭了酒店5月份的房态,意味着这些酒店5月起不能在携程售卖客房。4月2日,这些酒店的4月份房态也被关闭。同时,更多参加活动的酒店接到了携程的电话,被要求退出我们的活动。4月4日,又有8家酒店被携程关掉了5月的房态。到4月6日下午,依然有7家酒店被携程关闭5月的房态,9家被关闭4月的房态。这给参与我们促销活动的酒店很大压力。"汇通天下总裁兼首席执行官张滇接受《第一财经日报》专访时表达了自己的愤怒。

"结果可想而知,很多酒店销售人员只得给我们发来邮件,表示不参加这个活动。"张滇表示。截止到4月7日上午,总共有7家酒店明确发函通知汇通天下,要求退出本次活动。

携程方面透露,汇通天下所说的纠纷事件确实存在,携程的确不允许合作酒店的房价低于与携程商定的协议价,所以当对方刚启动促销活动时,携程暂时关闭了少数酒店的房态,但此举是为了调查事态。"之后我们发现汇通天下主要针对的是B2B客户,而我们大多针对散客,且对方只是短期促销,并不是我们比价的范畴,因此我们在上周五就全部恢复了这些酒店的在线销售。"携程酒店业务部有关人员表示,对于汇通天下的指责,携程不愿意多做"口水战"式的回应。

假如说此前携程与艺龙等在线预订商的低价战还只是B2C范畴的竞争的话,那么此次将汇通天下"封杀"的事件则将战火延伸到了B2B领域。

本报记者在采访中了解到,表面看,艺龙、芒果等才是携程的直接对手,但由于携程目前所占在线散客酒店预订市场份额是同业中最大的,且比对手们领先不少,因此携程已将触角伸向更广阔的领域,包括成立星程酒店联盟进一步掌控资源、加大商旅业务力度以抓牢大客户等。

"世博会比奥运会延续时间长,我们做促销为的是稳定世博酒店价格,但携程如此施压是剥夺了消费者的选择权,也影响了酒店的定价权。携程的做法已从B2C散客市场延伸到了我们B2B市场,一旦酒店被渠道控制了定价权,那么携程就可以目空一切,消费者权益将受损。"张渼颇为担忧。

阅读并思考:
1.二者冲突的根源是什么?影响二者渠道冲突的因素还有哪些?
2.酒店应如何解决此类冲突?
3.酒店在设计分销渠道时如何避免此类冲突的发生?

知识链接　　酒店与OTA的关系

在酒店业,向OTA支付的佣金通常被视为"运营业务的支出"。数字营销公司L2公布的报告显示,2010年酒店向OTA支付的佣金高达25亿美元。

OTA和评论网站都是绝佳的市场营销伙伴,但酒店需要谨慎地管理它与上述网站之间的关系。多数酒店认为,与酒店向OTA支付的佣金相比,它们与OTA进行合作的好处更为重要。但酒店将面临流失某位潜在顾客的风险,这位顾客可能会选择OTA网站列表上的其他酒店。因此,当酒店有机会吸引顾客进行直接预订时,它就应该这么做。直接预订渠道还允许酒店直接管理它们与顾客之间的关系。吸引顾客直接进行预订不仅可以使酒店通过预订获得更多利润,而且还能维护酒店的声誉,采取这些措施可以使购买服务的客户转化为使用直接渠道的忠诚顾客。

(资料来源:酒店如何吸引顾客进行直接预订?环球资讯,2012(6).)

本章小结

　　旅游分销渠道是指旅游产品从生产企业向旅游消费者转移的过程中所经过的路线和环节,这个路线和环节是由一系列取得使用权或协助使用权转移的市场中介机构或个人所组成的。

　　旅游分销渠道设计是对分销渠道的长度和宽度进行设计。分销渠道的长度有零阶渠道、一阶渠道、二阶渠道等;分销渠道的宽度有密集分销、选择分销和独家分销三种类型。影响分销渠道选择的因素主要有顾客因素、产品因素、企业因素、中间商因素、竞争因素、环境因素等。

　　旅游企业必须对中间商进行选择、激励和定期评估。

 关键概念

　　旅游分销渠道(Tourism Distribution Place)
　　中间商(Broker)

 复习思考

　　1.旅游分销渠道的类型有哪些?
　　2.影响旅游分销渠道的因素有哪些?
　　3.如何管理好旅游中间商?
　　4.旅游渠道冲突有哪些?如何解决这些冲突?

 案例解析

玉龙雪山景区的精耕细作渠道创新

　　玉龙雪山算不上是规模最大的,但其景区综合管理水平无疑是最高的。其渠道创新能力较强。景区渠道拓展主要从以下几个方面开展。

在本地市场,主动联合相关机构,共建全市旅游营销联合体,实行丽江旅游目的地的共生式营销,强化对地接旅行社的影响力和主导力;在省内市场,跟其他景区建立契约式联合营销体系,比如跟昆明石林、大理三塔和楚雄恐龙谷景区结成"云南精品旅游线景区联盟"。

在外地市场,建立完善的旅游分销体系,在北京、上海、广州成立旅游办事处,与当地龙头旅行社合作,联合开展旅游促销。同时,与各种社会团体建立联系,适时推出针对细分市场的旅游产品。此外,深入中高档社区和大型企事业单位,开展社区营销和单位直销等。

在周边市场,与四川景区联合促销,与旅行社合作设计"丽江古城—玉龙雪山—三江并流""九寨沟—黄龙—都江堰—青城—玉龙雪山—丽江古城—三江并流"等线路产品。在媒体和渠道选择方面,重点聚焦于区域市场内的专业媒体和渠道,锁定高端细分市场,选择时尚类杂志发布广告,并与专注于商务旅游的旅行社开展合作。此外,加强与大香格里拉旅游区内的热点景区的联谊与合作,共同推出新的旅游线路,利用区域合作力量拓展市场。

通过以上介绍,我们可以看出,玉龙雪山景区的渠道拓展,都是建立在深入细致的市场调查分析基础上的。首先是细分目标客源市场及其旅游消费群体,其次是逐一分析每个客源市场的不同类型的游客群体的消费习惯和旅游偏好,然后再针对每个具体市场的不同情况,分别提炼宣传主题和品牌广告语,设计旅游产品和旅游线路,策划旅游文化和体育活动。

阅读并思考:

1. 请分析该景区的分销渠道选择的理由。
2. 请分析目标市场细分与分销渠道之间的关系。
3. 合理的分销渠道对景区发展有哪些好处?

相关链接

推荐进一步阅读资料:

1. 菲利普·科特勒,等.营销管理[M].15版.何佳讯,等,译.上海:格致出版社,2016.
2. 吴建安.市场营销学(精编版)[M].北京:高等教育出版社,2012.
3. 肯尼思·E.克洛,唐纳德·巴克.广告、促销与整合营销传播[M].5版.北京:清华大学出版社,2012.
4. 贝尔奇,等.广告与促销:整合营销传播视角[M].9版.郑苏晖,等,译.北京:中国人民大学出版社,2014.

第九章

旅游促销策略的运用

学习目标

通过本章的学习,使学生理解促销策略的基本类型和含义,掌握几种促销方式的特点;掌握影响促销组合决策的因素。

能力目标

通过本章的学习,学生能够综合运用所学知识,制订旅游产品的促销计划和推广方案。

第一节 认识旅游促销

天台山"将私奔进行到底"

有人一脱成名,有人一曲成名,今天,王功权一奔成名!就在一夜之间,我们开始快乐着别人的快乐。春江水暖鸭先知,有营销头脑的家伙们,早就瞄上了这块肥肉,开始行动起来了!私奔体、被私奔、私奔宣言、私奔胜地、私奔测试等横空出世。浙江天台山的私奔造句活动非常成功,以下简单分析其成功的几个点。

第一:借势私奔。

私奔,是个敏感词汇,如何才能结合得好?得有关联性,善用联想。一直以来私奔都是出现在电影、小说、戏剧中。关于私奔,令人有太多遐想了,只是大部分人停留在遐想,今天终于借攻权付诸实施,岂不快哉?攻权私奔去了哪里?和谁私奔?显然,景区、酒店、婚嫁类产品或者品牌关联度最高。凑巧的是,适逢"5·19"中国旅游日和"5·20"天台山旅游日,作为中国旅游日发源地的天台山双节同庆,私奔营销的策划公司DM互动借机推出私奔胜地"私奔天台山宣言",借势的同时突出天台山秀美的风光和深厚的文化底蕴。

第二:私奔5200层微博高楼、推出中国第一私奔团。

(1)简单。天台山私奔造句活动简单的参与机制获得网友快速的转播点评。天台山进一步简化参与机制,推出"私奔天台山宣言"活动,让网友结合私奔的热点尽情发挥。

(2)趣味。"王功权和王琴私奔了,奥特曼和PP猪私奔了,中国旅游日源自天台山……"简短的几句话激起网友的兴趣,同时通过互动微博"一切皆可私奔""我爱你,爱着你,就像私私爱奔奔""私奔是大奔的兄弟""别和我谈恋爱,有本事和我私奔"等的话题激发,为互动用户提供互动思路,瞬间激发大家当年的才华横溢,满腹笔墨一吐为快。

(3)丰富。在博主和互动博主即时互动配合的同时,增加多渠道的曝光和丰富。知名动漫红星PP猪漫画配合话题创作了"漫画版中国十大私奔胜地",可爱的形象,美丽的风景,深受网友喜爱,获得腾讯博客以及动漫频道首页推荐,同时在PP猪漫画的百万博客和名人微博中与网友互动,获得腾讯动漫微博大力推荐和网友热评。也激发了驴友们丰富的想象力,更吸引无数网友因天台山的美景和深厚人文竞折腰。知名团购网站可购可乐推出"中国第一私奔团",团购帅哥靓女一起游天台！本次活动的策划公司DM互动将天台山中国旅游日活动推向高潮，很多网友纷纷加入天台山私奔群询问入团、组团方式，增强了天台山旅游的口碑传播。

私奔还在继续，人们对私奔话题的挖掘也在持续进行中。天台山借此打响了中国旅游日的金名片，把重走霞客路、和合二仙得道、活佛济公济世救人等历史典故，国清寺、石梁飞瀑、琼台仙谷、桃源春晓、驰骋霞蔚、铜壶滴漏、华顶杜鹃等独特美景，以及云雾茶、技工酥饼等当地特色深深印在了网友心中。很多网友留言大呼："求中国旅游日3天假，去天台山赏花拜佛！"

（资料来源："旅游营销怎么搞"微信公众号.）

案例启示：

景区促销就要有生生不息的创意！

一、旅游促销的概念

旅游促销是指旅游营销者将有关旅游企业、旅游地及旅游产品的信息，通过各种宣传、吸引和说服的方式，传递给销售产品的潜在购买者，促使其了解、信赖并购买自己的旅游产品，以达到扩大销售的目的。

对旅游促销概念的把握需注意旅游促销的核心是沟通信息；旅游促销的目的是引发、刺激消费者产生购买行为；旅游促销的方式有人员促销和非人员促销两大类。

广告、营业推广、公共关系和人员推销等四种因素的组合和综合运用就称为促销组合。

二、旅游促销的作用

（一）传递信息，沟通供需关系

旅游促销的直接作用是进行信息传递，实现供需沟通。旅游企业通过各种促销手段，将各种旅游信息传送到消费者那里，潜在旅游消费者通过这些信息，了解、熟悉旅游地或旅游企业的何种旅游产品在何种条件下能够满足其需求。

（二）刺激旅游需求，扩大销售

旅游产品作为高层次的非一般生活必需品，消费需求弹性大，波动性强。通过生动、形象、活泼、多样的旅游促销手段，可以唤起旅游消费需求，强化旅游消费需求，甚至创造和引导特定旅游产品的消费需求。

随着三八妇女节的临近,旅游市场上也随即掀起了女性出游的热潮。根据同程网预订平台数据显示,自助游的游客开始预订景点门票及附近酒店。像杭州"婺源油菜花2日游"打出了200元左右的特价,"首尔—济州5日游",3月份的价格更是低至2000元左右,预订比较火爆,成为热门的赏花路线。三月也是冬春交替的季节,很多女性会借着三八节之际去港、澳添置新衣、化妆品等,"港澳5日游"的报价在1000元左右,低于平日价。

思考:旅游促销如何摆脱单纯的价格大战?

(三)突出特色,增强市场竞争力

旅游促销是传播旅游产品特色的主要手段,它通过对同类旅游产品某些差别信息的强化传递,对不同具体产品(服务)的特色起到聚焦、放大的作用。即使对于没有实际差别的同类旅游产品,也可赋予其不同的象征性形象差别。

(四)树立良好的企业形象,巩固市场地位

旅游是一种高层次的消费与审美活动,通过生动而有说服力的旅游促销活动,可以塑造友好、热情、安宁、服务周到以及其他人格化的良好旅游服务形象,赢得更多潜在旅游消费者的厚爱,稳定甚至扩大其市场份额。

成功的促销个案——迪士尼

谈到美国的旅游景区,许多人可能不知道尼亚加拉瀑布或科罗拉多大峡谷,但是恐怕没有人会不知道迪士尼乐园。早在1964年,美国总统约翰逊在授予公司创始人沃特·迪士尼国家自由勋章时,就曾赞许道:"作为一名艺术家,沃特·迪士尼在旅游娱乐业领域,已经创造出了一个美国大众文化的奇迹。"如今,迪士尼与可口可乐、麦当劳、玛利莲·梦露一起,被称为美国娱乐消费的"四大天王"。

迪士尼乐园的促销之道可总结为以下几方面。

1.卡通电影树立品牌形象

从1928年的《威利号汽船》里倾倒无数世人的欢乐天使米老鼠开始,90余年来

迪士尼不断创造出人见人爱的卡通形象,无论是唐老鸭、三个小猪、白雪公主、辛巴还是花木兰、木须龙,无不是光彩夺目、熠熠生辉的超级巨星。然而走红的并不只是卡通自身而已,作为传递快乐的载体,迪士尼公司在传递着它的品牌内涵,树立着它的品牌形象。

2.浪漫而奢华的童话王国

1955年第一家迪士尼乐园在洛杉矶建成,以后又在佛罗里达、日本和巴黎相继建立。在每一家乐园里,欢乐如同空气般无所不在,无论是建筑风格、娱乐项目,无不努力营造一个超凡脱俗的梦幻世界。在这里,孩子们可以延续他们童年故事中的美梦,而成年人可以拾起他们未泯的童心,体会真实与纯洁。迪士尼乐园还尽量使用现代化的电子设备,每年补充更新娱乐内容和设施,使乐园成为一个容纳新鲜、纯真的"欢乐王国"。

3.服务营销,沟通无限

迪士尼公司找到了欢乐的四项要素:安全、礼貌、优美和效率,并由此升华出"迪士尼礼节"。围绕这四项要素的要求,迪士尼斥巨资训练员工以提供优良的服务,并专门成立了迪士尼大学。公司还在整个组织机构中统一服务绩效,通过顾客建议和投诉系统等了解顾客的满意情况,力求以服务创造市场。

4.迪士尼频道传播迪士尼信息

1983年,迪士尼创建了"迪士尼频道",专门播放迪士尼制作的影片、卡通及电视节目。1994年通过与博新公司、英国天空电视台签约及收购大都会——美国广播公司,使迪士尼走向了世界。

5.迪士尼形象遍地开花

迪士尼通过特许经营发展玩偶消费品,每年利润近1亿美元。同时,玩偶消费品又成为迪士尼公司营销其卡通形象的重要手段。如,1995年《玩具总动员》上映之前,迪士尼公司动用了一切它所能使用的传媒和途径对其进行宣传,包括迪士尼频道、迪士尼商店、迪士尼的宣传画册、迪士尼的合作伙伴等,主角玩偶又出现在玩具商店中、圆领衫、书包上,这样,卡通片又促进了迪士尼商店的销售。

案例启示:

促销在旅游营销中的作用不可小觑,成功的促销策略能造就迪士尼这样的王国,而失败的、短视的促销却会使最好的旅游资源无人问津。

实训项目

影视剧的热播可以带动某地旅游业的发展。如韩剧《来自星星的你》中的拍摄外景地因美丽而浪漫,受到粉丝追捧,成为新一轮韩国游的热门景点,像其中的小法兰西村、南山塔、长蛇岛等更是大受欢迎。

请同学们分成小组,选择本地某一影视剧拍摄地,搜集其旅游的促销资料,分析其促销的主要方案。

第二节 旅游促销的方式

"超级哥斯达黎加"旅游促销计划

哥斯达黎加旅游委员会2009年6月19日宣布,针对美国市场推出一项名为"超级哥斯达黎加"旅游促销计划。

哥斯达黎加旅游委员会筹资50万美元推出的这项"超级哥斯达黎加"暑期旅游促销计划,从2009年6月19日开始。根据计划,消费者可以在专门的网站上选择适合自己的度假套餐,甚至可以在最后一刻改变行程。100多家哥斯达黎加的旅游业商户将加入这项计划,为游客提供包括免费升级、餐饮优惠、免费赠送水疗、订房3晚赠送1晚等增值服务。该计划将一直延续到8月31日。《今日美国》《纽约时报》《旧金山新闻》《洛杉矶时报》等多家美国媒体会刊登大幅广告介绍这一计划。

哥斯达黎加是世界公认的生态旅游国度。美国是哥斯达黎加最主要的旅游客源国。从2008年下半年开始,哥斯达黎加旅游业因金融危机受到冲击。2009年一季度,哥斯达黎加旅游人数下降了约13%。

案例分析:

促销是旅游市场营销的手段,在旅游产品同质化严重的今天来看,促销计划和促销政策对于旅游产品成功与否发挥着至关重要的作用。促销计划的制定建立在熟悉潜在旅游者的基础上。在本案例中,促销计划针对的是潜在的美国旅游市场,所以制订计划之前,要深入研究和掌握美国旅游者的旅游消费习惯。美国旅游者喜欢在专门的网站上预订旅游套餐,但美国旅游者自由善变的性格直接导致了其旅游行程的经常性变更。而"超级哥斯达黎加"旅游促销计划中,就非常有针对性地对此进行了精心谋划,让旅游者可以在网上自由选择度假套餐,甚至可以在最后一刻更改行程。

(资料来源:http://www.sina.com.cn。)

一、旅游促销广告决策

(一)旅游广告概述

1.旅游广告的含义

广告一词,源于拉丁文 Adventure,原意是"大喊大叫",其意为吸引人注意。中古英语时代(约公元 1300—1475 年),演变为 Advertise,其含义衍化为"使某人注意到某件事"。直到 17 世纪末,英国开始进行大规模的商业活动,广告一词才广泛流行并被使用。根据美国市场营销学会(AMA)的解释,广告是由明确的广告主在付费的基础上,利用非人际的传播形式对观念、商品或服务进行介绍、宣传的活动。

旅游广告是指旅游部门或旅游企业通过一定形式的媒介,公开而广泛地向旅游者介绍旅游产品、提升旅游品牌的一种宣传活动。其构成要素包括广告主、广告费用、广告媒体和广告信息。

2.旅游广告的特点和作用

旅游广告的特点主要有:旅游产品的体验性要求广告传播的高互动性;旅游产品的综合性决定广告信息高度的立体化;旅游产品产销的时空统一性决定广告表现形式的多元化;旅游消费的性质决定广告信息鲜明的个性化;旅游体验的异地性决定广告诉求丰富的多面性;说服力较弱,不能因人而异,难以形成即时购买力。

从旅游市场来看,旅游广告是传播旅游产品信息的主要工具;从旅游企业来看,广告是旅游企业竞争的有力武器;从旅游者来看,广告可以引导和刺激旅游消费,甚至创造旅游需求。

(二)旅游广告媒体

1.旅游广告媒体类型

(1)大众媒体。

大众媒体的特点比较如表 9-1 所示。

表 9-1 大众媒体的特点比较

广告媒体	优点	缺点
电视	视听并存,图文并茂,富有感染力;传播范围广、速度快、效率高	费用高、时间短;干扰较大;观众选择性差;设计制作难度较大
广播	信息传播及时、灵活;传播面广;费用较低;地区和人口选择性强	缺乏视觉吸引力;表达不直观,听众记忆起来相对较难
报纸	传播面广、可信度高、时效性强;费用较低;读者可反复查阅;基于读者情况的地理细分明确	内容较杂,易分散读者的注意力;彩色版面少,表现力较弱;广告不易被人记住

续表

广告媒体	优点	缺点
杂志	印刷精美,可图文并茂,适于形象广告;阅读率高,保存期长;易于被传阅;地区和人口选择性强	发行周期长,发行量较少,价格偏高
新媒体广告	互动性、跨时空、灵活性;个性化突出、受众选择性增多、表现形式多样、信息发布实时;用户多是学生和受过教育的人,平均收入高	纷繁复杂,可信度低;内容格调不高;粗制滥造,缺乏创意

(2)小众媒体。

主要包括销售点广告、旅游印刷品、户外广告、直邮广告、旅游纪念品和礼品等。

(3)行为媒介。

主要包括广告宣传、博览会、交易会、说明会、推介会等。

同步案例

认识庐山真面目

总片头,赵忠祥的声音:"我们都知道你,可是总看不清你。""你是谁?——庐山!"千百年来,"不识庐山真面目"这句诗刻画了庐山的风貌与性格。十个多月,十多次上山,摄制组与主持人赵忠祥、黄玲的足迹遍及大山上下,拍下了12集电视片。这部电视片一改以往风光片的表现方式,将纪实性与观赏性、知识性与趣味性相结合,充分发挥了主持人实地采访的作用,让观众在荧屏上逐步认识庐山真面目。

下周播出的"庐山"(序),将最有特色、最有趣味的镜头,以悬念的方式展开,引出大山的主题。第一集"庐山,你在哪里?"概括了庐山的地理位置,勾勒了庐山的自然风光与人文景观的轮廓。

这座山,山光水色印满古今中外名人的足迹;这座山,山巅云畔有座城,万把人民过着都市生活;这座山,有汇集成18国建筑风格的别墅;这座山,有国共两党最高领袖同住过的一幢房子;这座山,还召开过中国共产党历史上的三次著名会议,这部电视片以不同侧面把大山的风采展现于荧屏之上。

案例分析:

上述案例是电子旅游广告的常用宣传方法和类型,电子宣传的优势在于可以采用多种手段,包括图片、介绍、声音,甚至是名人效应来进行包装和设计,是被宣传对象以最佳的形式介入潜在旅游者的脑海,达到良好的效果,其劣势是费用相对较高。

2.旅游广告媒体类型的选择

旅游广告媒体类型的选择主要基于四个方面因素的考虑:目标顾客的媒体视听习惯,如商务旅游者与观光旅游者对媒体类型的偏好程度就不一样;旅游产品的特点,如旅游目的地宜选择电视广告、网络广告等;广告信息的特点,如时效性很强的旅游销售广告宜选择报纸、新媒体平台为媒介,不适合以杂志为媒体;费用成本。

(三)旅游促销广告决策

旅游促销广告决策流程图如图 9-1 所示。

图 9-1　旅游促销广告决策流程图

1.明确旅游广告目标

旅游广告目标必须在相关旅游目标市场策略、市场定位及其他营销组合因素决策的基础上和限制下加以确定。旅游广告目标可以分为三种:告知型,主要用于旅游企业开业或者旅游新产品发布时,侧重对旅游新产品的性能、技术、用途、带给旅游者的新利益等方面的描述和宣传;劝导型,主要用于市场竞争激烈时,说服旅游者建立对企业和产品的偏好;提醒型,主要用于旅游企业具有一定的知名度、产品成熟时,加深旅游者对企业的记忆和印象。

2.进行旅游广告预算

旅游广告预算主要包括市场调研费、广告设计费、广告制作费、广告媒体租金、广告机构办公费及人员工资、广告公司代理费等项目。

影响旅游广告预算的因素主要有旅游产品生命周期、销售量、利润率、市场范围、市场竞争状况、国家政策法规等。

常用的旅游广告预算方法有量入为出法,即根据旅游企业的财务状况决定广告预算;销售比例法,即取销售总额的一定百分比作为广告预算;竞争对等法,即根据竞争对手的广告费用来决定自己相应的广告费用;目标任务法,即根据确定的广告目标和任务来估算所需费用的总和作为计划广告预算。

促销活动往往有可能出现两种情况：一是促销费用根本花不出去，目标达不成；二是促销费用花出去了，而目标依然达不成。请分小组讨论原因何在？

3. 决策旅游广告信息

决策旅游广告信息就是设计所要发送给现实和潜在旅游者的广告信息，它是整个广告活动成功的关键之一。

决策旅游广告信息的标准为吸引力、独特性和可信度。旅游广告信息的表达有六方面的基本要求：焦点、简洁、魅力、统一、平衡和技巧。

4. 选择旅游广告媒体

选择旅游广告媒体就是选择负载广告信息的媒体。选择广告媒体时主要是从目标受众的视听习惯、媒体本身的特点、旅游产品的特点、广告信息的特点、广告费用水平、覆盖区域等方面进行考虑。

5. 评价旅游广告效果

评价意义：衡量广告费用的投入是否获得了预期的效益；为修订广告计划提供依据；明确哪些外部因素是广告无法改变的。

旅游广告效果可以从沟通效果和销售效果两方面评价。

襄阳旅游宣传片登陆央视新闻30分

历史悠久的古城墙，底蕴深厚的古隆中，静谧神奇的米公祠……2016年12月26日，在央视午间《新闻30分》栏目中，以"江山留胜迹，我辈复登临"为主题的襄阳旅游形象宣传片正式播出，引发广泛热议。

这短短15秒的宣传片画面精美、震撼大气，将襄阳旅游的名胜古迹、自然风光和城市风貌尽纳其中，汉江、古城墙、古隆中、米公祠、春秋寨等景观悉数亮相，向全国观众展现了襄阳美丽的山水风光和深厚的文化底蕴。宣传片主题"江山留胜迹，我辈复登临"，出自唐代襄阳诗人孟浩然的《与诸子登岘山》诗篇，既带有深厚的历史文化底蕴，又具有襄阳独特的地域意境，同时展现了当今襄阳文化立市、旅游强市的决心。

（资料来源：https://item.btime.com/wm/4300aru5b3097r85d708skc47fp.）

实训项目

请同学们以小组为单位,分别选择不同的假日旅游线路,进行旅游广告促销预算的制定和促销方案的优化;并选取本地某一著名旅游景点,为其分别设计印刷品和电子宣传品,分析比较这两类宣传品各自的优势、劣势及投放的媒体选择。

二、旅游促销公共关系决策

(一)旅游公共关系促销的概述

1.旅游公共关系促销的概念

旅游公共关系促销指旅游企业借助于新闻、报告文学、事件活动、影视、音乐、名人等非广告形式对自然资源、历史文化、独特卖点、特色项目、新奇产品、民俗风情、个性服务等方面进行多层次、多方位、多角度地与目标客源进行沟通。它的本质是借助于"第三方力量"来诉说。如湖南湘西凤凰古城借助于沈从文的小说《边城》进行促销。

旅游公共关系三要素:主体为旅游企业,客体为公众,工具为媒介。

2.旅游公共关系的种类

(1)宣传型公共关系。

宣传型公共关系即利用各种宣传途径和宣传方式向外宣传自己,提高企业的知名度,从而形成有利的社会舆论。宣传型公关活动模式是运用大众传播媒介和内部沟通方法,开展宣传工作,树立良好企业形象的公关活动模式。

其特点是主导性强、时效性强、传播面广、推广组织形象效果好。具体表现为:第一,运用公关广告形式。按照旅游企业的意图在报纸、杂志、广播、电视等新闻媒介上宣传自己、树立形象,争取有关公众的好感。第二,策划专题活动"制造新闻",吸引新闻界报道,这是一种不支付费用的宣传方式,在效果上比公关广告更有说服力和吸引力,更有利于提高旅游企业的知名度。第三,利用举办各种纪念会、庆祝典礼,或利用名人、明星等特殊人物的声望,达到提高旅游企业知名度的效果。

> **同步案例**

湖北襄阳举办穿天节　源于周朝才子郑交甫

一年一度的湖北襄阳穿天节暨2019春季旅游赶集会农历元月21日在襄阳唐城景区开幕。

这一天,襄阳民众及各地游客从老龙堤码头登上"汉水女神号"游船,开始泛游汉江。活动现场,大家共同宣读"保护母亲河誓词",启动保护汉江万人签名活动,呼吁大家热爱大自然、保护母亲河。随后,大家来到襄阳唐城景区,举行穿天节开幕式,喊彩歌、牵手舞、踩高跷等民俗表演也接续上演。现场还同时开展穿天石文化展、襄阳特色旅游商品展、襄阳旅游产品赶集会、美丽汉江摄影展等活动。穿天节是襄阳特有的节日和习俗,源于周朝才子郑交甫在襄阳万山偶遇汉水女神,相赠佩珠定情的美好传说。每年农历正月十五前后,襄阳百姓都会云集万山脚下,沿江捡拾带孔窍的小石头(俗称穿天石),佩带在身上祈福和祈求姻缘,这一节日也逐渐成为襄阳人的"情人节"。

(资料来源:胡传林.湖北襄阳举办穿天节　源于周朝才子郑交甫[EB/OL]. http://www.chinanews.com/sh/2019/02-24/8763385.shtml.)

(2)交际型公共关系。

交际型公共关系即不借助其他媒介,只在人际交往中开展公关活动,直接接触、建立感情,达到建立良好关系的目的。交际型公共关系使沟通进入情感阶段,具有直接性、灵活性和较多的感情色彩。其形式主要有对外开放、联谊会、座谈会、慰问活动、茶话会、沙龙活动、工作午餐会、拜访、节日祝贺、信件来往等。

> **同步案例**

有这样一个真实的小故事。一个人乘坐北方航空公司的飞机去长沙出差。飞机降落之后,他提着随身带的一捆资料,走到了机舱门口。空姐在向他微笑道别的同时,递给了他两块小方布,说:"先生,请用小方布裹着绳子,不要勒坏了您的手。"人非草木,孰能无情!这位先生备受感动,从此每次出差或带家人出门,总是首选北航。一句话、两块小方布,换来了一生的光顾,真是划算。这种营销是那样的润物细无声,所激发的力量大得可怕。

案例分析：

交际型公关是一种有效的公关方式,使沟通进入情感阶段,具有直接性、灵活性和较多的感情色彩,被称为情感营销。真正的情感营销是一种人文关怀,一种心灵的感动,绝不是那种眼睛紧紧地盯着人家手里的钱,说些寒暄的套话。在这愈发冷淡的科技时代,情感变成了一种稀有资源,谁借用了这种资源谁就能引爆营销的革命,实现大丰收!

(3)服务型公共关系。

服务型公共关系即旅游企业向社会公众提供的各种附加服务和优质服务的公共关系活动。其目的在于以实际行动使目标公众得到实惠,通过提高公众满意度,塑造良好的企业形象,争取公众的支持,增强企业的市场竞争力。

服务型公共关系的特点是依靠本身实际行动做好工作,而不是依靠宣传。所以,它基本上仍是人与人之间的直接传播形式。

(4)社会型公共关系。

社会型公共关系即企业利用举办各种社会性、公益性、赞助性活动开展公关的模式。它是以各种有企业的社会活动为主要手段的公共关系活动方式,具有公益性、文化性特征,影响面大。

具体策略有:第一,善于运用各种时机灵活策划各种公关活动,以期引起新闻界和公众的兴趣与重视,通过大众传播达到扬名在外的目的。第二,坚持利他原则,特别是尊重公众利益,重视社会整体效益。如,北京某餐厅本无名气,一次举行支援非洲日、义卖三天的活动,引起新闻界的极大兴趣,做了专题报道,知名度迅速提高。第三,社会型公关要结合宣传型公关。

(5)征询型公共关系。

征询型公共关系即以采集社会信息为主、掌握社会发展趋势的公共关系活动模式,其目的是通过信息采集、舆论调查、民意测验等工作,加强双向沟通,使企业了解社会舆论、民意民情、消费趋势,为企业的经营管理决策提供背景信息服务,使企业行为尽可能地与国家的总体利益、市场发展趋势以及民情民意一致;同时,也向公众传播或暗示企业意图,使公众印象更加深刻。

征询公众意见和建议的方法有以下几种:① 在日常工作中发现公众意向,即直接通过与公众的接触,了解和观察到众多的公众意向信息;② 利用专门调查了解公众意向;③ 利用大众传播媒介了解公众意向;④ 企业内部公众意见的征询。

3.旅游公共关系促销的特点

旅游公共关系促销的特点有:有第三者说话,可信度高,有情节性、趣味性、可接受性;最可能赢得公众对企业的好感;影响面广,影响力大,利于迅速塑造被传播对象的良好形象;活动设计难度大,且组织工作量大;不能直接追求销售效果,运用限制性大。

(二)旅游公共关系促销决策

旅游公共关系促销决策流程图如图9-2所示。

图9-2 旅游公共关系促销决策流程图

1.开展公关活动调查

公关活动调查是开展公共关系活动的基础和起点。通过调查能了解和掌握公众对旅游企业决策与行为的意见。据此,可以基本确定旅游企业的形象和地位,为企业制定合理决策提供科学依据等。调查内容包括企业形象调查、企业现状调查、社会环境调查和竞争对手调查。

2.制定公关活动方案

制定公关活动方案,要以公关调查为前提,依据一定的原则确定公关工作的目标,并制定科学合理而可行的活动方案,如具体的公关项目、公关策略等。

3.实施公关方案

实施公关方案是整个公关促销活动的高潮。为确保活动实施的效果最佳,正确地选择公共关系媒介和确定活动方式是十分必要的。公关媒介应依据公共关系工作的目标、要求、对象和传播内容以及经济条件来选择。确定公关活动方式,应依据旅游企业自身特点,不同的发展阶段,不同的公众对象和不同的公关任务来选择。

4.评估公关效果

每次活动结束后,要及时分析结果,衡量预期的目标有没有达到,是否需要调整最初的公关计划?如果是,则应做怎样的调整?

情 景 模 拟

春节前一天,在36号收银台,一对夫妇排队等了好长时间,最后总算轮到他们买单。就在收银员为这位顾客服务的时候,站在收银台出口的防损员走过来告诉正在收银员旁边帮忙装袋的同事:"请提醒收银员询问顾客是否还有需要买单的商品。"因为防损员刚才看到顾客购物车里有一瓶红酒没有拿出来。装袋的同事听到后就把防损员的话传给了收银员,收银员在输完柜台上所有的商品后,伸头看了一下顾客的购物车,问道:"请问,还有其他商品吗?"这时那位女士马上把那瓶红酒放到收银台上并大声说:"这是赠品,怎么了?你们把刚才那位防损员叫过来,还说我们是小偷?你们这是什么商场?"那位男士又说道:"你们赶快把经理找来,否则我把这瓶红酒砸在这里,谁也别想在这里买单!"

由于排队的人很多,这两位顾客又一直堵在那里不让买单,后面的顾客开始不耐烦了,收银员请大家去邻台买单,他们都不愿意去,装袋的工作人员不断地向那位顾客道歉也无济于事。

假如你是该商场总经理,你将如何处理?

模拟开始:……

同步案例

把危机变成机会

"成都,雄起!"昨天上午的锦江宾馆,当来自亚太旅游协会(PATA)的危机管理专家 BertVan Waibeek 用刚学会的中文喊出这句话时,会场里响起了热烈的掌声。

受成都市旅游局协会和成都文旅集团的邀请,BertVan Waibeek 来到成都向旅游业界进行了"旅游危机公关与恢复"的讨论。他表示,成都乃至四川要利用好曝光率,变负面为正面,通过多种渠道恢复旅游业。这是灾后四川第一次邀请外国专家为成都、四川旅游业出谋划策。

唱响旅游口号:"成都,最中国"。

对成都宽窄巷子的良好印象让 BertVan Waibeek 很认同文旅集团之前为成都制定的一个宣传口号——"成都,最中国"。"旅游形象的恢复离不开城市品牌的建立。"成都应树立一个与众不同的品牌形象,并把这个品牌传递到世界各地。

增加曝光率把危机变成机会。

"以前很多外国游客根本没有听说过四川、成都。但现在,一夜之间全世界的目光都集中到了这里。"BertVan Waibeek 表示,成都旅游业应该利用这次机会,增加曝光率,把危机变成机会。

同时,旅游业界要团结起来,旅行社重新组合自己的产品,政府部门向外界传递正面消息,改革传统的营销方式,让全世界都知道"成都,雄起!"

请来国际专家为成都旅游支招。

据了解,亚太旅游协会与文旅集团以及 VISA 合作,为成都量身定做危机公关和旅游恢复方案。2008 年 7 月,三方在成都联合举办一次国际性旅游启动恢复研讨会。届时,日本、韩国、中国及欧美一些国家近百名专家将到达。这将是成都旅游史上首次举办国际营销会议。

(资料来源:危机公关:增加曝光率 把危机变成机会.四川在线—华西都市报,2008-06-12.)

全聚德作为驰名中外的老字号企业,创立至2018年已有154年的发展历程,经过几代人的努力,全聚德形成了以烤鸭为代表的系列美食精品和独特的饮食文化。全聚德这家百年老店已成为国家领导人宴请国际友人的重要场所,成为国内外朋友了解、认识北京的窗口。

在新世纪,全聚德品牌的发展同中国的餐饮业乃至中国商业、服务业一样,面临着良好的机遇和严峻的挑战。全聚德品牌战略的成败,是决定企业在新世纪能否保持旺盛生命力的关键。为此,2018年,全聚德决定利用隆重庆祝创立154周年之机,开展一系列大型的公共关系活动,以推动品牌建设和发展。

如果你有幸被全聚德集团公司聘请为这次大型系列公关活动的策划人,请以书面形式写一份公关促销方案。

三、旅游营业推广决策

(一)旅游营业推广概述

1.旅游营业推广的含义

旅游营业推广是指旅游企业在某一特定时期与空间范围内,通过刺激和鼓励交易双方,并促使旅游者尽快购买或大量购买旅游产品及服务而采取的一系列促销措施和手段。

2.旅游营业推广的作用

(1)能有效地调动旅游消费者的消费欲望和热情。

(2)可以有效地将新产品推向市场。

(二)旅游营业推广的方式

(1)针对旅游者的营业推广方式主要有赠送促销、包装促销、抽奖促销、现场演示、联合推广、虚拟体验等。

(2)面对旅游中间商的营业推广方式主要有营业竞赛、批发回扣、奖励等。

(3)面对销售人员的营业推广方式主要有分提销售额、推销竞赛、以销定奖等。

(三)旅游营业推广决策

旅游营业推广决策流程图如图9-3所示。

图 9-3 旅游营业推广决策流程图

1. 确定营业推广目标

确定营业推广目标就是要回答"向谁推广"和"推广什么"两个问题。因此,营业推广的具体目标一定要根据目标市场类型的变化而变化;针对不同类型的目标市场,拟定不同的旅游营业推广目标。如,针对旅游推销人员,目标可以确定为鼓励推销人员大力推销旅游新产品和服务,寻找更多的潜在旅游者;针对旅游者,目标可以确定为鼓励老顾客经常和重复购买旅游产品,劝诱新的旅游者光顾等。

2. 选择营业推广的工具

旅游营业推广的工具是多种多样的,每种工具都有其各自的特点和适用范围。一般来说,一种营业推广工具可以实现一个目标也可以实现多个目标。旅游营业推广的工具主要有:① 免费,包括赠品、免费样品和赠品印花等;② 优惠,包括折价券、折扣优惠、自助获赠、退款优惠、合作广告等;③ 竞赛,包括旅游者竞赛与抽奖、经销商销售竞赛和销售人员销售竞赛等;④ 组合,包括财务激励、联合营业推广、服务营业推广、连锁营业推广以及会员营业推广等。

3. 制定营业推广的方案

一般来说,一个完整的营业推广促销方案要考虑确定刺激的规模、选择营业推广对象、决定营业推广媒体、选择营业推广时机、营业推广分配预算等方面的内容。

4. 实施和控制方案

在旅游营业推广方案的实施与控制中,要留心注意和监测市场的反应,并及时进行必要的促销范围、强度、频率和重点的调整,保持对促销方案实施的良好控制。因此,旅游企业要尽可能地进行周密的策划与组织,估计到实施中可能产生的一切问题,并预先做好解决突发性事件的准备与安排。

5. 评价方案效果

旅游营业推广活动完成后,要对其效果进行评估,这是检验推广促销活动是否达到预期目标以及促销花费是否合理的唯一途径。详细收集有关营业推广活动开展前后一段时间内的资料信息,据此分析推广活动达到的效果以及产生的问题,包括未预计到的问题、不能克服的问题和将来可避免的问题,以作为今后是否有必要再开展推广活动的决策依据。

同步案例

酒店会员卡促销方案

目的:激励消费者加大消费力度,促使酒店经营活力不断上升。

形式:持卡消费累计积分,积分达百,返还奖励。

发卡程序:

(1)现金一次消费300元或500元以上,可获赠一张会员卡,当日不享受积分。

(2)工作人员对持卡人进行详细的登记。

(3)备案存档,并通知积分办理处。

积分标准:

(1)客人持卡消费每100元积1分,不是整百不予积分。例如,客人消费196元,则只积1分。

(2)为方便内部核算1=10元等值消费额。

(3)每卡积满100分(即客人消费1万元)后方可享受酒店指定的获赠项目。

(4)结合连锁经营思路,在客人积满100分后还可给予升级的会员卡(待定)。

持卡人享有制定获赠项目(一个月内有效),不兑现、不找零、不换取商品。

标准间108元/间2次;10元早餐券6张;金五指足浴免费券4张;KTV下午场房间免费券4张;周末家庭宴7.8折优惠;全自动麻将房5折优惠券2张;茶秀包间免费券2张;健康水疗5折优惠券2张。

(资料来源:职业餐饮网. http://www.canyin168.com/glyy/yxch/yxal/201201/38471.html.)

四、旅游人员推销决策

(一)旅游人员推销概述

1.旅游人员推销的含义

旅游人员推销是指旅游企业利用推销人员直接与旅游者接触、交谈,宣传介绍旅游产品,达到促进和扩大销售目的的促销方式。

2.旅游人员推销的特点和作用

旅游人员推销的特点:针对性、灵活性、反应及时;具有公共关系作用(长期协作性);支出较大、成本较高、对推销人员要求较高。

旅游人员推销的作用：传递信息、销售商品、获取市场信息、提供服务、开拓市场、协调工作。

(二)旅游人员推销的方式和原则

1.旅游人员推销的方式

旅游人员推销的方式如图9-4所示。

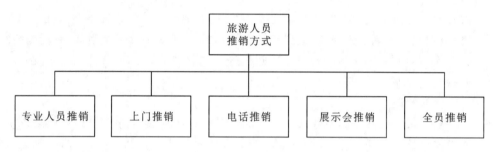

图9-4　旅游人员推销的方式

2.旅游人员推销的原则

旅游人员推销的原则主要有互惠互利原则、使用价值观念原则、人际关系原则、尊重顾客原则。

课堂讨论

以情感人的销售策略

河北省某市光彩旅行社的主要目标市场是当地的学校。该旅行社的王总经理认为,这个目标市场的购买方式是团体购买,由学校领导做出购买决策。针对目标市场的特征,王总经理认为最适宜的促销方式应是人员推销,而不是其他的促销方式。为此,旅行社没有像其他的旅行社那样,在媒体上大做广告,而是派出精干的销售人员到学校,与校长、学工部负责人、学校团委、学生会负责人等进行直接接触,同时王总还带领他的推销人员参加了学校的多项活动。这种以情动人的销售策略,为他们赢得了大量的客源,并获得了良好的经济效益和社会效益。

思考:请结合上述内容深入分析,在人员推销的过程中最重要的是什么?

同步案例

只言片语之间流失的顾客

有个销售人员在销售西藏线路的过程中客户问:"我们到西藏吃的是汉餐吗?"销售人员顿时瞠目结舌,因为他不知道客人去了是不是汉餐,西藏是不是和汉人吃饭习惯一样,有没有饮食忌讳。尴尬的同时,客户对该销售人员产生怀疑,最起码这个旅行社不是专业的。客户继续问:"我们住的宾馆提供氧气吗?"销售人员照样表示不知道情况,就这样好不容易找到的三十多个客户就在只言片语之间流失了。

案例解读:

销售人员了解产品的特点和细节是非常重要的,不论是旅行社还是销售人员,在上岗以前必须知道自己要卖什么,要非常了解自己的产品,包括产品的特点、餐饮安排、车辆落实、景点情况和附加事宜等。旅游产品的销售贯穿于消费始终,要求销售人员能够将旅游产品的阶段性特征了如指掌。

实训项目

一位旅游代理商,就职于一家主要做休闲旅游的旅行社。有一位30多岁的单身女士来到你的办公室,对你说:"我自己经营一家公司。因为公司业务去年提高了3倍,所以我的压力非常大,现在打算通过休假来调整一下自己的状态。我的一位朋友用了一周的时间去托马斯度假村,我也想做一次像他那样的旅行。"

通过谈话,你发现这位女士计划出行的时间恰好赶上学校放假,那时将有许多家庭到托马斯度假村,因为那里价格经济实惠。然而,你曾经去过位于托马斯度假村附近一个更加豪华的度假村,你认为这位女士应选择去哪里旅游?

A.这时你会怎么向这位女士建议呢?

B.你拿出一本关于那家豪华度假村的宣传册。你如何使用它呢?

讨论完交通、费用和旅游的特点及利益后,你看到这位顾客露出了笑容而且表情很轻松。

C.这时你又会对这位女士说些什么呢?

(三)旅游人员推销决策

旅游人员推销决策流程图如图9-5所示。

图 9-5　旅游人员推销决策流程图

1.寻找顾客

旅游推销人员必须利用各种渠道和方法为所推销的旅游产品寻找购买者,包括现有的和潜在的购买者。通过电话、邮件及其他调查方式,了解潜在消费购买者的需求、支付能力和购买权力,做出购买资格评价,筛选出有接近价值和接近可能的目标顾客,以便集中精力进行推销,提高成交比例和推销工作效率。

2.推销准备

推销准备,包括尽可能地了解目标顾客的情况和要求,确立具体的工作目标,选择接近的方式,拟定推销时间和线路安排,预测推销中可能产生的一切问题,准备好推销材料,如景区景点及设施的图片、照片、模型、说明材料、价目表、包价旅游产品介绍材料等。在准备就绪后,推销人员需要与顾客进行事先约见,用电话、信函等形式向访问对象讲明访问的事由、时间、地点等约见内容。

3.访问顾客

一般来说,访问顾客需要推销人员利用各种面谈方法和技巧,向目标顾客传递旅游企业及产品信息,展示顾客利益,消除顾客疑虑,强化购买欲望,让顾客认识并喜欢所推销的旅游产品,进而产生强烈的购买欲望。

4.处理异议

面谈过程中,目标顾客往往会提出各种各样的购买异议,诸如需求异议、价格异议、产品异议、服务异议等。这些异议都是目标顾客的必然反应,销售人员只有针对不同类型的顾客异议,采用不同的策略、方法和技巧,有效地加以处理与转化,才能最终说服顾客,促成交易。

5.建议成交

成交是整个推销工作的最终目标。事实上一个订单很少在第一次访问就能定下来,特别是对于较大的订单,经常需要五次以上的访问。一个优秀的推销员,要密切注意成交信号,善于培养正确的成交态度,消除成交的心理障碍,谨慎对待顾客的否定回答,把握好成交机会,灵活机动,采取有效的措施和技术,帮助目标顾客做出最后选择,促成交易,并达成协议。

6.客户管理

达成交易后,推销员就应着手履约的各项具体工作,做好顾客服务,妥善处理可能出现的问题。着眼于旅游企业的长远利益,与顾客保持和建立良好的关系,树立消费者对旅游产品的安全感和信任感,促使他们连续、重复购买,利用顾客的间接宣传和辐射作用,争取更多的新顾客。

学习促销策略理论后,同学2人1组,互换角色扮演促销员和顾客,进行人员推销模拟演示,其他同学观看后进行公开分析讲评,并进一步归纳提炼人员推销理论。

模拟场景:推销员要将旅行社的某条线路销售给客人,而客人则挑出产品的各种毛病,推销员应该认真回答客人的各种问题,即便是一些吹毛求疵的问题也要让客人满意,不能伤害客人的感情。

第三节　旅游促销组合策略

一、旅游促销组合策略的含义

旅游促销组合是指旅游企业为了达到最佳的促销效果,而对各种促销方式(广告、人员推销、营业推广和公共关系)进行不同的组合和选择,根据市场的具体特点,制定出有效的促销组合策略。旅游促销组合最基本的策略就是推拉策略(见图9-6)。

推式策略是指利用推销人员与旅游中间商促销将产品推入渠道,是旅游生产者积极将产品推到批发商手上,批发商又积极地将产品推给零售商,零售商再将产品推向消费者。每一个环节都对下一个环节主动出击,强化顾客的购买动机。这种策略是以人员推销为主,辅之以上门营业推广活动、公关活动等。

拉式策略是指企业针对最后消费者,花费大量的资金从事广告及消费者促销活动,以增进产品的需求。如果做得有效,消费者就会向零售商要求购买该产品,于是拉动了整个渠道系统,零售商会向批发商要求购买该产品,而批发商又会向生产者要求购买该产品。这种策略是以广告宣传和营业推广为主,辅之以公关活动等。

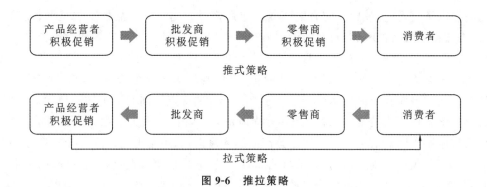

图 9-6 推拉策略

二、影响旅游促销组合决策的因素

(一)促销目标

旅游企业的促销目标不同,促销组合策略也应不同。例如,某旅游企业的促销目标是扩大销售量,获得最大的销售利润,而另一个旅游企业的促销目标是树立企业形象,为其旅游产品今后占领市场赢得有利的竞争地位奠定基础。前者在促销组合中将更多地使用广告和销售促进以实现短期效益;而后者在促销组合中将更多地使用营销公关,以实现长期目标。

(二)市场特点

旅游目标市场的大小。一般而言,如果目标市场地域范围大,旅游者分散,应多采用广告进行促销;反之,则可以以人员推销为主。市场营销的对象不同,促销组合策略也不同,如果旅游企业销售的对象是旅游者,各种促销方式的重要性依次为广告、销售促进、人员推销和营销公关;如果销售的对象是旅游中间商,则各种促销方式的重要性依次为人员推销、销售促进、广告和营销公关。

(三)产品特点

影响促销组合的产品因素包括旅游产品性质和旅游产品生命周期两个方面。

在旅游产品性质方面,不同性质的旅游产品,旅游者购买的需求也不同,因此需要不同的促销组合。一般而言,价格昂贵、购买风险较大的旅游产品,旅游者往往不满足于一般广告所提供的信息,而倾向于理智性购买,希望得到更为直接可靠的信息。对这类旅游产品,人员推销、营销公关往往是重要的促销手段。对于购买频繁、价值不高以及季节性较强的旅游产品,旅游者倾向于品牌偏好,对这类旅游产品,广告往往是重要的手段。一些风俗节日旅游,如我国傣族的泼水节、彝族的火把节等,广告促销的效果十分明显。

在旅游产品生命周期方面,由于旅游产品生命周期不同阶段的促销重点不同,旅游企业所选择的促销方式也应有所不同。当旅游产品处于导入期,促销的重点目标是使潜在旅游者认识、了解产品,因此,促销的主要方式应当是各种广告和营销公关。广告宣传有广泛的覆盖面,有可能在短时间内形成较好的品牌效应。通过营销公关也能提高产品的知名度。

同时,辅之以销售促进,鼓励旅游者购买新的旅游产品。当旅游产品处于成长期,促销的重点目标是增进旅游者的兴趣与偏爱,以扩大产品销售量。这时,旅游广告和营销公关仍需加强,但广告的侧重点就在于宣传产品的品牌和特色,销售促进可相应减少。当旅游产品处于成熟期,这时竞争者增多,为了扩大产品销售,以便与竞争产品争夺客户,广告宣传仍需加强,但广告侧重点应在于突出本产品区别于竞争产品的优点。同时要增加销售促进,给旅游者以优惠,配合使用人员推销和营销公关,特别是人员推销应大力加强,加大访问客户的频率,维系与旅游中间商的关系等。当旅游产品进入衰退期,市场上已出现优于本产品的竞争产品,这时广告仅仅起提示作用,力求巩固原有市场,应采取销售促进为主,以吸引偏爱本产品的老顾客继续购买,以便尽可能多地回笼资金,投入新的旅游产品,营销公关则可减少。

（四）旅游者购买准备过程的阶段

旅游者的购买准备过程一般分为 6 个阶段,即知晓、认识、喜欢、偏好、确信和购买。对处于不同阶段的旅游产品,销售促进和营销公关的作用变化不大,而人员推销和广告的作用则变化很大。越是在准备过程的初期,广告的作用越大,人员推销的作用越小;反之,越是在准备过程的后期,广告的作用越小,人员推销的作用越大。

本章小结

旅游促销的实质是要实现旅游营销者与旅游产品潜在购买者之间的信息沟通。为了实现这种沟通,可通过发布广告的形式传播有关旅游产品的信息;可通过各种营业推广活动传递短期刺激购买的有关信息;可通过公共关系手段树立或改善自身在公众心目中的形象;可通过推销人员面对面地说服潜在购买者。

影响旅游促销组合决策的因素包括促销目标、市场特点、产品特点和旅游者购买准备过程的阶段等。

关键概念

旅游促销(Tourism Promotion)
旅游广告(Tourism Advertising)
旅游营业推广(Tourism Sale Promotion)
旅游公共关系(Tourism Public Relation)
人员推销(Personal selling)
推拉策略(Push-pull Strategy)

复习思考

1. 什么是旅游促销？旅游促销对企业营销有什么作用？
2. 正确制定旅游企业的促销组合决策需要注意什么问题？
3. 旅游促销的四种方式各有什么优缺点？

 相关链接

推荐进一步阅读资料：

1. 菲利普·科特勒,等.营销管理[M].何佳讯,等,译.15版.上海:格致出版社,2016.
2. 吴建安.市场营销学(精编版)[M].北京:高等教育出版社,2012.
3. 肯尼思·E.克洛,唐纳德·巴克.广告、促销与整合营销传播[M].5版.北京:清华大学出版社,2012.
4. 贝尔奇,等.广告与促销:整合营销传播视角[M].郑苏晖,等,译.9版.北京:中国人民大学出版社,2014.

第十章

旅游市场营销管理

学习目标

通过本章的学习,使学生了解旅游市场营销组织的类型;掌握旅游市场营销计划的制订;学会分析营销实施中的问题,掌握营销实施的步骤;学会运用旅游市场营销控制的四种方法。

能力目标

通过本章的学习,使学生能制订旅游市场营销计划;分析营销实施中的问题,并能正确运用旅游市场营销控制的四种方法。

第一节 认识旅游市场营销组织

制订营销计划

ABC公司拟推出小吃及爆米花两大系列休闲食品。根据公司的长期战略,两大系列产品将作为公司其他食品的开路先锋,两年内完成以下任务:在食品市场创立一个知名品牌;建立公司的分销体系;完成月平均销售额240万元的任务,保证与生产能力相平衡。

公司营销部门立即行动起来。首先,需要制订一份可行的营销计划;在调研、分析休闲食品市场现状的基础上,找出实现营销的关键和机会点;选择目标市场,进行品牌定位,设计相应的营销组合策略,考虑预算分配和具体执行方案……每一个步骤、环节都要深入、细致。一旦营销计划通过,可能还要对公司现行营销体系进行相应调整和改革,使其与营销任务更加匹配。在计划执行过程中,怎样进行有效的控制,以保证不偏离营销目标,也同样是不可掉以轻心的问题。

(资料来源:吴健安.市场营销学(精编版)[M].北京:高等教育出版社,2012.)

一、旅游市场营销组织的任务

旅游市场营销组织是指旅游企业为了实现旅游营销的目标和企业的任务,通过职能分配和人员分工,授予人员相应的权力与职责而进行的协调旅游营销活动的有机体。它是执行市场营销计划、服务市场购买者的职能部门。其任务在于制订、实施市场营销计划,控制市场营销活动。

二、旅游市场营销组织的演变

旅游企业的市场营销部门是随着营销观念认识的深化和管理的需要,长期演变而来的。大致经历了单纯的营销部门、兼有附属职能的销售部门、独立的市场营销部门、现代市场营销部门和现代市场营销旅游企业五个阶段。

(一)单纯的销售部门

小企业销售部门的任务是销售,通常由一名副总经理负责管理销售队伍,并监管若干市场营销研究和广告宣传工作。如图 10-1 所示。

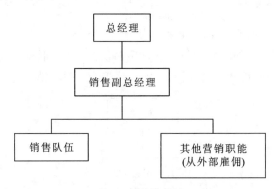

图 10-1　单纯的销售部门

(二)兼有附属职能的销售部门

随着旅游企业的扩大,需要增加某些职能,如市场调研、广告宣传,因此主管销售的副总经理就需要聘用市场营销经理来执行这些职能。如图 10-2 所示。

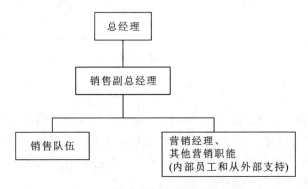

图 10-2　兼有附属职能的销售部门

(三)独立的市场营销部门

随着旅游企业规模和业务范围的进一步扩大,使得营销的其他职能如营销调研、新产品开发、广告促销和顾客服务等显得日益重要。一些企业将营销部门列为一个相对独立的职能部门。如图 10-3 所示。

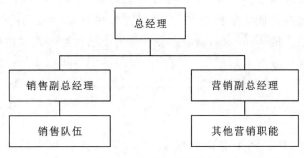

图 10-3　独立的营销部门

(四)现代市场营销部门

销售和营销两个部门开展工作需要相互协调、配合,在实践中它们又容易产生矛盾和冲突。在销售部门和市场营销部门之间的矛盾冲突解决过程中,形成了现代市场营销部门的基础,即由营销副总经理全面负责,下辖所有市场营销职能部门和销售部门。如图10-4所示。

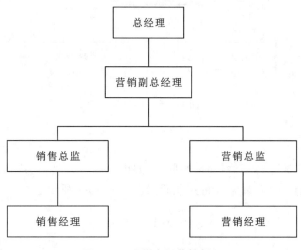

图 10-4 现代市场营销部门

(五)现代市场营销旅游企业

建立了现代旅游市场营销部门,并不就是"现代市场营销旅游企业"。营销部门并非一个企业的全部,只有当所有的管理人员都认识到旅游企业一切部门的工作是"为客人服务","市场营销"不仅是一个部门的名称而且是一个企业的经营哲学时,这个旅游企业才算是一个"以客人为中心"的现代市场营销旅游企业。

三、旅游市场营销组织的类型

旅游市场营销组织的类型大致有5种。

(一)职能型组织

这是最常见的市场营销组织形式,适用于产品品种较少,各种产品营销方式相近的企业。它强调市场营销各种职能如销售、广告和研究等的重要性,如图10-5所示。当旅游企业只有一种或几种很少的产品,或者旅游企业产品的市场营销方式大体相同时,按照市场营销职能设置组织结构比较有效。但是,随着产品品种的增多和市场的扩大,这种组织形式的弊端就暴露出来,各部门强调各自的重要性,致使营销总经理无法协调。

(二)产品型组织

生产多种产品或拥有多个品牌的旅游企业,可以按产品或品牌建立组织架构。如图10-6所示。

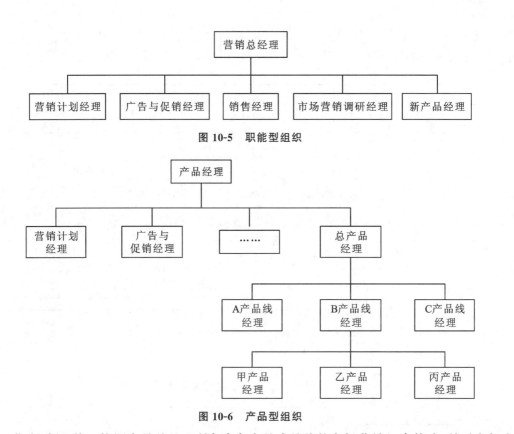

图 10-5 职能型组织

图 10-6 产品型组织

优点:便于统一协调产品总经理所负责各产品或品牌的市场营销组合策略,并对市场变化做出积极反应;明确了各产品经理的职责,可以保证不太重要的品牌也不会受到忽视;产品经理几乎涉及企业经营、市场营销等多个领域,能够为培养年轻管理人员提供最佳机会。

缺点:缺乏整体观念,各个产品经理相互独立,他们会为保持各自产品的利益而发生摩擦;部门冲突,产品经理们未必获得足够的权力,以保证他们有效地履行职责;多头领导,由于权责不清,下级可能会得到多方面的指令。

(三)市场型组织

当旅游企业面临如下情况时,建立市场型组织是可行的:拥有单一的产品线;目标市场有不同偏好和消费的群体;不同的分销渠道。在此形式中,一名市场主管经理管理几名市场经理。这种组织形式的优点在于旅游企业的市场营销活动是按照满足各类不同顾客的需求来组织和安排的,有利于旅游企业加强销售和市场开拓。其缺点在于权责不清和多头领导的矛盾,这点和产品型组织类似。如图 10-7 所示。

(四)地区型组织

如果一个旅游企业的市场营销活动面向全国,那它可以按照地区设置其市场营销机构。例如,在营销部门设中国市场总经理,下有华南、华东、华北的大区总经理,再根据需要继续设置地区经理和销售代表等,如图 10-8 所示。

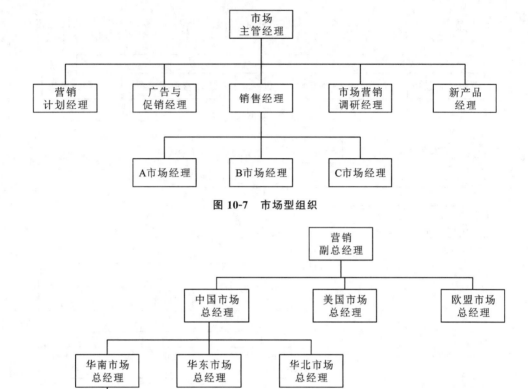

图 10-7　市场型组织

图 10-8　地区型组织

（五）矩阵型组织

生产多种产品,并向多个市场销售的旅游企业,适用于这种组织形式。其优点在于:它充分吸收了产品型和市场型营销组织的优点。在此组织中,不同类型的经理工作侧重点不同,因而考虑各因素影响作用时更为全面,灵活性更大。其缺点在于:管理费用昂贵,且由于多头领导而使得职责不清,产生冲突。

实训项目

为某旅行社设计营销组织。

第二节　旅游市场营销计划的编制

案例引导

三亚 2019 年入境旅游市场营销方案出炉，多措并举促进旅游发展

2018 年，三亚市接待入境过夜游客 71.62 万人次，同比增长 3.4%。从相关数据看，三亚市目前的入境游客主要来自俄罗斯、韩国、哈萨克斯坦、印度尼西亚、马来西亚、中国香港、台湾地区等。日前，三亚发布 2019 年入境旅游市场开发工作计划，力争 2019 年接待入境游客达到 90 万人次。

一、入境游总目标

2019 年，目标入境过夜游客总数 85 万人次，同比增长 20%，力争接待入境游客达到 90 万人次，同比增长 27%，主要来自境外十大客源市场：俄语市场、日韩市场、北欧市场、西欧市场、东南亚市场、印度市场、北美市场、澳新市场、港澳台市场和在华外国人市场等。

二、总体营销策略

将三亚市重点入境客源市场细分为传统客源市场（俄语市场、日韩市场、东南亚市场和港澳台市场）、新兴客源市场（西欧市场和在华外国人市场）及潜力客源市场（北欧市场、北美市场、澳新市场、印度市场）等三大类，采取政府主导、部门联动、协会配合、企业为主体的模式，以"大航空、大宣传、大渠道、大活动、大平台"为营销策略，整合各类资源，全方位推进三亚入境旅游市场开发工作。

三、主要旅游产品

（一）按目标市场需求，推出多元化旅游产品

通过对吃、住、行、游、购、娱等六大旅游要素的组合，向入境游客群体主推"文化体验游、滨海度假游、雨林探秘游、家庭亲子游、海洋运动游、婚庆蜜月游、医疗健康游、美丽乡村游、美食养生游和科普研学游"十大类旅游产品，针对不同目标客源市场推出不同产品，以满足入境游客的消费需求。

（二）积极营销"一程多站"组合产品

根据"一程多国"的营销思路，将欧洲、东南亚通航城市串联起来，形成多个跨国旅游目的地，与国内外经营入境旅游市场的大型旅行商合作，积极开展"一程多站"组合产品的宣传与推广。

（三）全力开发"大三亚"游系列产品

整合"大三亚旅游经济圈"优势资源，形成滨海度假、海洋运动、雨林探秘、民

族风情、美食养生、乡村体验等系列旅游新产品，再组合成一日或多日旅游线路，将游客从三亚吸引至周边的陵水、保亭和乐东等地，带动"大三亚旅游经济圈"的共同发展。

四、重点工作任务

(一)扩大航空航线网络，提高国际游客可进入性

(1)计划在2019年加密5条境外航线，力争新增15条境外航线：一是深度开发传统客源市场，加密三亚至俄罗斯新西伯利亚、韩国首尔、台湾地区台中等航线，新开台湾地区高雄、日本大阪等航线；二是积极开发新兴客源市场，计划开通三亚至德国法兰克福等1—3个城市、法国巴黎、荷兰阿姆斯特丹、美国洛杉矶、菲律宾马尼拉、泰国曼谷、马来西亚吉隆坡等境外航线；三是大力培育潜力市场，将印度德里—广州—三亚中转航线改为直飞航线，开通三亚至阿联酋1—2个城市、三亚至挪威等北欧国家航线。

(2)探索在国内枢纽机场设立"海南入境游客免签中转服务区"，为来三亚的59国免签游客提供国内中转方便，为打造国内外"一程多站"的联程旅游产品创造条件。

(二)强化国际宣传推广，提升三亚国际知名度

1."走出去"参展促销

2019年计划组织11场"走出去"参加国际大型旅游展会，包括柏林国际旅游交易会、俄罗斯莫斯科国际旅游展、俄罗斯莫斯科国际休闲旅游展、哈萨克斯坦国际旅游展、高雄市旅行公会国际旅游展、台北国际旅游展、日本国际旅游展、韩国模德旅游展、马来西亚吉隆坡国际旅游展、香港国际旅游展、澳门国际旅游产业博览会。同时，在展会期间举办一系列专场推介会，提升三亚旅游目的地影响力。三亚市2019年入境旅游市场开发工作项目列表如表10-1所示。

表10-1　三亚市2019年入境旅游市场开发工作项目列表

类别	序号	项目	项目说明	举办时间
境外展会及推介会				
展会及推介会	1	西欧市场	参加德国ITB展(3月6—10日)，赴英国参加省旅文厅举办三亚旅游(伦敦)推介会并举办挪威三亚旅游推介会	3月
	2		参加2019-20克利伯环球帆船赛英国开幕式并举办三亚旅游(伦敦)推介会	7月
	3	北欧市场	参加世界旅游城市联合会WTCF(9月2—4日)香山峰会，并赴瑞典及挪威分别开展三亚旅游(斯德哥尔摩、奥斯陆)推介会	9月

续表

类别	序号	项目	项目说明	举办时间
展会及推介会			境外展会及推介会	
	4	俄语市场	参加俄罗斯春季旅游展MITT(3月9—11日),举办三亚旅游(莫斯科)推介会并赴哈萨克斯坦、伊尔库兹斯坦参加省旅游委组织的海南旅游推介会	3月
	5		参加哈萨克斯坦KITF展(4月17—19日)及举办三亚旅游(哈萨克斯坦阿拉木图、乌克兰基辅、俄罗斯圣彼得堡)推介会	4月
	6		参加俄罗斯秋季国际旅游休闲展(9月10—12日)并赴土耳其、阿联酋参加海南旅游推介会	9月
	7	日韩市场	参加日本国际旅游展JATA(10月24—27日)及举办3场三亚旅游(大阪、京都、神户)推介会并赴韩国参加省旅文厅举办的海南旅游推介会	10月
	8		参加韩国模德旅游展Mode Tour(8月30—9月2日)及举办两场三亚旅游(釜山、大邱)推介会	8、9月
	9	东南亚市场	马来西亚吉隆坡国际旅游展MITM(7月6—8日),并在马来西亚、新加坡、印度尼西亚开展旅游推介会	7月
	10	港台市场	参加台湾地区台中高雄市旅行公会国际旅展KTF(5月24—27日)及3场三亚旅游(台北、新北、高雄)推介会	5月
	11		参加台湾地区台北国际旅展ITF(11月8—11日)及举办三亚冬季旅游产品(台中)推介会	11月
	12		澳门国际旅游产业(4月26—28日)博览会	4月
	13		参加香港国际旅游展ITE(6月13—16日)	6月
	14	北美市场	赴日本举办三亚旅游推介会,美国参加世界首届沙滩运动会并举办三亚城市推介会并赴法国举办三亚旅游推介会	11月
	15	澳新市场	参加省旅文厅组织的澳新促销团	4月
	16	国际组织年会	参加TPO(亚太旅游振兴机构)、ICCA(国际大会及会议协会)及PATA(亚太旅游协会)	时间待定

2. 借势媒体宣传

(1) 与境外主流媒体开展深度合作：依托 CNBC、BBC、EuroNews、EuroSports 等全球大媒体平台的强势资源，配以新网络和社交媒体渠道，将三亚的旅游产品以不同语言持续不断地在目标客源市场宣传与推广。

(2) 与国内重点对外媒体和外文媒体进行专题宣传：利用 CCTV-4 中文国际频道通过专题节目等在国内外大力宣传三亚；利用《中国日报》传统纸媒渠道和网络平台宣传三亚，提升三亚旅游在国际上的知名度和美誉度。

(3) 2019 年新媒体运营侧重脸书、推特、领英、Instagram、YouTube、VK、Kakao 7 大平台，发挥各新媒体平台在不同客源地区的资源优势，加大广告投放占比，提升内容运营质量，将旅游产品与新媒体运营结合起来。

(4) 在俄语地区与交通广播频道、Yandex 搜索等平台合作；欧美地区与《国家地理》《Discovery 探索与发现》节目合作；亚太地区与《TTG Asia》会奖旅游刊物合作，建立区域市场大媒体合作联动机制。

(5) 根据客源市场需求，联合企业组织 40 批次媒体和旅行商参加"请进来"体验活动（见表 10-2），来体验三亚不同主题的旅游产品，每批次约 10 人，共约 400 人。

表 10-2　境外媒体宣传推广及"请进来"

境外媒体宣传推广及"请进来"	1	综合媒体	新媒体项目	全年
	2		美通社联合宣传发稿项目	全年
	3		CNBC 联合宣传项目	全年
	4		中国日报海外版 China Daily 旅游专栏 12 期	全年
	5		中央电视台国际频道 CCTV-4 专题节目	全年
	6		BBC 联合宣传项目	全年
	7		Euro News & Sports 联合宣传项目	全年
	8	西欧市场	与德国大型旅行商平台合作，组织请进来、进行产品销售及三亚旅游目的地形象推广	全年
	9		与英国大型旅行商平台合作，组织请进来、进行产品销售及三亚旅游目的地形象推广	全年
	10	北欧市场	与北欧大型旅行商平台合作，组织请进来、进行产品销售及三亚旅游目的地形象推广	全年
	11	北美市场	与北美大型旅行商平台合作，组织请进来、进行产品销售及三亚旅游目的地形象推广	全年
	12	俄语市场	主攻俄罗斯市场、乌克兰及哈萨克斯坦三个重点客源国，组织请进来、进行产品销售及三亚旅游目的地形象推广	全年

续表

境外媒体宣传推广及"请进来"	13	日韩市场	与韩国大型旅行商平台合作,组织请进来、进行产品销售及三亚旅游目的地形象推广	全年
	14		与日本大型旅行商平台合作,组织请进来、进行产品销售及三亚旅游目的地形象推广	全年
	15	东南亚市场	与东南亚大型旅行商平台合作,组织请进来、进行产品销售及三亚旅游目的地形象推广	全年
	16	澳新市场	与澳洲、新西兰大型旅行商平台合作,组织请进来、进行产品销售及三亚旅游目的地形象推广	全年
	17	港澳台市场	与台湾地区旅行商平台合作,组织请进来、进行产品销售及三亚旅游目的地形象推广	全年
	18		与港澳地区旅行商平台合作,组织请进来、进行产品销售及三亚旅游目的地形象推广	全年
	19	在华境外人士	与国内重点入境旅行社合作,针对在华外国人组织请进来、进行产品销售及三亚旅游目的地形象推广	全年

(三)建立营销大渠道,积极组织入境旅游客源

(1)积极与国际大旅行商建立战略合作关系,形成内外联动机制,大力推动三亚旅游产品宣传与销售。2018年,英国托迈酷客旅游集团率先在三亚设立我省首家中外合资旅行社,为三亚入境旅游开拓了新渠道。我市计划充分发挥英国托迈酷客旅游集团在欧洲市场的销售网络优势,推出一批优势旅游产品,逐步扩大三亚旅游目的地在欧洲地区的影响力。2019年,我市将继续加大引进中外合资旅行社力度,目标落实5—8家落户三亚,为三亚输送更多境外游客。

(2)与中国国旅总社、港中旅集团、中青旅控股公司、广之旅旅游公司等国内重点入境旅行社开展战略合作,设计优质"一程多站"产品,共同开拓境外客源市场,将香港、北京、西安、上海、广州等长线入境游客延展到三亚来。

(3)以邮轮公司为渠道商加大合作力度,吸引更多国际邮轮停靠三亚凤凰岛国际邮轮港,做大三亚国际邮轮旅游市场。

(四)组织国际性节事活动,开展有效事件营销

积极开展各类国际性赛事活动,以活动为载体,组织国际媒体进行宣传报道,与国内外旅行社共同打造以三亚大型国际活动为主题的旅游产品,并将产品纳入组团社年度计划和产品手册,加大销售力度。国际节庆赛事活动及大平台项目如表10-3所示。

表 10-3　国际节庆赛事活动及大平台项目

国际节庆赛事活动及大平台项目	1	世界小姐全球总决赛	11月
	2	克利伯环球帆船赛	2—8月
	3	FE国际汽联电动方程式锦标赛	3月
	4	亚洲电视彩虹奖颁奖典礼	6月
	5	海南岛国际电影节	12月
	6	ISY三亚国际音乐节	12月
	7	三亚国际沙滩健美先生比基尼小姐大赛	11月
	8	海南环岛国际自行车赛	10月
	9	海南国际马拉松赛	3月
	10	环海南岛国际大帆船赛	3月
	11	香港—三亚国际帆船拉力赛	5—6月
	12	南山世界太极拳大会	4月
	13	天涯海角国际婚庆节	11月
	14	海南国际旅游贸易博览会	3月
	15	板球、橄榄球、沙滩排球等新型文化体育赛事活动	全年
	16	21世纪海上丝绸之路邮轮旅游联盟成立大会暨首届海上旅游合作（三亚）论坛	4月
	17	三亚热带海岛国际美食节	7—8月
	18	三亚国际艺术交流文化节	7—8月
	19	三亚国际婚庆旅游交易会	6月
	20	三亚国际MICE采购大会	9月
	21	三亚国际医疗健康旅游交易会	10月

（1）2019年继续举办世界小姐全球总决赛、克利伯环球帆船赛、FE国际汽联电动方程式锦标赛、亚洲电视彩虹奖颁奖典礼等国际知名品牌赛事、节庆及活动，引导国内外媒体宣传，吸引各国游客参与。

（2）举办一批融合本地文化内涵且具有三亚IP的国际性节庆赛事活动，提升境外游客参与度，包括海南岛国际电影节、ISY三亚国际音乐节、三亚国际沙滩健美先生比基尼小姐大赛、海南环岛国际自行车赛、海南国际马拉松赛、环海南岛国际大帆船赛、香港—三亚国际帆船拉力赛、南山世界太极拳大会、天涯海角国际婚庆节、海南国际旅游贸易博览会等。

（3）针对在华外国人群体，举办板球、橄榄球、沙滩排球等新型文化体育赛事活动，吸引更多在华外国人前来三亚旅游观光度假。

(五)建设国际交流平台,促进新兴旅游市场发展

(1)举办"21世纪海上丝绸之路邮轮旅游联盟成立大会暨首届海上旅游合作(三亚)论坛",联合世界邮轮公司、国际旅行社、国际邮轮港等国际机构共同开展目的地营销,推动三亚邮轮产业发展。

(2)举办"三亚热带海岛国际美食节",联合国际旅行社打造美食主题旅游产品,逐步形成品牌,组织境外游客积极参与,以美食开拓三亚境外客源市场。

(3)举办"三亚国际艺术节",结合 ART SANYA 艺术季、艺海棠当代艺术展等活动,提升三亚文化旅游品质,配合三亚热带海岛国际美食节,为境内外游客提供丰富多元的度假旅游产品。

(4)举办"三亚国际婚庆旅游交易会",逐步将三亚打造成为全球婚庆旅游资源交易城市,促进全球婚礼旅游行业与中国婚庆行业的交流与合作。

(5)举办第三届"三亚国际 MICE 采购大会",吸引世界 500 强企业和国内外会奖旅游组织,为三亚的中高端会议型酒店、会展公司争取到更多会奖业务。

(6)举办"三亚亲子旅游交易会",将三亚打造成儿童友好型城市,既推动家庭亲子旅游产品,也为三亚旅游目的地市场培育未来客源。

(7)举办"三亚国际医疗健康旅游交易会",联合海棠湾 301 医院、市中医院、国康医院、上工谷等优质医疗资源,积极推动医疗健康旅游,服务广大国内外游客,突出中医特色,发展中医养生保健,满足多层次健康服务需求,让三亚的医疗健康产业早日形成品牌走向世界。

(资料来源:大三亚旅游圈公众号。)

一、旅游市场营销计划内涵

(一)旅游市场营销计划的含义

旅游市场营销计划是指旅游目的地或旅游企业为实现近期目标,根据营销战略的统一部署,对内、外部各种营销资源的使用状况进行的具体设计和安排。

营销计划的含义可以从三个方面来理解。

首先,营销计划所处的层次是指导整个计划周期内各项营销活动的战略层次。如营销目标是对本计划期内企业或组织将要达到的目标的约定,它明确了判断企业或组织成功的"标杆",并以此协调和规范企业的整体经营活动,从而取得预期效果。

其次,企业和组织在选择目标市场以后,营销策略就是对企业进入各细分市场后将要采取的营销活动,如产品、销售渠道、广告和促销、公关与宣传、营销调研、定价及顾客服务等方面的具体安排。

最后,营销计划是一个书面文件。营销计划要以准确、明晰的文字或图表明确营销活动的指导方针,保障企业或组织在计划周期内的各项营销活动能够稳定、连续、有效地开展并最终达到计划之初的设定目标。

(二)旅游市场营销计划的类型

根据不同的标准,旅游市场营销计划可以分为不同的类型。

1. 按计划时期的长短划分,可分为长期计划、中期计划和短期计划

长期计划的期限一般在5年以上,主要是确定未来发展方向和奋斗目标的纲领性计划;中期计划的期限为1—5年;短期计划的期限通常为1年,如年度计划。

2. 按计划涉及的范围划分,可分为总体营销计划和专项营销计划

总体营销计划是企业营销活动的全面、综合性计划;专项营销计划是针对某一产品或特殊问题而制订的计划,如品牌计划、渠道计划、促销计划、定价计划等。

3. 按计划的程度划分,可分为战略计划、策略计划和作业计划

战略性计划是针对企业将在未来市场占有的地位及采取的措施所做的策划;策略计划是对营销活动某一方面所做的策划;作业计划是各项营销活动的具体执行性计划,如一项促销活动,需要对活动的目的、时间、地点、活动方式、费用预算等做策划。

课堂讨论

《三国演义》中,为什么"料事如神"的诸葛亮总是功亏一篑?如六出祁山无功而返,关羽败走麦城等。

要点分析:

诸葛亮失败的根源在于他战略上的失误。以关羽败走麦城为例。其实,诸葛亮早在"隆中对"时,就把荆州划入刘备军团志在必得的地盘,他必须想尽一切办法去攻取荆州,甚至违背承诺,冒着破坏孙刘联盟的危险,去窃取即将被周瑜攻取的荆州。这种错误的战略决策,必将给未来的战术运用带来很大的难度。无论诸葛亮在获取荆州的过程中,行事如何仔细,也无法保证在防守荆州时不出差错。在这样的情况下,荆州能不失去吗?

启示:

战略性营销计划对企业的生存和发展具有决定性作用。如果市场营销战略是错误的,即使营销策略很正确,员工也很努力,但企业的损失却是不可避免的。

二、旅游市场营销计划的内容

一份完整的旅游市场营销计划一般包括六个方面的内容。

（一）概要

概要是对主要营销目标和措施的简短摘要，目的是使高层主管迅速了解该计划的主要内容，抓住计划的要点。

（二）现状与分析

这部分主要提供与市场、产品、竞争、分销以及宏观环境因素有关的背景资料。

（三）机会与风险分析

首先，对计划期内企业营销所面临的主要机会和风险进行分析；其次对企业营销资源的优势和劣势进行系统分析。在此基础上，企业可以确定在该计划中所必须注意的主要问题。

（四）拟定营销目标

拟定营销目标是企业营销计划的核心内容，在市场分析基础上对营销目标做出决策。计划应建立财务目标和营销目标，目标要用数量化指标表达出来，要注意目标的实际、合理，并应有一定的开拓性。

（五）营销策略

拟定企业将采用的营销策略，包括目标市场选择和市场定位、营销组合策略等。明确企业营销的目标市场是什么市场，如何进行市场定位，确定何种市场形象；企业拟采用什么样的产品、渠道、定价和促销策略。

（六）行动方案

对各种营销策略的实施制定详细的行动方案，即阐述以下问题：将做什么？何时开始？何时完成？谁来做？成本是多少？整个行动计划可以列表加以说明，表中具体说明每一时期应执行和完成的活动时间安排、任务要求和费用开支等。使整个营销战略落实于行动，并能循序渐进地贯彻执行。

（七）营销预算

营销预算即开列一张实质性的预计损益表。在收益的一方要说明预计的销售量及平均实现价格，预计出销售收入总额；在支出的一方说明生产成本、实体分销成本和营销费用，以及再细分的明细支出，预计出支出总额。最后得出预计利润，即收入和支出的差额。企业的业务单位编制出营销预算后，送上层主管审批。经批准后，该预算就是材料采购、生产调度、劳动人事以及各项营销活动的依据。

（八）营销控制

对营销计划执行进行检查和控制，用以监督计划的进程。为便于监督检查，具体做法是将计划规定的营销目标和预算按月或季分别制定，营销主管每期都要审查营销各部门的业务实绩,检查是否完成了预期的营销目标。凡未完成计划的部门,应分析问题原因,并提出改进措施,以争取实现预期目标,使企业营销计划的目标任务都能落实。

三、旅游市场营销计划的实施

旅游市场营销计划的实施是将市场营销计划转化为行动方案的过程,并保证这种任务的完成,以实现营销计划的既定目标。

(一)旅游市场营销计划实施中的问题与原因

旅游企业在实施旅游市场营销战略和计划过程中为什么会出现问题?正确的市场营销战略为什么不能带来出色的业绩?原因主要包括以下几个方面。

1.计划脱离实际

市场营销计划通常由专业计划人员制定,由营销管理人员操作、执行。有可能专业计划人员更多考虑的是总体方案和原则,容易忽视过程和实施中的细节,使得市场营销计划显得笼统和形式化;专业计划人员不了解计划实施中的具体问题,计划难免脱离实际;计划人员和营销管理人员之间缺乏沟通,营销管理人员不能完全理解需要他们执行的营销计划内涵,实施中经常遇到困难,最终导致双方的对立和互不信任。

2.长期目标与短期目标相矛盾

旅游市场营销战略通常着眼于企业的长期目标,但企业对具体执行营销战略和计划的营销人员,通常又是根据他们短期的绩效。因此,营销人员常选择短期行为,追求眼前利益和奖金。

3.因循守旧的惰性

一般来说,新战略、新计划不符合企业的传统和习惯,容易受到抵制。新旧战略、计划之间差异越大,在执行时受到的阻力也就越大。要推动与之前完全不一样的新计划,需要打破传统的企业组织结构与流程,甚至重新建立新的管理体制。

4.缺乏切实可行的行动方案

有些营销计划之所以失败,原因在于缺乏切实可行的行动方案,缺乏使企业内部各部门、各环节协调一致、共同努力的依据。所以,旅游企业必须制订详细的营销计划实施方案,规定和协调各部门的活动,编制详细周密的项目时间表,明确各部门经理应负的责任。

(二)旅游市场营销计划的实施过程

旅游市场营销计划的实施过程主要包括以下步骤。

1.制订详细的行动方案

即制订营销计划的具体执行计划,在方案中应明确市场营销计划和营销战略实施的关键性要求和任务,并将执行计划的责任落实到个人或小组。同时,要有具体的时间表,定出行动的确切时间。

2.建立营销组织机构

旅游市场营销组织机构是旅游市场营销计划和营销战略得以实施的主要力量,建立和强化市场营销组织机构对推动旅游市场营销活动的开展起着决定性作用。企业的营销计划和营销战略不同,相应建立的组织机构也应有所不同。

3.设计决策和报酬制度

这些制度直接关系到战略实施的成败。同时必须制订有利于市场营销计划和营销战略贯彻执行的报酬制度,要调动企业员工实现短期和长期营销目标的积极性,促使旅游企业员工行为的合理化。

4.开发人力资源

旅游市场营销计划和营销战略最终是通过人员的推动和努力来实现的,因此旅游企业应充分调动员工的积极性,努力开发人力资源,实现人尽其才。

5.建立旅游企业文化

企业文化对企业经营思想和领导风格、对员工的工作态度和作风均起着决定性的作用。通过企业文化建设,能逐渐形成共同的价值标准和基本信念,保证旅游市场营销计划和营销战略在相应的旅游企业文化和管理风格的氛围中得到强大的无形力量支持。企业文化和管理风格一旦形成,就具有相对稳定性和连续性。

实训项目

选择本地一个景区,为其做市场营销计划。

第三节 旅游市场营销的控制

一、旅游市场营销控制的含义

旅游市场营销控制,是指旅游企业营销管理者通过对企业营销计划执行情况的持续观察,发现企业运营与计划的差异,及时找出原因,并采取适当的措施和正确的行动,以保证市场营销计划完成的管理活动。

二、旅游市场营销控制的类型

旅游市场营销控制的类型,如表10-4所示。

表 10-4　旅游市场营销控制的类型

控制类型	主要负责人	控制目的	控制方法
1.年度计划控制	高层、中层管理人员	(1)促使年度计划产生连续不断的推动力。 (2)控制的结果可作为年终绩效评估的依据。 (3)发现企业潜在问题并及时妥善解决	销售分析、市场占有率分析、销售-费用比例、财务分析、基于市场的平衡积分卡分析
2.盈利能力控制	营销、审计人员	检查企业在哪些业务上盈利,在哪些业务上亏损	各产品的盈利能力、各区域的盈利能力、各顾客的盈利能力、各细分市场的盈利能力、各经销渠道的盈利能力、各种订单规模的盈利能力
3.效率控制	生产线和行政部门管理人员、营销审计人员	评价和提高经费开支效率,以及营销开支的效果	销售人员效率、广告效率、促销效率、分销效率
4.战略控制	高层管理人员、营销审计人员	检查企业是否在市场、产品和渠道等方面存在最佳机会	营销效益评价工具、营销审计、营销绩效评估、公司道德和社会责任评估

(资料来源:菲利普·科特勒,等.营销管理[M].何佳讯,等,译.15 版.上海:格致出版社,2016.)

宁夏开启 2018 全域旅游营销年

近日,"塞上江南·神奇宁夏"2018 宁夏全域旅游营销年(华东秀)启动暨同程宁夏旅游频道上线仪式在上海举行。此次活动采用宁夏旅游发展委员会和同程旅游集团联合创意倡导的"沉浸式旅游"宣传营销模式,协同发力做好 2018 年宁夏旅游的网络营销工作。

2018 年宁夏全域旅游创新宣传营销模式,以上海为代表的华东地区为重点,采用线上+线下+体验的"沉浸式旅游"营销模式,结合同程旅游的平台优势、用户优势、大数据优势,着力提升精准化营销效果,将有望成为全国首个"新全域"模式下的省级旅游目的地全域营销年活动。2018 宁夏全域旅游营销年(华东秀)共有 10 场活动,本场活动仅是宁夏全域旅游营销年(华东秀)的首场,之后 9 场将在杭州、济南、南京、合肥等城市举办。

在此次启动仪式上,宁夏旅游启用文化与旅游融合输出的全新模式,通过五感六觉360度打造沉浸式体验,全息布景中动静结合的感官沉浸,多媒体舞台剧的视听享受,打造出一个充满神奇色彩的宁夏超级空间秀场。伴随现场各类宁夏元素的一一展示,与会嘉宾仿佛穿越到了近千年前的西夏,感受到了贺兰山下金戈铁马的雄浑壮阔,戈壁大漠中长河落日的壮观景象;体会到六盘山上高峰,红旗漫卷西风,"不到长城非好汉"的豪情壮志……

"全域宁夏"是同程旅游网上首个OTA页面一级位置的全域频道,直面同程旅游全国上亿会员,宁夏全域旅游各要素将通过该频道向全国游客展现,可直接获得年亿级的浏览量。宁夏全域旅游也将利用同程旅游平台优势,在特色旅游目的地打造、大数据共享、目的地线上宣传、目的地品牌包装盒活动策划等方面,通过线上+线下+体验,围绕宁夏旅游元素,全方位展现"塞上江南·神奇宁夏"300余条产品线路,满足大众化、多样化、特色化旅游市场需求。

(资料来源:银川市政府门户网站.www.yinchuan.gov.cn。)

实训操练

近几年,我国多地遭遇持续雾霾天气,空气重度污染,引起人们广泛关注。上海春秋旅行社针对掌控的资源特点,推出"洗肺之旅"。目的地主要集中在国内空气纯净、绿色健康的地点和景点,让身处喧嚣繁杂城市的市民体验绿色旅游,享受健康生活,在繁忙的工作之余抽出时间,走出PM2.5,走出现代社会带来的各种亚健康和疾病,走入绿色生态环境,迎接健康的"洗肺之旅"。

请以小组为单位,根据所学知识对上述资料进行分析,并深入探讨旅游企业应如何适时制订营销计划。

本章小结

旅游市场营销组织、计划、执行和控制是旅游营销管理过程的重要环节。旅游营销计划是事先的考虑和安排,是营销管理的基本依据。旅游营销管理必须依托于一定的营销组织形式和机构。旅游营销目标、战略和具体行动,需要整合到营销计划的框架内,并能够执行、评估和控制。

关键概念

营销组织(Marketing Organization)
营销计划(Marketing Planning)
营销控制(Marketing Control)

复习思考

1. 论述各种旅游营销组织的优缺点。
2. 旅游市场营销计划包括哪些内容？
3. 旅游市场营销控制的内容是什么？

相关链接

推荐进一步阅读资料：
1. 郑毓煌.营销:人人都需要的一门课[M].北京:机械工业出版社,2016.
2. 艾·里斯,杰克·特劳斯.22条商规[M].寿雯,译.北京:机械工业出版社,2009.

第十一章

新媒体时代的旅游市场营销变革

学习目标

通过本章的学习,掌握新媒体及新媒体营销相关理论;理解旅游新媒体营销的相关手段。

能力目标

能够根据新媒体时代的旅游消费特点进行市场变革分析;设计适应新媒体时代的旅游营销策略。

第一节 新媒体营销理论基础

案例引导

全世界最好的工作

事件原貌：2009年，澳大利亚昆士兰州旅游局全球招募员工：半年的合同，15万澳元的收入，还可让你住进百万元的海滩别墅。这份经济衰退时难得的"世界上最好的工作"一经公布，吸引了近两百个国家趋之若鹜的申请者。"世界上最好的工作"第一季邀请人们竞聘大堡礁汉密尔顿岛护岛人一职，人们通过博客、照片、视频日记等形式参与竞聘，同时进一步扩散活动影响力。最终，该活动收获超过8000万美元的媒介曝光价值，吸引超过3.5万名申请人，成功将澳大利亚昆士兰州带上世界地图，并在当年的戛纳广告节上横扫公关、直效2尊全场大奖和4尊"金狮"。

第二季活动中，澳大利亚旅游局联合当地6大州及地区旅游局，提供6大工作岗位，每份工作合同为期6个月，薪酬价值达10万澳元（约64万人民币）。为当地旅游行业贡献了近120亿澳元（约766亿人民币）。

案例点评：

首先，抓准时机，逆势策划。由于2008年金融危机等因素的影响，昆士兰州的旅游旺季被推迟，大堡礁的旅游量受到一定的影响，在此契机之下澳大利亚昆士兰旅游局发布招聘信息，工作信息如下。时间：一周工作12小时。内容：喂鱼、游泳、潜水、划船等，每周写博客、上传视频、接受媒体采访，向全球宣传大堡礁。工资：半年15万澳元（约合人民币65万元）。福利：带3个卧室和独立游泳池的住宅，工作者可以携带自己的家人或朋友到岛上一同生活。在大堡礁居住已经是个很吸引人的工作了，而且成功的申请者在合同期内的薪资还如此的诱人，在金融风暴席卷全球、大量工厂裁员、工人失业这样一个人心惶惶的时刻，澳大利亚昆士兰旅游局推出"世界上最好的工作"无疑立马吸引了无数的眼球，得到更多人的关注，甚至吸引了众多媒体为其免费报道，迅速打开大堡礁的知名度，使得慕名而来的人数明显增多。在这之前国内去澳大利亚旅游的人虽多，但是对于大堡礁却不是很了解，澳大利亚昆士兰旅游局趁此契机成功的打开了中国这个巨大的市场。

其次，巧借互联网，成功的互动式营销。"世界上最好的工作"的活动规则是：申请者必须制作一个英文求职视频，介绍自己为何是该职位的最佳人选，内容不可多于60秒，并将视频和一份需简单填写的申请表上传至活动官方网站。很多申请者都是通过世界著名视频网站 YouTube 来提交自己的英文求职视频并关注海选活动,YouTube 网站成为这次活动的最佳助手,达到了主办方想要的宣传效果。"世界上最好的工作"的活动期拉得很长,将近一年,这期间通过网络投票以及精心的活动策划造势吸引了众多国家网民的参与,每个国家的候选人都得到了所在国家民众的关注,通过网络投票决出的一位最高人气的"外卡入选者"甚至是可以直接面试的,这就使得选手不断地为自己拉票,而关注选手的人自然会为心仪选手投票,不断地关注主办方的活动进展,昆士兰旅游局成功的巧借网络互动营销来实现自己的宣传。

最后,营销的延期效应。不管是传统营销还是网络营销,要的都不是一时的吸引眼球,很多营销案例都存在一个时间问题,很快淡出人们的视线,但是大堡礁营销就很好地规避了这样的问题,昆士兰旅游局在策划本次营销事件的时候在候选人的本职工作中突出了一条就是"每周写博客、上传视频、接受媒体采访、向全球宣传大堡礁"。获得"世界上最好的工作的"幸运儿上岗后,大家可能会经常去他的博客、视频库看看,体验一下大堡礁的美轮美奂,这个持续对大堡礁的宣传足够吸引全球网民的眼球和关注才是最重要的工作,也是能够达到网络营销延期效应的一个新的途径。

结语:通过分析可以看出大堡礁营销是一次很成功的旅游营销,澳大利亚昆士兰旅游局花费了少量的成本,却得到了如此高额的回报,不得不说网络营销在这中间起着绝对性的作用。目前在国外80%以上的个人或者企业都选择了网络媒介来进行营销推广,并且从中取得了良好的效益。国内的网络营销起步比较晚,但是随着电子商务的兴起,越来越多的企业加入了网络营销的行列,虽然目前我国选择网络营销的人还不到国外的十分之一,然而就是这一小部分人也因为网络营销强大的力量,得以在激烈的商场竞争中越走越远、越站越高。中小企业想要谋求更长远的发展,打败竞争对手,那么进行网络营销策划就是必不可少的程序。

(资料来源:大堡礁全球最佳工作招募成网络营销成功案例[EB/OL].http://news.sohu.com/20090402/n263163594.shtml.)

一、新媒体及新媒体营销矩阵

(一)新媒体的概念

新媒体(New Media)概念是1967年由美国哥伦比亚广播公司(CBS)技术研究所所长戈尔德马克率先提出的。

新媒体是新的技术支撑体系下出现的媒体形态,如数字杂志、数字报纸、数字广播、手机短信、移动电视、网络、桌面视窗、数字电视、数字电影、触摸媒体等。相对于报刊、户外、广播、电视四大传统意义上的媒体,新媒体被形象地称为"第五媒体"。

关于新媒体的界定,有如下几种观点。

一种是以清华大学熊澄宇教授为代表,他认为"首先,新媒体是一个相对的概念,新对于旧而言;其次,新媒体是一个时间概念,在一定的时间段内代表这个时间段的新媒体形态;第三,新媒体是一个发展概念,它永远不会终结在某个固定的媒体形态上",即新媒体要不断更"新"。

二是美国的《连线》杂志把新媒体定义为:由所有人面向所有人进行的传播,即新媒体要面向更"广"的人群。

三是当代新媒体是大众传播向分众传播转变的一个标志,新媒体已经不仅仅是传统的大众传播工具,更是分众传播能够实现的最好方式,即信息传播须更"快"。结合以上观点,笔者认为新媒体应该体现在新、广、快三个方面,因此,新媒体是利用各种信息化技术,通过不同的渠道以及各种服务终端,更新、更广、更快地向用户提供信息和娱乐服务的传播形态和媒体形态。

(二)新媒体营销的界定

顾名思义,新媒体营销是在新媒体发展的基础上,通过新媒体这种渠道开展的营销活动。

传统的营销(广告以及公关)追求的是所谓的"覆盖量"(或者叫到达率),在报纸杂志上的体现就是发行量,在电视广播上的体现就是收视(听)率。与传统的营销相比,新媒体的营销模式,突破了传统的营销模式,不仅能够精确地获取访问量,甚至能够收集整理出访问的来源、访问的时间、受众的年龄、地域,以及生活、消费习惯等等。

新媒体营销的渠道,或称新媒体营销的平台,主要包括但不限于:门户、搜索引擎、微博、SNS、博客、播客、BBS、RSS、WIKI、手机、移动设备、App 等。新媒体营销并不是单一地通过上面的渠道中的一种进行营销,而是需要多种渠道整合营销,甚至在营销资金充裕的情况下,可以与传统媒介营销相结合,形成全方位立体式营销。

总的来说,新媒体营销是基于特定产品的概念诉求与问题分析,对消费者进行针对性心理引导的一种营销模式,从本质上来说,它是企业软性渗透的商业策略在新媒体形式上的实现,通常借助媒体表达与舆论传播使消费者认同某种概念、观点和分析思路,从而达到企业品牌宣传、产品销售的目的。

(三)新媒体矩阵

新媒体矩阵(见图 11-1)从形式角度来划分的话,一般来说指的就是"一个核心、两个侧翼、多平台开发"。更具体地分析,详细情况是:在传统媒体基础上推出的新闻手机客户端的一个核心;以官方微博号和官方微信公众号,即常说的"双官微"为表现的两个侧翼;通过其他新媒体渠道来开设类似账号的多平台开发。

二、旅游新媒体营销的 4C 理论与 4I 原则

新媒体的开放精神与旅游的分享特征具有高度的契合性。同时,新媒体的移动性、便利性、及时性、互动性,极大地丰富了旅游营销的信息生产、拓展了传播渠道、聚合了精准受众、

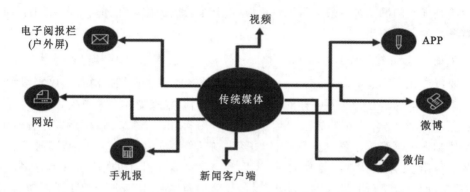

图11-1 新媒体矩阵

(资料来源:刘芬,周云.新媒体矩阵传播之道——基于358个主流传统媒体的样本分析[J].新闻战线,2017(7).)

推动了体验转化,打破了传统媒体信息传播的垄断特权,让消费者成为信息传递的共谋者和分享者,为旅游营销提供了广阔的创意空间和价值转化的可能性。新媒体营销成为旅游宣传传播的主阵地。

(一)旅游新媒体营销的4C理论

4C理论(见图11-2)强调以消费群体为导向,构建旅游目的地与新媒体整合营销模型。

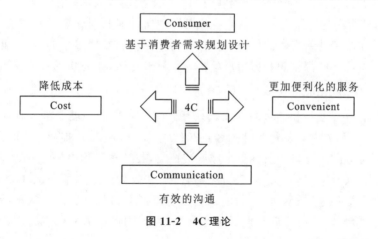

图11-2 4C理论

(二)旅游新媒体营销的4I理论

4I,指的是当前新媒体营销传播的四大支柱。

1.趣味性/娱乐化(Interesting)

强调趣味性和话题感。选择一些游客和潜在客户比较感兴趣的话题,举办一些安全又带刺激性的营销和宣传活动,千方百计地提高关注度,唤起其渴望参与的兴趣或亲临现场的冲动。如,由张家界天门山主办的穿越天门山的活动吸引了无数人的视线和关注,电视网络全程同步直播,一时盛况空前观者如云,短时间内就产生了巨大的轰动传播效应。张家界借力翼装飞越天门,将天门山塑造成世界各路超胆英雄挑战极限活动的圣地,也将天门山的旅

游资源特点和天门洞的神奇表现得无可比拟,成就了天门山极高的知名度,迅速提升了张家界旅游景区的品牌形象。

2.价值观/利他性(Interests)

指要以文化和理念驱动旅游市场。价值认同是促使游客满足并消费的决定因素,只有认同城市旅游能给自己带来不一样的体验、见识和价值,消费者才会愿意掏腰包购买旅游产品和服务。如,2007年山东省旅游局创意推出了"好客山东"旅游品牌形象,并在国内外的知名媒体和各大网络上密集宣传营销。"好客山东"作为价值符号,完美地诠释出山东城市旅游的价值所在,不仅体现了管仲的"以人为本",又体现了孔子的"有朋自远方来,不亦乐乎"的理念,而且成为旅游礼仪的指导思想。"好客山东"的营销策划强化了游客对山东旅游文化的价值认同,成为传承民族文化、拉动综合消费的强大引擎。在新媒体营销的助力下,"好客山东"品牌推动了山东作为区域城市旅游目的地的竞争力大幅提升,品牌价值和品牌带动力、辐射力得到巨大体现。

3.创新性/思想性(Innovation)

通过创新改变游客固有的看法,先入为主地影响他们的第一选择,设法在已经固化的旅游市场中突出重围,创造佳绩。2008年"5·12"大地震后,成都邀请梦工厂动画团队来蓉采风,并在《功夫熊猫2》中植入大量成都元素。因为熊猫是成都的标签,也是成都旅游的形象大使,《功夫熊猫》系列真正地做到了把熊猫和成都旅游紧密地联系在一起,不光让广大观众了解到"熊猫的国籍在中国,熊猫的故乡在成都",也与外界共同分享了熊猫这一世界公民带来的欢乐与祥和。借助新媒体的传播,通过创新性的营销,花费很小的成本,就以其资源、热情和专业性的表现将成都旅游和城市形象推介得淋漓尽致,让公众折服于创新的巨大威力。

4.互动性/共鸣(Interactive)

互动是影响游客参与和诉求的手段。只有抓住了客户的心理需求和利益诉求,才能引起关注、引发共鸣和参与,持续吸引游客。2016年5月,河北省推出"河北旅游等你来命名!"——河北省旅游主题口号及标识全球有奖征集,在征集过程中,通过举办旅游达人体验活动、全媒介推广、专家对话等策略进行持续宣传,共收到公众投稿作品40000多条/件,最终评选、确定"京畿福地,乐享河北"为河北省旅游新形象口号。这次征集活动,把征集的全过程,通过创意策划打造成一场与世界游客共谋共享、同策同力的创意营销,对河北旅游资源和形象的传播产生了积极的带动作用。

企业上传 60s 短视频赢取百万澳元

世界各地的公司或事业单位都可以参与这项活动,方法很简单:只需在"百万澳元大奖"官网 www.milliondollarmemo.com 提交一段 60 秒的视频,用视频说明为什么你的公司值得拿到100万澳元旅游体验?是什么让你的公司成为世界上最棒的公司?为什么你的公司会认为员工最值得100万澳元的昆士兰州旅游体验奖励?

完成后提交到活动网址即可,获胜者将获得价值100万澳元的个性化深度旅游体验,由此大大激发了网友的原创热情,而UGC产生的内容也使澳洲目的地形象实现多级传播。

整合Google Maps和Facebook的应用——"友"赏澳洲

2013年澳旅局推出世界首款整合Google Maps和Facebook的应用——"友"赏澳洲。通过整合facebook朋友圈功能,把朋友去过的澳洲旅游地整合形成每个用户基于其朋友关系的澳洲地图,图上标签代表每个朋友去过的城市和目的地轨迹,还有当地餐厅、酒店及朋友评论和推荐。由此把朋友间信任转化为对目的地的向往和信任,最终创造出一个独特的旅游计划工具,有效激发了粉丝用户的澳洲旅游动机。尤其是借助FB朋友圈中的轨迹和推荐评价,获得旅行经验,计划旅游活动。

案例点评:旅游业的社会化是一种必然趋势,无论是直接互动还是数据挖掘所获得的客户信息都为旅游营销提供了改善其城市品牌形象的契机。为了更大程度激发旅游者共鸣,旅游营销者应善于从电影、社会事件中捕捉时代性议题以持续创造"旅游者—城市品牌"故事,并引导旅游者围绕城市品牌主题在线互动。

(资料来源:广东省旅游局官方微信平台:万众皆媒的时代,旅游新媒体营销如何杀出重围?)

实训项目

请同学们以小组为单位,问卷调查新媒体平台对于旅游者出行决策及旅游消费支出的影响因素,依据调查结果,为你所在的城市就旅游对外推广谈谈自己的看法和建议。

第二节 旅游新媒体营销方式

全球旅游目的地分析报告：三成游客出行受影视综艺影响

2017年10月马蜂窝旅行网联合中国旅游研究院发布了《全球旅游目的地分析报告》（以下简称"报告"），基于新兴旅游人群的行为新特征，分析了全球热门旅游目的地的宏观生态，及目的地各自的典型特征。报告分析指出，全球旅游目的地面临着如同娱乐圈般的流量争夺——既有稳坐头把交椅的人气冠军，也有被影视综艺一夜带火的流量小花，在新旅游时代，亲朋好友、社交网络、影视综艺和明星推荐，都在潜移默化地影响人们的出行选择。而社交网络和明星效应的力量越来越不可小觑。

报告指出，在众多影响中国游客目的地选择的因素中，亲朋好友、综艺、影视、动画，以及微信公众号，具有最强的影响力。其中，口碑——来自熟悉的人的倾情推荐，最能打动中国游客。28.1%的受访者表示会依据周围人推荐来选择出行目的地，而微信朋友圈打造的虚拟熟人社会圈，则放大了这一影响力——朋友圈中经过滤镜修饰的美好照片，最能击中游客心理。24.5%的受访者表示，他们容易被综艺影视剧的取景地"种草"，会想去取景地亲自看看镜头里的风景，去相同的建筑物前留影，走相同的游玩路线。另有15.6%的受访者表示，微信公众号和各大旅游网站的推荐也是重要参考。类似"再不去等一年"的标题充斥于社交网络，精致的旅行照片和故事为目的地背书，让人们在不知不觉间认同这个地方值得一去。

阅读并思考：互联网时代旅游者的消费需求发生了哪些变化？旅游营销者应该如何抓住这种变化进行营销方式的创新？

一、新媒体用户基础与旅游市场新变化

（一）新媒体用户基础

截至2017年12月，中国网民规模达到7.72亿人，全年共计新增网民4074万人，普及率达到55.8%，超过全球平均水平（51.7%）4.1个百分点，超过亚洲平均水平（46.7%）

9.1个百分点。而中国手机网民规模达到7.53亿,与2016年相比增加了5734万人,网民中使用手机上网人群的占比由2016年的95.1%提升至97.5%;与此同时,使用电视上网的网民比例也提高3.2个百分点,达28.2%。截至2017年12月,在线旅行预订用户规模达到3.76亿,较2016年底增长7657万人,增长率为25.6%;在线旅行预订使用比例达到48.7%,较上年提升7.8个百分点。网上预订火车票、机票、酒店和旅游度假产品的网民比例分别为39.3%、23.0%、25.1%和11.5%。手机成为在线旅行预订的主要渠道。通过手机进行旅行预订的用户规模达到3.40亿,较2016年底增长7782万人,增长率为29.7%。我国网民使用手机在线旅行预订的比例由37.7%提升至45.1%。在新媒体领域,旅游用户的移动化趋势已非常明显。

在消费观念上,消费者越来越注重旅游体验;在媒介的使用上,手机成为媒体主力军,WIFI更是不可或缺的基本配备;在旅游出行方式的选择上,相比自助游,跟团游的市场占比仍旧较高,用户的订购习惯向移动端迁移。

相关学者的研究表明,消费者的产品选择受到网络推荐信息的影响,消费者最信赖非商业的第三方信息。网络口碑为消费者提供了大量来自其他消费者的真实产品体验,影响了消费者的决策,新媒体容易成为个性化旅游、信息生成和扩散的节点。

移动互联网时代,用户的消费行为也由此发生变化,人们的消费决策、交流和分享已离不开移动社交平台。一个旅游消费者在预订自己的旅行时,根据其在各个模块花费的时间,我们可以将其行为过程分为梦想阶段、体验和分享阶段。在梦想阶段,旅游者大概会花费18.5个小时来思考自己想去的目的地,并通过各种渠道和方式来了解这一目的地;同时,在构思的过程中,旅游者的消费行为、消费决策等还会受到身边朋友的影响,这便是体验和分享阶段。这两个阶段相互关联且相辅相成,对形成新媒体时代下的社交关系至关重要。

在新媒体时代,移动新媒体已经成为消费者使用频率最高、依赖性最强、获取咨询最便捷的媒介,旅游场景"一触即发",每个游客置身其中,都会通过自媒体(微博、微信、QQ、Facebook、Twitter、YouTube等)进行实时分享,旅游本身也变成了新媒体,传播无处不在——旅游新媒体通过人口流动实现经验传播,经由差异体验实现互动传播,凭借消费实现体验传播,通过分享实现口碑传播,借由回忆实现情感传播,旅游本身构成了一个综合性的、无限延续的媒介。

二、旅游新媒体营销方式

（一）旅游网站营销

网站营销也称为网络营销,就是以国际互联网络为基础,利用数字化的信息和网络媒体的交互性来辅助营销目标实现的一种新型的市场营销方式,属于直复营销的一种形式,是企业营销实践与现代信息通信技术、计算机网络技术相结合的产物。网络营销具有跨时空、多媒体、交互式、个性化、成长性、整合性、超前性、高效性、经济性、技术性等特点。根据主体性质的不同,可以分为政府网站、商业网站、企业网站、个人网站等类型。在旅游产业中,旅游目的地整体推广主要由政府网站主导,如国家及各省市旅游部委网站等;另一大类则是综合门户网站,主要提供综合性旅游信息资源,如新浪、网易、腾讯等。

说说你曾经使用过的旅游网站,并比较其优劣。

要点:(1)旅游网站内容比较。

(2)旅游网站的影响力。

(3)是否还愿意继续使用?并说明原因。

(二)"微博+微信"旅游新媒体营销

"微博+微信"旅游新媒体营销也称双微营销,一般指通过微博和微信公众号等向游客发布旅游相关信息,吸引游客关注并参与旅游活动,从而提升旅游目的地的知名度。

根据 2016 年微信用户数量最新统计显示,注册用户数量突破 9.27 亿,活跃用户已达到 5.49 亿,用户覆盖 200 多个国家、超过 20 种语言,各品牌的微信公众账号总数已经超过 800 万个,移动应用对接数量超过 85000 个。80%的中国高资产净值人群使用微信。41.1%的用户关注微信公号为获得资讯,36.9%的用户为了获得服务,13.7%是为了获得知识。55.2%的用户每天打开微信超过 10 次,25%的用户每天打开超过 30 次。好友互动、刷朋友圈、看微信公众号、发红包、微信支付等是用户最常用的功能。截至 2017 年 12 月,我国微博用户规模达到 3.16 亿人,占中国网民的 40.9%,手机微博的用户规模为 2.86 亿人。微博当中旅游类兴趣标签用户由 2016 年的 1.2 亿人扩张到了 2017 年的 1.63 亿人,同比增幅 36%,旅游内容的月均阅读量更是超过 174 亿。目前微博当中通过目的地维度搭建的话题产品,覆盖了 531 个国内外热门目的地,总阅读量超过 94.3 亿,这些目的地每天都会产生近万条新的旅行内容,影响着 4 亿用户的出行决策。

2016 年 8 月 3 日,湖南长沙橘子洲景区因存在安全隐患、环境卫生、旅游服务、景区管理等 4 大问题,被国家旅游局撤销 5A 级景区资质。8 月 4 日,微信公众号"号外长沙"发布《我是橘子洲,今已 1700 岁,想跟大家说几句心里话……》。文章以图文的形式梳理橘子洲的人文历史、介绍橘子洲的体验项目、反思橘子洲景区的管理服务问题,其实最终倡导的是:一个优秀的旅游景区,需要景区管理者和游客共建。该文经由"号外长沙"发布后,获得包括微博、微信公众号、今日头条号、一点资讯等自媒体的频发转发,在橘子洲被摘牌之后,巧妙地借助摘牌的高频关注度,推广了橘子洲的人文历史和体验产品,完成一次危机营销。虽然主流媒体并没有对这篇文章进行转载,但仅自媒体的传播就扭转了原本负面的舆论导向,引发社会对旅游景区服务管理的反思——旅游景区的环境秩序,需要每位游客的积极参与和维护,传递了一种正能量。

目前,各旅游主管部门、组织、机构和企业,都建立自己的网站(有些已实现多语种)、微博、微信,甚至开通 Facebook、Twitter、YouTube 便于海外推广。引领中国旅游品牌营销的旅游大省,比如山东、四川、广东、陕西、广西等,均通过新媒体的内容栏目构建,实现自身品牌化管理体系——内部品牌管理体系,即以品牌营销为核心,让工作有明确的抓手和价值导向;外部品牌体系——围绕旅游主题形象定位,重点推广核心旅游城市、旅游区、旅游景区景点、旅游产品、旅游线路、旅游商品、旅游美食等,让大众游客对旅游目的地有全面、清晰、直观的认知感。

同步案例

海外盯上中国游客手机 "微博＋微信" 出游更便利

伴随着中国出境游不断创下新高,中国游客的成长也不曾停下脚步。在文明形象整体提升之后,中国游客正以更加成熟、自主的方式认识世界。

2009年10月16日,第一个以外国官方旅游机构为背景的微博账号注册运营,距离新浪微博推出内测仅仅相隔两个月的时间;2013年2月28日,第一个以外国官方旅游机构为背景的微信公众平台注册运营,距离微信公众平台上线也只有半年的时间。

在短短的几年时间里,国外旅游机构纷纷嗅到中国新媒体发展的趋势,许多国家开设了中文的微博和微信公众号等新媒体账号,向中国游客推介旅游资源。

在新媒体账号出现以前,中国游客要想了解国外旅游特色和人文风情,多半要通过旅行社的推荐,或者到网络上主动检索,但会面临信息量庞大、搜索精度不够等困惑。而现在,只要关注旅行目的地的新媒体账号,就能了解其所在地的风土人情,也能精准地匹配自己的需求。出境游,就这样变得简单了起来。

据记者不完全统计,截至目前,有30多个国家和地区开设了数十个旅游微博账号,也有30多个国家和地区开设了数十个旅游微信公众号,至今仍然不断有新的账号上线运营。"微博＋微信"的新媒体旅游大餐就这样摆在了中国人的面前。

在这些新媒体账号中,中国游客可以轻松领略域外风情,比如美国纽约的金门大桥、英国爱丁堡的秋色;也可以聚焦某一个城市的旅游人文,就像洛杉矶的城市风景、八大海滩和美食小吃;还可以看到像"自驾畅游南非的实用tips"这样的实用攻略;此外,无论是休闲旅游,还是商务会奖旅游,都能在这些新媒体账号中找到自己的需求点。

(资料来源:刘发为.海外盯上中国游客手机"微博＋微信"出游更便利[EB/OL].http://travel.people.com.cn/n1/2017/0920/c41570-29546330.html.)

1. 举例:翻看自己的手机微博或微信,找出与旅游相关的微博或微信公众号。
2. 讨论:家乡或学校所在地如何利用微博与微信公众号发展旅游业。

(三)网络视频与微电影营销

网络视频营销指的是通过数码技术将产品营销现场实时视频图像信号和企业形象视频信号传输至 Internet 网上,企业将各种视频短片以各种形式放到互联网上,达到一定宣传目的的营销手段。网络视频广告的形式类似于电视视频短片,平台却在互联网上。"视频"与"互联网"的结合,让这种创新营销形式具备了两者的优点。它具有电视短片的种种特征,例如感染力强、形式内容多样、肆意创意等等,又具有互联网营销的优势,例如互动性、主动传播性、传播速度快、成本低廉等等。

截至 2017 年 12 月,网络视频用户规模达 5.79 亿,较去年年底增加 3437 万,占网民总体的 75.0%。手机网络视频用户规模达到 5.49 亿,较去年年底增加 4870 万,占手机网民的 72.9%。网络视频移动化发展趋势更加明显,用户愈发倾向使用手机收看网络视频。以快手为代表的移动端短视频应用迅猛发展,阿里、360、今日头条等大型厂商进入该领域进行布局。网络视频行业的生态化程度进一步加深。

2016 年是 VR 元年,短视频营销成为风口,如一条、二更、梨视频等等,一些媒体也在布局这一领域。上海城市旅游形象宣传 MV《我们的上海》采用 VR 格式和 4K 高清格式的双版本,首创中国 VR 旅游形象宣传片,以 360°全景画面+3D 立体的形式呈现,由胡歌担当上海旅游形象大使,带领观众从建筑、人文、艺术等视角充分领略上海的魅力,成为 2016 年屈指可数的旅游新媒体营销经典案例,它更多地代表的是新媒体技术的创新。

加拿大在 2016 年打造了一档《加游》的视频栏目在爱奇艺、优酷等视频平台投放。同时,还打造了一档叫做《加游站》的短视频栏目,在美拍、秒拍、微博、微信等社交媒体渠道,每期都达到百万播放量。

微电影,即微型电影,又称微影。指专门运用在各种新媒体平台上播放、适合在移动状态和短时休闲状态下观看的、具有完整策划和系统制作体系支持的具有完整故事情节的"微时"放映、"微周期制作"和"微规模投资"的视频短片。微电影营销相比电影有着制作周期短,投资成本低的优势,针对旅游业来说,每个旅游地区拍摄一部属于自己的电影并不现实,但是以微电影的形式来实现旅游品牌营销是完全可以的。微电影具有与商业联姻的先天基因,它神奇地把"广告"变成了"内容",把品牌、产品通过故事和流动影像来包装、传达。旅游微电影将成为旅游品牌营销的新趋势。例如四川用微电影这一新型时尚的艺术形式宣传四川旅游。打造出品《爱,在四川》系列微电影,分"美食篇""熊猫篇""温江追梦篇"和"汶川篇.新生",通过生动有趣、诙谐幽默的故事情节,以电影语言展示出四川的好吃好玩、风土人情和自然风光。《爱,在四川》系列旅游微电影全球各大网站点击率已超过 3600 万,更获得社会各界一致好评。

实训项目

编制微电影营销影响力分析报告

以小组为单位,收集你所观看过的与旅游推广相关的短视频或微电影形成视频库。并应用所学知识,分析视频或微电影的影响力,并为你所在的城市或家乡所在地提出微电影营销相关建议。

建议操作步骤:① 收集与旅游相关的短视频或微电影,尤其是你所在城市或家乡所在地的视频;② 根据收看数据分析找出受众最广的视频或微电影;③ 分析排名前位的视频的主题选择、受众及受欢迎原因;④ 根据第三步的分析结果,对比本地微电影营销影响力找出不足之处;⑤ 提出本地微电影营销影响力提升的建议。

(四)直播+旅游——时下最火的旅游新媒体营销模式

截至2017年12月,网络直播用户规模达到4.22亿。其中,游戏直播用户规模达到2.24亿,较去年年底增加7756万,占网民总体的29.0%;真人秀直播用户规模达到2.2亿,较去年年底增加7522万,占网民总体的28.5%。

2016年,网络直播成为继VR、二次元后又一崛起的新兴泛娱乐产业。根据文化部公布数据,目前国内网络直播平台约有200家,网络红人人数超过100万,而这一规模至今仍在不断增长。直播最初兴起于网游直播,但目前直播已经像龙卷风一样横扫各行各业,其中包括了旅游业。"直播+旅游"模式,是现阶段旅游品牌推广的最新趋势。2016年网络直播大行其道,年轻的俊男靓女、富有幽默感和技术特长的玩家,以网络直播的方式催生出"网红经济",也为旅游营销开辟了"网红直播"新形式。"旅游+网红+直播"成为众多OTA平台的营销利器。

"清新福建,游你精彩"——福建旅游北京推介会采用网红+直播的方式,与推介景区进行实时连线直播,让远在千里之外的福建景区真实地流动在推介会现场观众眼前。新浪旅游、去哪儿、艺龙、途牛、陌陌都在这种模式上做了不同的试水。

1.新浪旅游探索"网红+直播+旅游"新模式

新浪旅游结合移动视频的热点,以端午小长假来引爆旺季旅游推广声量场。通过微博平台发起#网红带你游中国#的网红征集活动,参与者按活动规则录制一段与旅游相关的短视频参与活动。经评选,挑选出20名网红,在端午节前分别去不同的目的地进行景区体验直播。网红通过连接景区获得更多优质内容素材,依靠新浪获得平台背书更广泛的曝光机会,延伸其产业链条;景区依靠"网红+微博"带来的多样化优质内容和人气、流量实现品牌持续曝光,能有效提升口碑实现转化。

2.去哪儿网联手斗鱼试水景区直播

从2016年5月13日至26日,去哪儿网打造的"5·19疯游节"在提供旅游促销和优惠之外,还为用户提供了可视化的攻略服务,联合斗鱼直播平台,邀请多位知名网红主播深入到国内各大热门景区全程直播,包括广州长隆、成都和九寨沟、三亚、香港、泰国普吉岛、韩国济州岛、日本等八大热门目的地,没有出游计划的游客通过互联网直播,同样可以感受到旅行的欢乐。

3.艺龙通过直播打开校园市场

在艺龙旅行网发起的这档名为《放肆青春,玩乐个趣》的直播旅行节目中,5名青春洋溢的校园主播,分别前往5座热门城市,每地进行4天3夜的全程直播。主播们用这种特殊的方式,挥别大学校园,而作为主办方的艺龙旅行网,则用这档创意十足的互联网直播节目,尝试打开年轻用户集中地——校园市场。

4.途牛推明星带队"旅游＋直播"模式

2016年5月初,王祖蓝、李亚男夫妇再度登上二人婚纱照拍摄地——马尔代夫,主持并见证了途牛旅游网在马尔代夫玛娜法鲁岛上精心打造的蓝色集体婚礼。本次活动,途牛首次尝试通过直播方式与广大网友进行全程分享,近90万网友观看了婚礼直播,获赞70余万次。明星带队产品将"明星""旅游""互联网"无缝结合,打造了明星情景化旅游新模式。

5.陌陌最先尝试"互动旅游直播"形式推广目的地

移动社交平台陌陌自2015年12月开始推出全民直播开放平台,在2016年3月中旬,陌陌推出了互动旅游直播节目《花样妹妹游泰国》,邀请的5位直播者通过陌陌手机直播向粉丝24小时展现泰国见闻、风土人情等。这是将手机直播运用到旅游领域的最早的一次尝试。近期陌陌还推出了"毕业旅行"我买单活动,只要是2016年毕业的应届毕业生参加直播活动,就能获得一场免费的毕业旅行。

网络直播实现了旅游营销的远程观光,VR则让虚拟体验变为现实。未来,VR虚拟体验将替代视频宣传片,成为旅游营销的重要载体。VR虚拟体验馆可以让那些远去的历史、远方的美景、远古的遗址等以清晰、丰满的形象,更加具象、伸手可触地出现在我们的面前。

同时,随着智能手机、4G网络、WIFI的全覆盖,随时随地录制、传播,收看视频、图片,玩虚拟游戏等大流量内容会成为游客互动体验和分享的主要内容。旅游营销更需要以优质的内容、出色的创意与新型的技术完美匹配,在动态的市场变革和技术变革中,彰显自己的品牌特性和价值,才能在激烈的竞争中永葆市场活力和竞争力。

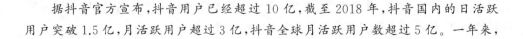

拓展阅读

据抖音官方宣布,抖音用户已经超过10亿,截至2018年,抖音国内的日活跃用户突破1.5亿,月活跃用户超过3亿,抖音全球月活跃用户数超过5亿。一年来,抖音国内版的内容已经从最初的运镜、舞蹈为主变化为政务、美食、人文、亲子、旅行等更多元的内容。目前入驻抖音的政府机构和媒体数量超过700家,其中包括人民网、央视新闻、国资委等权威机构。

旅游营销该如何借势1年10亿用户的抖音?

从西安城墙脚下的永兴坊"摔碗酒",到魔幻8D城市重庆的"轻轨穿楼",再到厦门鼓浪屿的"土耳其冰淇淋",还有山东济南宽厚里的"连音社"和张家界的天门山……这些地方都借助抖音平台形成了滚雪球式的疯狂传播,一个个来自民间的自制短视频,带火了一个又一个旅游景点,抖音已悄然成为旅游营销的利器。

那么,是哪些因素促成了抖音在旅游营销上的成功呢?

第一,优质的内容。

优质内容是抖音的核心竞争力,可以从视频内容和产品运营两方面来分析。旅游类视频内容的"优质"体现为两点。

其一,景点本身极具特色。无论是"洪崖洞"还是"摔碗酒",要么景观设计极为震撼,要么情景活动有趣好玩。因此,一个成功的"网红"景点首先要有成为"网红"的潜质。其二,多元融合妙趣无穷。抖音之"抖"来自软件内嵌的丰富特效,"音"体现为可供选择的海量"神曲",大多数作品具有节奏感强、"魔性"十足的特点,给人感觉酷、炫、潮。在抖音上,科技元素、艺术元素与旅游场景相融合,令视频极具艺术感、创造性和现场感。

第二,契合的用户。

与其他短视频平台不同,抖音不仅是短视频的分享平台,还是其粉丝社群的社交平台。抖音鲜明的产品特征令其收获了与其调性相契合的市场,主要为一二线城市居民,其中又以女性(66.1%)和年轻人(30岁以下用户占比93%)居多。这部分"抖友"有钱有闲,是出游的主力军;同时,他们中的大多数是互联网"原住民",善于创造,乐于分享,对于互联网产品的参与意愿很高,有着较为强烈的社交需求。

一方面,他们通过拍摄和上传短视频来吸引关注,同时带动"抖友"之间的视频创意比拼。相比传统营销模式而言,动态的短视频社交模式呈现出更强的交互性和参与性。在旅游类视频里,用户能够更加生动全面地了解到景区的全貌,相比图文信息更令人有"涉入感"。

另一方面,观赏视频的"抖友"在评论区实现与播主的互动。评论是抖音UGC(用户原创内容)中极其重要的组成部分。企鹅智酷2017年发布的报告指出,超过一半的抖音用户会看评论,21.8%的用户会参与评论互动。在旅游类视频的评论区,"抖友"会对视频内容和质量进行点评、询问景区的名字和位置、交流旅游体验心得等。

评论区的互动不仅具有第三方推荐的信任优势,还让评论本身成为优质的体验内容。更奇妙的是,基于对抖音平台的认同感和归属感,"抖友"们会把去网红景点"打卡"当成一种义务,出游动机由"我想去"升级为"我必须去"。

第三,共生的机制。

在旅游营销场景下,利益相关者包括抖音运营方、旅游地、播主及观赏用户。在抖音平台上,所有参与者都能满足需求和创造价值。观赏用户在免费观看视频、

参与互动的过程中贡献了自己的时间和注意力,创造了流量。

播主为抖音提供视频内容和吸引流量,因自己成为关注焦点或意见领袖而获得心理满足感。在运营初期,平台会对提供优质内容的播主提供一定补贴。而对于粉丝量达到十万甚至百万级别的"大咖号",他们还可以选择与商家合作以寻求流量变现。旅游地成为"网红"以后,游客量和旅游收入显著增加,平台运营方也将获得不菲的投资和广告收入。

实际上,抖音早已开启了变现之路。从"海底捞神秘吃法"到"网红奶茶的隐藏菜单",抖音的每次动作都能引发"抖友"的疯狂传播,甚至导致多个地方卖断货,堪称"网红制造机"。

目前,抖音与旅游营销的融合已经开始进入更为成熟的新阶段。2018年4月,西安市旅发委与抖音短视频达成合作。双方计划将基于抖音的全系产品,通过文化城市助推、定制城市主题挑战、抖音达人深度体验、抖音版城市短片来对西安进行全方位的包装推广,用短视频来向全球传播优秀传统文化和美好城市文化。据悉,旅游已成为抖音刚发布的"美好生活计划"的重要组成部分。

旅游营销可以从抖音的成功中汲取以下三点经验。

第一,提升内容品质,打造网红景点。

中国已经进入优质旅游发展的新阶段,时代呼唤优质的旅游产品,也最终会选择优秀的旅游企业。在抖音上,无论是视频还是评论,都呈现出高品质和"真善美"的价值观。

抖音也充分体现了传播的"马太效应"。一千个粗劣视频的关注度比不过一个精品,同理,一千个平庸景点的传播价值也抵不过一个优质"网红"。

因此,旅游营销的"套路"不在数量多少,而在于是否实用精巧。新时期旅游营销,其一要充分认识到旅游策划的重要性,对营销策划投入更多的时间和资金。策划方要基于资源和市场,大胆提案,小心论证,反复打磨,重视市场意见,尤其是来自年轻人群体的意见。其二要戒骄戒躁,谋定而后动。在确保景区产品已经达到较高水平前,不要急于以官方的名义扩大营销,确保景区能获得口碑推荐。其三要重点攻关。旅游消费的一个重要特点是任何基于"点"的消费都会自然惠及全域。重庆的"洪崖洞"和西安的"摔碗酒"都属于一个景点带火一座城市的代表案例。要集中资源打造具有较大传播价值的"网红"景点或旅游商品。

第二,培育粉丝社群,善用营销渠道。

移动互联网时代的一个重要特征是碎片化生活方式渐成主流,短视频、短图文等成为重要的传播方式,从抖音拥有的海量粉丝可见一斑。然而,在激烈的市场竞争下,获取粉丝喜爱绝非易事。抖音在培育粉丝、引导用户创作上花了很多心思。

应该说,抖音一直致力于降低短视频的制作门槛,让普通人也能做出好玩有趣的内容。舞台、音乐、特效、观众都已就位,甚至连"套路"都给你设计好,请开始你的表演!在抖音的用心培育下,"抖友"们具有较强的认同感,且大部分能够熟练使用抖音拍摄视频、创作内容。这带给旅游营销的启示是,旅游景区或目的地应具有明确的产品定位,切勿贪大求全。

旅游市场符合"二八"定律,即20%的顾客会创造80%的价值。要通过确立明确的产品个性来获取这20%更契合、更忠诚的旅游者,再借助他们去扩大市场。营销人员应传递出更多具有体验价值的旅游信息,用市场喜爱的形式内容包装设计宣传资料(宣传用语、旅游画册、视频节目等),以寻求与顾客建立情感连接。同时,要活用抖音、微信、微博等新媒体传播渠道,精心设计活动,创造更多与潜在和现实游客互动的机会。

第三,搭建共创平台,重视民间力量。

抖音是时代的产物,其成功建立在高度发达的互联网经济基础之上。互联网的本质是创造连接,抖音通过一个个有趣的短视频将不同的人、事、物连接在一起,营造了一个价值共创、利益共享的线上美好生活展示平台,并影响着人们在线下的生活和行为习惯。抖音上有明星也有普通人。

岳云鹏等明星在产品推广的前期发挥着示范作用,但在产品逐渐成熟以后,"素人"成为抖音平台上绝对的主流,明星反倒成了"跟风者"。

事实上,抖音绝大部分的创意和智慧都来自民间,从中我们可以窥见营销话语权的转移。旅游营销者一方面要根据市场趋势调整营销预算的投资方向,积极融入抖音、微信等优秀媒介搭建的传播平台,借势融合发展。

另一方面,营销人员也可以因地制宜,通过制度设计和模式创新搭建专属的共创平台,吸引各方资源,尤其是"草根"力量加入旅游营销(如以年轻人为主体的乡村创客)。

在管理型政府向服务型政府的转型过程中,传统的以政府为主导的单向营销模式已呈现式微之势,而反映大众审美、汇聚民间智慧、代表时代潮流的"草根"阶层正在走向前台,成为一股锐不可当的蓬勃力量。

(资料来源:万合创景.旅游营销该如何借势1年10亿用户的抖音?[EB/OL]. http://www.whcjjt.com/show-list-958.html.)

(五)KOL营销

关键意见领袖(Key Opinion Leader,简称KOL)是营销学上的概念,通常被定义为:拥有更多、更准确的产品信息,且为相关群体所接受或信任,并对该群体的购买行为有较大影响力的人。KOL简单来说就是有影响力的人,或者说在某一个领域对大家都有影响的意见领袖。

KOL营销,就是通过那些在特定领域拥有影响力的人物,让自己的品牌、产品和受众建立联系,并且保持互动。KOL营销在解决信任的基础上其实做的是口碑,也即口碑营销。KOL的粉丝黏性很强,价值观各方面都很认同他们。如小红书就利用大量用户、KOL打造了一个巨大的口碑库,以此来进行产品评测和推荐。KOL营销成为2017增长最为迅速的营销推广渠道,预计未来仍会持续增长。

麦肯锡的一项调查结果显示,74%的人使用社交媒体来决定他们是否想购买东西,通过影响者传播吸引来的顾客比其他广告形式招徕顾客的留存率高达37%。值得注意的是,由于社交媒体的作用,普通消费者同样有可能拥有强大的影响力。

KOL的社会构成,顶级的毫无疑问是由明星、名人构成的,这些KOL的表现形式主要是通过广告代言和活动来实现。第二层是指拥有较多粉丝,在一定范围内影响力比较强的人,这一类通常是一些圈层的意见领袖,一些垂直领域的意见领袖,以及草根的意见领袖。第三层是指一些广泛的观众,既是目标市场的用户,同时也是整个KOL营销的推动者。

KOL群体,一般分为五个层级。

① 品牌精神领袖,他们对于品牌而言具有相当高的意义、象征和价值,通常是企业创始人或核心设计师等,诸如Chanel CoCo、乔布斯,或者在世的马云、雷军这类人;② 明星、名人,他们作为品牌的代言人、合作名人,他们的说服力往往来源自身的吸引力;③ 普通意见领袖,他们是两级传播中的重要角色,他们较早接收信息,经过加工后传达给大众;④ 达人、影响者,他们是某领域较专业、影响力强的人群;⑤ 品牌重要用户/狂热粉丝,他们是品牌或产品的重复使用频率较高的消费者。

需要注意的是,KOL与网红并不相同。KOL是社交媒体环境下,对于品牌至关重要的口碑传播信息节点,不能简单等同于名人代言和网红。已有的网络红人、名人、代言人、企业主自己、核心员工、行业内的同行、专家等等,都可能成为品牌的意见领袖。在一定的语境下,普通消费者也能成为KOL。KOL需要有比较专业的知识,粉丝群体有一定特殊属性,并对他有一定的信任度。网红更偏重于娱乐,受众是带有一种放松的心情去看的,KOL更容易得到其粉丝的信任。所谓影响者,重点在于能够真正影响别人的行动,而不是仅仅引起眼球关注而已。从这个角度来说,并不是粉丝越多,影响力就越大,很多"网红营销""大号营销"就算不上真正的影响者营销。

KOL进化的三个层次:第一,它只是一个付费的媒体(Pay Media),大家只是付给大V一定的费用,让他们做软文的宣传;之后KOL逐渐参与到营销活动中(Campaign);最后发展到KOL要与旅游局一起制造创意内容,与用户产生互动。

定位于互联网乐园的华侨城新一代主题乐园"卡乐星球"在KOL的传播运用上,可以说在国内还是遥遥领先的。"卡乐星球"围绕互联网元素和KOL做了一系列深入的传播,包括百名网红的开园直播,让KOL深度参与项目,KOL与乐园IP形象(球仔)互动;利用KOL原创传播的创意内容引发网友极大的跟随。

课堂讨论

1. 举例:说说你知道的旅游方面的KOL。
2. 讨论:KOL营销的双面性。
3. 建议:如何利用KOL发展旅游。

(六)"综艺娱乐＋旅游"与隐性植入营销

植入式营销又称植入式广告,是指将产品或品牌及其代表性的视觉符号甚至服务内容策略性融入电影、电视剧或电视节目各种内容之中,通过场景的再现,让观众在不知不觉中留下对产品及品牌的印象,继而达到营销产品的目的。植入营销相当于隐性广告或称其为软广告。植入式广告不仅运用于电影、电视,植入式广告还可以"植入"各种媒介,如报纸、杂志、网络游戏、手机短信,甚至小说之中。植入式广告的表现空间十分广阔,在影视剧和娱乐节目中可以找到诸多适合的植入物和植入方式,常见的广告植入物有商品、标识、VI、CI、包装、品牌名称以及企业吉祥物等等。

植入式广告成了旅游目的地推广的新方式。2017年马蜂窝发布的《全球旅游目的地分析报告》显示在互联网背景下的新旅游时代,亲朋好友、社交网络、影视综艺和明星推荐,都在潜移默化地影响人们的出行选择。其中综艺、影视剧以及动画取景地,仅次于亲朋好友推荐,排在目的地选择动机的第二位,占到24.5%的比重(见图11-3)。

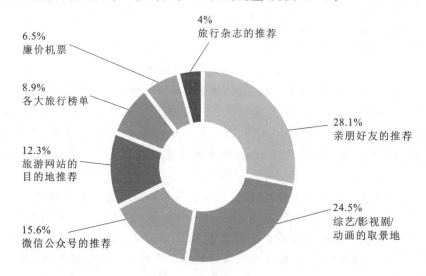

数据来源:马蜂窝数据研究中心

图 11-3 旅游目的地选择动机

(资料来源:中国旅游研究院联合马蜂窝发布《全球旅游目的地分析报告》[EB/OL].
http://www.ctaweb.org/html/2017-10/2017-10-26-10-30-07616.html.)

同步案例

《亲爱的客栈》《爸爸去哪儿》哪部热门综艺才是旅游界的带货王?

2014年明星户外真人秀争相亮相,进入了霸屏时代。《花儿与少年》《花样姐姐》《极速前进》《爸爸去哪儿》等相继播出，取景地也从国内扩张到了国外。

不少中国游客表示他们会在观看某部综艺影视剧后对一个目的地突然动心，想去取景地亲身感受镜头里的风景，走相同的游玩路线，去相同的建筑物前打卡、留影等。

那么哪档综艺才是旅游目的地的带货王呢？"带货"综艺 top 10 如图 11-4 所示。

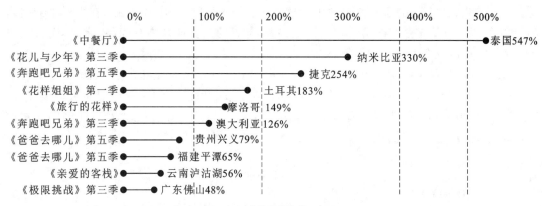

图 11-4　"带货"综艺 top 10

相较于热播综艺，去影视取景地"朝圣""打卡"，则更具历史渊源。

早年间凭借《指环王》系列的热播，让新西兰成了无数影迷眼中现实版的"中土世界"。《权力的游戏》更是一口气带火了 6 大旅游目的地：摩洛哥、北爱尔兰、冰岛、克罗地亚、马耳他、西班牙，大大小小的欧洲城镇均成为剧迷心心念念的朝圣之地。

放眼国内，"九寨沟""丽江"这些久负盛名的旅游胜地都各自拥有自己的电影代表作，也不乏类似于"东极岛"这样因为一部电影而广为人知的后起之秀。《白鹿原》播出一周后，陕西的旅游热度增长达 82%，成为境内最具代表性的"网红目的地"。近年大热的《那年花开月正圆》，同样取景自陕西。被影视剧带火的"旅游胜地"如图 11-5 所示。

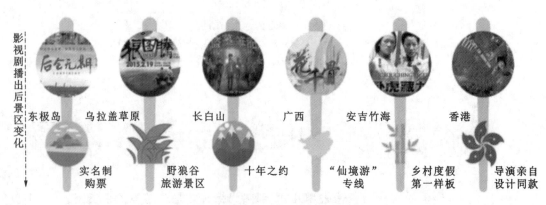

图 11-5　被影视剧带火的"旅游胜地"

借助影视、综艺的东风,"网红"目的地往往可以更迅速地被大众了解,但若想要长久地吸引游客,当地的旅游资源和配套服务才是关键,否则终将难逃"昙花一现"的结局。

（资料来源：《亲爱的客栈》《爸爸去哪儿》哪部热门综艺才是旅游界的带货王？[EB/OL].https://www.sohu.com/a/201744079_416207.）

搜集你认为的新媒体时代的旅游营销成功案例,分析其成功之处。

要点：(1)阐述该旅游营销案例；(2)分析该旅游营销案例的成功之处及最大的亮点；(3)对照其他相似的案例,分析其他案例缘何不能取得巨大成功？

第三节　新媒体时代的旅游营销创新

一、新媒体成为旅游营销的主阵地

根据全球互联网和消费者数据调查机构 Global Web Index 的调查数据显示：在 2016 年里约奥运会期间,全球 85% 的观众在电视机之外的第二块屏幕上观看奥运会的直播和转播,全球有 30 亿的用户通过手机和其他移动设备观看奥运赛事,其中,Facebook、Twitter、YouTube 是本届奥运观赛"移动化"和"多屏互动"的最大亮点。

而根据前程无忧的调查显示,27% 的上班族每天花在手机上的时间 4 至 8 小时,几乎和工作时间同步,看手机最主要的目的依次是阅读、看视频、游戏、聊天、逛网店、上课及培训、查看工作相关的邮件和参加网络会议。

截至 2016 年第一季度末,微信注册用户数量突破 9.27 亿,活跃用户已达到 5.49 亿,用户覆盖 200 多个国家、超过 20 种语言,各品牌的微信公众账号总数已经超过 800 万个,移动应用对接数量超过 85000 个。80% 的中国高资产净值人群使用微信；41.1% 的用户关注微信公众号为获得资讯,36.9% 为了获得服务,13.7% 为了获得知识；55.2% 的用户每天打开微信超过 10 次,25% 的用户每天打开超过 30 次。好友互动、刷朋友圈、看微信公众号、发红包、微信支付等是用户最常用的功能。

移动新媒体已经成为消费者使用频率最高、依赖性最强、获取咨询最便捷的媒介,各旅

游主管部门和企业也都建立了新媒体平台进行日常化运营和维护,但是在资金投入和人力安排上仍旧薄弱。目前来看,旅游新媒体营销的价值空间尚未被完全重视和充分利用。

二、新媒体营销更加具有深度意识

就旅游行业营销而言,新媒体更具灵活性、创意性和深度意识。新媒体极大地解放了人的独创性,可以自由创作,灵活发稿。大量既具有传媒业经验,又对旅游有研究的媒体记者、编辑、旅游从业者进行自主创业,依托新媒体进行深度内容报道和解读,成为中国旅游界的一抹亮色。

2016广东国际旅游产业博览会期间,广东省旅游局与方塘智库合作推出深度研究,形成系列,从不同领域不同维度对广东旅游产业进行连续的解读和分析,使得广东旅游产业的发展现状和未来趋势有了多维度、立体化的呈现,改变了过去数十家媒体围绕一个活动发一篇新闻通稿的宣传格局,深受业界好评。

近年来,依托于新媒体的旅游行业垂直媒体肩负起了深度报道的使命,与主流媒体形成鲜明的对比。劲旅、执惠、新旅界等异军突起,倡导"内容为王",依托产业论坛和深度报道,成为推动中国旅游行业交流、对话的中坚力量。

三、新媒体营销更加注重体系构建

旅游是综合性的产业,更是一个综合性的媒介。在全域旅游背景下,旅游形象更是区域全要素旅游的整合,要兼顾政治、社会、经济、文化和市场等方方面面。这就要求,旅游营销既要注重政略营销,又要注重市略营销。而政略营销和市略营销由于受众不同,应当采用不同的策略进行推广,新媒体内容产出和表现方式的灵活性,以及传播形式的多元性,可以通过内容栏目化、栏目体系化,较大限度地兼顾"政市"营销诉求。

新媒体巧妙地区分"行业"和"市场"的语境特点,实现精准传播。"行业语境"具有官方、专业和行业特点,更多地关注发展战略、战术、产业、理论、模式、业态等层面的研究、梳理和总结,具有专业系统性和经验借鉴性,非行业人群不会关注。"大众语境"具有话题性、娱乐性、趣味性、新鲜性、互动性、指南性、实用性、碎片化等特点,具有亲民性,是大众消费客群关注的资讯。

目前,各旅游主管部门、组织、机构和企业,都建立自己的网站(有些已实现多语种)、微博、微信,甚至开通Facebook、Twitter、YouTube便于海外推广。引领中国旅游品牌营销的旅游大省(自治区、直辖市),比如山东、四川、广东、陕西、广西等,均通过新媒体的内容栏目构建,实现自身品牌化管理体系——内部品牌管理体系,即以品牌营销为核心,让工作有明确的抓手和价值导向;外部品牌体系——围绕旅游主题形象定位,重点推广核心旅游城市、旅游区、旅游景区景点、旅游产品、旅游线路、旅游商品、旅游美食等,让大众游客对旅游目的地有全面、清晰、直观的认知感。

新媒体为精准实现分众传播提供了可能。如果政市不分,语境混乱,体系不明,新媒体营销的效果就会大打折扣。

四、新媒体营销更加趋向共创共享

移动终端新媒体的传播普及,彻底颠覆了信息传播的语境,即时性、亲民性、互动性、娱乐性和实用性等成为信息传播的新需求,个性化、有效化、专业化、移动化和立体化等是内容传播的新特征。

新媒体的内容个性化供给,更加注重与游客的沟通,创造品牌体验,培育客户的关注度和忠诚度;内容的有效化,更加注重内容而非传统广告形式,以高品质的内容换取自发式传播的生命力;内容创造的专业化,更加注重创意表达和优质内容的产出,持续推动品牌传播力;内容创造的立体化,要求信息多维度、全媒介、全息化呈现;而传播的移动化,又对内容创造的效率和传播的频次提出了更高要求。

即便是在新媒体时代,仍然存在信息传播的滞后和不对称。旅游产业的综合性特点需要多维度审视,各领域发展的新动态缺乏系统的研究梳理,消费者的个性化需求呼唤多元信息,地方创新实践缺乏有效的模式总结推广,单一新闻通稿不能满足信息获取,全域旅游品牌营销需激活全要素,大众传播时代需要全民参与共享……

多重信息不对称的叠加效应,决定了新媒体时代旅游传播的内容产出不能仅仅依靠于某个团队就能完成,而必须以更加开放的精神和理念,用有趣的创意和激励手段,最大限度地调动全社会的参与感,让受众成为信息生产和传播的共谋者。

2016年5月,河北省推出"河北旅游等你来命名!"——河北省旅游主题口号及标识全球有奖征集,在征集过程中,通过举办旅游达人体验活动、全媒介推广、专家对话等策略进行持续宣传,共收到公众投稿作品40000多条/件,最终评选、确定"京畿福地,乐享河北"为河北省旅游新形象口号。这次征集活动,把征集的全过程,通过创意策划打造成一场与世界游客共谋共享、同策同力的创意营销,对河北旅游资源和形象的传播产生了积极的带动作用。

2016年,国家旅游局举办"中国公民文明旅游公约大家定"征集活动,以一个充满诚意的邀请,拉近了文明旅游与民众、与游客的心理距离,强调"文明旅游公约"不是一厢情愿的制定、灌输和教化,而是具有亲民感、互动性的大众文明旅游共识,让新风尚源自民间、扎根民间,增强民众和游客的文明价值认同。

新媒体时代的旅游营销,要推动内容的创作从"主创"向"客创"转变,内容的传播,从"单向度"向"多向度"转变。只有把内容的创作权和决策权交给大众,大众才能在内容的营销和传播的过程中,有更亲近的价值认同,旅游营销和转化才更有情感基础。

五、新媒体营销更能激活市民精神

2016年里约奥运会,中国女排12年后重夺奥运金牌。在颁奖时,汉中市球迷协会会长李强在颁奖台后方拉出"两汉三国,真美汉中"的条幅。微博、微信等新媒体率先对这一事件进行了刷屏式传播,引起舆论一片哗然。虽然公众对于李强这一举动褒贬不一,但是对李强热爱家乡的情感报以由衷的赞赏——他曾经多次在世界大赛期间拉出"两汉三国,真美汉中"的汉中市旅游形象宣传语来宣传自己的家乡。

2016年巴西里约奥运会央视全国收视率为2.71%,中国女排对阵塞尔维亚的比赛,中

国电视观众收视率达到56.78%。里约奥运会比赛中局间5秒的广告费达到211万元,1分钟的长广告则高达1433万元。

而李强出现在颁奖台正中间位置,拉出"两汉三国,真美汉中"的那一瞬间,全球所有的媒体镜头以及全球所有收看这场比赛的观众,都会看到汉中市的旅游形象宣传语,这个广告价值难以估量。

新媒体时代,每个人都可以自成媒介,他们个性张扬,乐于分享,也热爱自己的家乡或者生活的城市。每个市民都是城市品牌精神的传播者和推广者,在城市旅游发展和品牌营销中,要最大限度地激发市民的参与精神,让市民本身成为这座城市的品牌。

旅游产品应该激活城市文化的活力,旅游品牌应该象征城市精神,文化旅游应该演绎一座城市的文化灵魂,旅游节庆应该体现市民的文明素养和道德理想,旅游营销更应该积极调动市民的参与热情,优先让市民享受本该属于自己的精神产品,找到与自己的城市融为一体的参与感、存在感和归属感。只有让当地居民感到自豪和荣耀的营销创意,才是有情感、有温度的好创意。

六、新媒体营销更有利于生成文化IP

2016年,被称为"文化IP元年",中国旅游终于萌发了自主创新产权意识,这不仅意味着文化旅游资源的价值外延,更预示着文化旅游IP的构建将彻底改变旅游就地体验消费的传统观念和模式,通过IP的输出和关联产品的外销,实现异地消费转化。对于深陷"门票经济"等客上门的中国旅游传统经营模式,这无疑是一场颠覆革命。而新媒体营销在文化IP的生成和构建中,将发挥主导作用。

故宫文创的新媒体营销,被奉为中国大陆最为成功的文化IP构建典范。这座具有600多年历史,象征着中国皇权威严,恢宏庄重的宫殿,以"软萌贱"手段研发文创产品,经过微博、微信、淘宝、微表情、App等新媒体营销走红网络,并在社交网络上卖萌,和阿里巴巴在门票、文创、出版开展合作等,构建起自己的文化IP,共计研发文化创意产品8683种,获得相关领域奖项数十种,文创产品的年销售额已超过10亿,是故宫门票收入的2倍。

2016年,故宫与腾讯签署三年合作协议,故宫开放经典的IP形象和传统文化内容,腾讯搭建平台,吸引更多的年轻人参与到文化IP的创意上来,2016年"NEXT IDEA腾讯创新大赛"和故宫合作,开发QQ表情和游戏等产品。

从曾经文物保护单位宣讲历史性、知识性、艺术性,到如今的文化IP讲究趣味性、实用性、互动性,故宫经验证明,新媒体营销也需要好产品——旅游商品融入现代感,内容营销融入亲民感。每一款优秀的文创产品,都是一个品牌载体,都要讲述一个故事,才具备传播和热销的可能性。

七、新媒体营销的空间无限

新媒体营销将会随着信息技术的不断升级而涌现更加丰富的形式,不断拓展营销的创新空间。2016年,网络直播大行其道,年轻的俊男靓女、富有幽默感和技术特长的玩家,以网络直播的方式催生出"网红经济",也为旅游营销开辟了"网红直播"新形式。

在"2016 中国国际旅游交易会"展馆、各地方举办的旅游论坛及采风活动中,网红直播已经位列主流媒体之前,成为带着庞大粉色现场直播的传播新锐。"清新福建,游你精彩"——福建旅游北京推介会采用网红+直播的方式,与推介景区进行实时连线直播,让远在千里之外的福建景区真实地流动在推介会现场观众眼前。

2016年,也是VR元年。上海城市旅游形象宣传MV《我们的上海》采用VR格式和4K高清格式的双版本,首创中国VR旅游形象宣传片,以360°全景画面+3D立体的形式呈现,由胡歌当担上海旅游形象大使,带领观众从建筑、人文、艺术等视角充分领略上海的魅力,成为2016年屈指可数的旅游新媒体营销经典案例,它更多地代表的是新媒体技术的创新。

网络直播实现了旅游营销的远程观光,VR则让虚拟体验变为现实。未来,VR虚拟体验将替代视频宣传片,成为旅游营销的重要载体。VR虚拟体验馆可以让那些远去的历史、远方的美景、远古的遗址等以清晰、丰满的形象,更加具象、伸手可触地出现在我们的面前。

同时,随着智能手机、4G网络、WIFI的全覆盖,随时随地录制、传播和收看视频、图片,玩虚拟游戏等大流量内容会成为游客互动体验和分享的主要内容。旅游营销更需要以优质的内容、出色的创意与新型的技术完美匹配,在动态的市场变革和技术变革中,彰显自己的品牌特性和价值,才能在激烈的竞争中永葆市场活力和竞争力。

知识链接 "啥是佩奇"短视频对旅游营销的借鉴作用

一部只有5分多钟的短片刷爆了朋友圈,如果不出意料的话,这是2019年第一个跨行业、跨圈层、不贩卖负面情绪的现象级刷屏。为何这个短视频能得到大家的喜爱?它对于旅游营销有没有借鉴作用?

"啥是佩奇"为什么火了?

1.选取贴切的话题物

"红人"佩奇结合猪年:首先,短片选择了2018年大火的小猪佩奇这一卡通形象;其次,短片发布踩在猪年春节这个时间节点上,2019年是农历的猪年,而与此有关的话题本身就自带流量。利用这个"红人"佩奇结合猪年时间点,两个都具有话题点的事物强强结合,带来的流量本身就是可观的。

2.引发强烈的情绪共鸣

亲情结合城乡差距:春节日渐临近,家庭团聚成为全社会共同关注的焦点,而与此有关的话题也更容易被传播和关注。再加上视频没有用力过猛一味强调悲情,而是用笑中带泪的内容调动观众的情绪、引发共鸣。温情中有诙谐,诙谐中有暖心。

3.创意新颖

反其道而行之:一个以佩奇为主角的片子,全程却几乎没出现过佩奇的身影,以故事情节步步解谜的剧情穿插笑点与泪点,最后揭晓答案——这是一部《小猪佩

奇过大年》电影的宣传片。这种软性推广方式减轻了营销性,观众无疑更受用,虽然被"套路"多年的中国观众已预感到自己在看一部"软广",但依然被情节所深深吸引,不得不说内容创意非常好。

"啥是佩奇"能否复制?

很多人说,《啥是佩奇》的成功无法复制。小飘觉得不尽其然,对于旅游营销来说,完全复制《啥是佩奇》虽然不太可能,但是从其火爆的原因去吸取营销手段,却相对容易,只要寻得规律与精髓,也是有可能成功营销引发爆点的。

那么如何做呢? 小飘建议,作为旅游行业营销,我们可根据旅游目的地一些熟悉的事物和IP,打造自己的故事。

2018年11月29日,禾木冰雪精灵小镇正式启动,它利用旅游文创IP"雪怪阿乐"这一红脸长耳的白熊作为形象大使,创作品牌故事,打造"禾木冰雪精灵小镇",将禾木村的冬季打造成为如童话般的美丽雪乡,获得了很大的反响。

这个案例的营销手段与《啥是佩奇》一样:① 它选取了正确贴合的话题物,在雪乡打造自身IP"雪怪阿乐";② 它营造了相同的情绪共鸣,阿乐是结合阿尔泰山上的熊与雪兔而成的卡通形象,阿乐红扑扑的脸蛋与当地牧民儿童相互呼应,全身白白的毛像是阿勒泰冬季洁白的白雪,蓝色的眼睛像是喀纳斯湖碧蓝色的湖水和阿勒泰冬季蔚蓝的天空;③ 创意新颖,除了打造阿乐本身的卡通形象,还创作了系列品牌故事及一系列"阿乐周边",如阿乐小屋、生活用品等等,制造更大的卖点。一系列举措非常贴合当地情况,增进游客对阿勒泰冬季旅游的印象和好感。

最后,营销的手段多种多样,在一个短片带动的红利下,旅游业可以思考的东西还有很多。

 本章小结

本章对新媒体及新媒体的概念进行了解析,并介绍了新媒体矩阵中常见的几种方式。结合旅游传播与营销的最新趋势,介绍了常用到的营销方式,如旅游网站营销,微信与微博营销,短视频与微电影营销,直播营销,KOL营销及隐性植入营销。

关键概念

新媒体(New Media)
新媒体矩阵(New Media Matrix)
网络营销(Internet Marketing)
微电影营销(Microfilm Marketing)
直播营销(Live Marketing)
KOL营销(KOL Marketing)
网红营销(Insta-famous Marketing)
隐性植入营销(Implicit Implant Marketing)

复习思考

1. 新媒体时代旅游者购买决策的影响因素有哪些？
2. 常见的新媒体营销方式有哪些？请举例说明。
3. 网红与KOL有什么区别？在实际营销推广中，如何找到对应的KOL？
4. 举例说明新媒体营销、社会化营销、互联网营销的联系与区别。

知识链接

大数据驱动旅游营销升级

相关链接

推荐进一步阅读网站及资料：

1. 孙小荣.新媒体时代的旅游营销创新[EB/OL].http://news.k618.cn/travel/guonei/201801/t20180117_15020475.html.

2. 中国旅游研究院.http://www.ctaweb.org/index.html.

3. 搜狐旅游频道.http://travel.sohu.com.

4. 借助旅游新媒体营销 积极推进旅游产业升级[EB/OL].http://www.chinabgao.com/info/76448.html.

5. 李宏.旅游目的地新媒体营销：策略、方法与案例[M].北京：旅游教育出版社,2014.

6. 孙小荣.中国旅游营销新价值时代[M].北京：新华出版社,2017.

7. 肖凭,等.新媒体营销[M].北京：北京大学出版社,2014.

本书阅读推荐

1.《定位》,作者:杰克·特劳特

推荐评语:2009年,《定位》一书被财富杂志评选为"史上百本最佳商业经典"第一名。本书提出了被称为"有史以来对美国营销影响最大的观念"——定位,改变了人类"满足需求"的旧有营销认识,开创了"胜出竞争"的营销之道。

2.《成瘾:如何设计让人上瘾的产品、品牌和观念》,作者:程志良

推荐评语:无论是做品牌、产品、IP还是概念,人们都希望能够将消费者、粉丝牢牢地控制在自己的手中,对自己产生欲罢不能的依赖和迷恋,也就是成瘾。本书汇集了这一领域做出研究和贡献的心理学家和神经学家的研究成果,如美国的认知神经科学家迈克尔·加扎尼加、马修·利伯曼,神经学家大卫·林登、马尔克·亚科博尼,神经生理学家贾科莫·里佐拉蒂,社会神经学家比尔·凯利,托德F·海瑟顿和尼尔·麦克雷等。

3.《创意文案与营销策划撰写技巧及实例全书》,作者:萧潇

推荐评语:策划创意人不得不读的文案宝典。深入分析用户心理行为,轻松掌握有趣的创意与策划技巧。教你引爆创意,用笔尖创造财富,向潜在客户提供他想了解的产品信息,给出充分理由让他心甘情愿成为实际购买者。

4.《提问的力量》,作者:弗兰克·赛思诺

推荐评语:在日常生活或商业领域的各个方面,可以说问题无处不在,但如何用适当的方式提出适当的问题,从而把控态势,我们却知之不多。美国著名主持人弗兰克·赛思诺的《提问的力量》,为我们总结列示了11种不同的提问模型。

5.《网络营销创意三十六计》,作者:徐茂权

推荐评语:网络营销不能为了吸引眼球而不择手段,更不能平庸没有内容,内容营销是营销竞争的核心推动力。而内容营销依靠的是大脑的创意,是深入理解产品定位和模式之后,有针对性地基于网络营销工具和平台的整合和运用,所以要想有内容必须要有创意的方法。本书作者结合自己10多年从业实战经验,系统地总结了网络营销中的创意方法和规律,收录了数百个企业案例,有小微企业的销售创意,也有知名企业的品牌推广,有电商的引流创意,也有文案的创意落地。

6.《品牌营销:新零售时代品牌运营》,作者:官税冬

推荐评语:本书从品牌的构成、建立、宣传、维持、创新等方面分析如何进行品牌营销,并

从营销模式及渠道、大数据时代新零售品牌运营视角,结合当今成功范例,详细概述新零售时代品牌运营的现状、过程、意识、思维、创意等,为大数据背景下的新零售时代的品牌运营带来了很有借鉴性的启示、策略和战术。

7.《新媒体营销案例分析:模式、平台与行业应用》,作者:张向南

推荐评语:手把手帮你总结十大新媒体营销模式,包括饥饿营销、事件营销、口碑营销、情感营销、互动营销、病毒营销、借势营销、IP营销、社群营销、跨界营销;手把手帮你玩转六大主流平台的营销案例,包括微博、微信、直播、头条号、知乎、简书;手把手带你感受十大热销行业的营销及其公关策略,包括日化品类、互联网服务类、影视娱乐类、旅游类、美妆类、汽车类、房地产类、金融理财类、3C数码类;手把手教你学习名企的新媒体营销应用,包括百事可乐、滴滴出行、海尔、支付宝、OPPO、小黄车、火星情报局、卫龙、快手、捷豹、雅诗兰黛、万科等。

8.《MBA轻松读:市场营销》,作者:顾彼思商学院

推荐评语:《MBA轻松读:市场营销》是MBA最核心六门课之一,根据作者讲义编写而成,本书以MBA科目内容为基础提炼精华编纂成书,与实际课堂内容并非完全一致。让读者有如身临课堂的感觉。本书按照"市场营销1.0到市场营销2.0、市场营销3.0"的发展顺序结合实际案例对市场营销进行全面的解读,让读者在清晰明确的思路中进行全面的学习。

9.《体验式营销》,作者:克里·史密斯,丹·哈努福

推荐评语:《体验式营销》由体验式营销领域的知名学者克里·史密斯和丹·哈努福创作,讲述了传统营销模式在当今以顾客需求为导向的市场中的困境,也阐述了运用新营销策略的秘诀。通过对可口可乐、耐克等150多个全球知名品牌案例的研究总结,向读者展示了全新的体验式营销策略和世界知名品牌所使用的具体方案,梳理了全球知名企业体验式营销的实施路线图。《体验式营销》是一本行动指南,适合每一位营销总监、品牌运营官使用,帮助读者快速拓展顾客受众面并增加顾客基数,发现知名品牌如何创造面对面互动接触,了解如何制定高效的营销策略并超越传统的媒体广告模式。

References 参考文献

[1] 菲利普·科特勒,等.营销管理[M].15版.何佳讯,等,译.上海:格致出版社,2016.
[2] 郑毓煌.营销:人人都需要的一门课[M].北京:机械工业出版社,2016.
[3] 艾·里斯,杰克·特劳斯.22条商规[M].寿雯,译.北京:机械工业出版社,2009.
[4] 韩勇,丛庆.旅游市场营销学[M].北京:北京大学出版社,2006.
[5] 邹本涛,赵恒德.旅游心理学[M].北京:中国林业出版社,2008.
[6] 李肇荣,陈学清,张显春.旅游市场营销[M].武汉:武汉大学出版社,2006.
[7] 张婷.旅游市场营销[M].广州:华南理工大学出版社,2008.
[8] 任朝旺,谭笑.旅游产品定义辨析[J].河北大学学报(哲学社会科学版),2006(6).
[9] 吴建安.市场营销学(精编版)[M].北京:高等教育出版社,2012.
[10] 肯尼思·E.克洛,唐纳德·巴克.广告、促销与整合营销传播[M].5版.北京:清华大学出版社,2012.
[11] 贝尔奇,等.广告与促销:整合营销传播视角[M].9版.郑苏晖,等,译.北京:中国人民大学出版社,2014.
[12] 李宏.旅游目的地新媒体营销:策略、方法与案例[M].北京:旅游教育出版社,2014.
[13] 孙小荣.中国旅游营销新价值时代[M].北京:新华出版社,2017.
[14] 肖凭,等.新媒体营销[M].北京:北京大学出版社,2014.
[15] 舒伯阳.旅游市场营销案例[M].北京:清华大学出版社,2015.
[16] 李宏.旅游目的地新媒体营销[M].北京:旅游教育出版社,2014.
[17] 李天元.旅游市场营销[M].北京:中国人民大学出版社,2013.
[18] 邹统钎,陈芸.旅游目的地营销[M].北京:经济管理出版社,2013.
[19] 赵毅,叶红.新编旅游市场营销[M].北京:清华大学出版社,2006.

教学支持说明

全国普通高等院校旅游管理专业类"十三五"规划教材系华中科技大学出版社"十三五"规划重点教材。

为了改善教学效果，提高教材的使用效率，满足高校授课教师的教学需求，本套教材备有与纸质教材配套的教学课件（PPT电子教案）和拓展资源（案例库、习题库视频等）。

为保证本教学课件及相关教学资料仅为教材使用者所得，我们将向使用本套教材的高校授课教师免费赠送教学课件或者相关教学资料，烦请授课教师通过电话、邮件或加入旅游专家俱乐部QQ群等方式与我们联系，获取"教学课件资源申请表"文档并认真准确填写后发给我们，我们的联系方式如下：

地址：湖北省武汉市东湖新技术开发区华工科技园华工园六路

邮编：430223

电话：027-81321911

传真：027-81321917

E-mail：lyzjjlb@163.com

旅游专家俱乐部 QQ 群号：306110199

旅游专家俱乐部 QQ 群二维码：

群名称：旅游专家俱乐部
群　号：306110199

教学课件资源申请表

填表时间：_____年___月___日

1. 以下内容请教师按实际情况填写，★为必填项。
2. 学生根据个人情况如实填写，相关内容可以酌情调整提交。

★姓名		★性别	□男 □女	出生年月		★职务	
						★职称	□教授 □副教授 □讲师 □助教

★学校		★院/系	
★教研室		★专业	
★办公电话		家庭电话		★移动电话	
★E-mail（请填写清晰）		★QQ号/微信号	
★联系地址		★邮编	

★现在主授课程情况	学生人数	教材所属出版社	教材满意度
课程一			□满意 □一般 □不满意
课程二			□满意 □一般 □不满意
课程三			□满意 □一般 □不满意
其 他			□满意 □一般 □不满意

教 材 出 版 信 息	
方向一	□准备写 □写作中 □已成稿 □已出版待修订 □有讲义
方向二	□准备写 □写作中 □已成稿 □已出版待修订 □有讲义
方向三	□准备写 □写作中 □已成稿 □已出版待修订 □有讲义

请教师认真填写表格下列内容，提供索取课件配套教材的相关信息，我社根据每位教师/学生填表信息的完整性、授课情况与索取课件的相关性，以及教材使用的情况赠送教材的配套课件及相关教学资源。

ISBN（书号）	书名	作者	索取课件简要说明	学生人数（如选作教材）
			□教学 □参考	
			□教学 □参考	

★您对与课件配套的纸质教材的意见和建议，希望提供哪些配套教学资源：